本书是湖南省教育厅科研重点课题（13A036）的成果

郭丽君　李尚群　刘辉　著

# 地方高校
# 产学研合作研究

中国社会科学出版社

图书在版编目（CIP）数据

地方高校产学研合作研究 / 郭丽君，李尚群，刘辉著 . —北京：中国社会科学出版社，2016.2

ISBN 978 - 7 - 5161 - 7740 - 2

Ⅰ.①地…　Ⅱ.①郭…②李…③刘…　Ⅲ.①地方高校 - 产学合作 - 研究 - 中国　Ⅳ.①G640

中国版本图书馆 CIP 数据核字（2016）第 045777 号

| | |
|---|---|
| 出 版 人 | 赵剑英 |
| 责任编辑 | 宫京蕾 |
| 责任校对 | 季　静 |
| 责任印制 | 何　艳 |

| | |
|---|---|
| 出　　　版 | 中国社会科学出版社 |
| 社　　　址 | 北京鼓楼西大街甲 158 号 |
| 邮　　　编 | 100720 |
| 网　　　址 | http://www.csspw.cn |
| 发 行 部 | 010 - 84083685 |
| 门 市 部 | 010 - 84029450 |
| 经　　　销 | 新华书店及其他书店 |

| | |
|---|---|
| 印刷装订 | 北京市兴怀印刷厂 |
| 版　　　次 | 2016 年 2 月第 1 版 |
| 印　　　次 | 2016 年 2 月第 1 次印刷 |

| | |
|---|---|
| 开　　　本 | 710×1000　1/16 |
| 印　　　张 | 15.5 |
| 插　　　页 | 2 |
| 字　　　数 | 231 千字 |
| 定　　　价 | 59.00 元 |

# 序

随着科技发达时代的到来，科学技术成为了社会综合体的核心要素，高等教育、科技与经济的传统界限变得日益模糊。在这一背景下，大学的科学研究职能得到了进一步强化。然而，大学如何更有效地参与科技创新则需要探寻适切的途径。产学研合作就是一条有效的途径。也正因为如此，产学研合作开始成为一个热点议题。事实上，产学研合作也是一个介于多个学科之间的问题，其中隐藏着当今时代经济与社会发展的许多奥秘，引起了高等教育学、经济学、管理学、科学技术学、公共政策学等诸多学科领域的研究者的关注。

大学作为社会的轴心机构，参与产学研合作的合理性毋庸置疑，这种合理性不仅在理论上能够得到充分的论证，而且在实践上也能够得到大量成功个案的支撑和印证。产学研合作不仅能够激发和强化大学的科学研究职能，而且也为大学社会服务职能的发挥创造了更好的条件，同时也能够拓展和优化教育资源，从而提升大学的人才培养质量。大学的职能都与产学研合作有着密切的关系。这是一种良性的循环，也是一个较为理想的局面。事实证明，许多大学受益于这种良性循环，整体的办学实力和水平得到了显著提高。

鉴于产学研合作本身正在发挥特殊的功效，推进产学研合作也就开始成为一种重要的公共政策导向。创新是当今时代的主流精神，而科技创新则是创新的核心领域。中国是一个后发现代化国家，正走在一条通往未来强国的道路上。建立高效的国家创新体系，增强自主创新能力是当下极其紧迫的任务，也是一种国家发展战略。这正是产学研合作的现实语境和历史机遇。可以预期，产学研合作将迎来新一轮的发展，并实现新的超越。

大学作为探索和传授高深学问的场所，聚集了丰富的科技人力资源，因而成为产学研合作的重要一环。如果缺少大学的参与，或大学参与产学研合作的积极性低下，产学研合作的链条就有可能断裂。因此，大学是影响产学研合作的关键变量。在产学研合作领域，湖南农业大学进行了大量的实践探索，积累了丰富的实践经验，并且成效显著。湖南农业大学是一所以农学和生命科学为学科特色与优势的地方本科院校，一直以来，坚持走产学研合作的道路，形成了相对稳定的合作模式，其产学研合作整体呈现出立体化、市场化和多样化等特点，产生了持久的社会影响和显著的人才培养效益，2014 年由该校牵头组建的"南方粮油作物协同创新中心"被成功认定为国家"2011 协同创新中心"。湖南农业大学的产学研合作本身是一个极佳的地方高校产学研合作的个案，对这一个案进行理论解释和实证分析具有重要的学术价值和鲜明的现实意义。

本著作围绕大学参与产学研合作这一主题，构建了一个相对完整的研究框架，既有理论的阐释，也有实证的分析，其中对产学研合作的发展模式、运行机制、治理策略等的研究具有一定的借鉴意义，可以为当前高校参与产学研合作提供启示。本著作由湖南农业大学从事高等教育学、管理学、教育经济学等教学与研究的教师共同完成。由本校的教师来研究本校的问题，这是一种院校研究的立场，也是一种重要的高等教育研究范式。期待这本著作在学术交流网络中得到更好的交流和检验，也期待后续的拓展与补充研究能够尽早面世。产学研合作是一个正在敞开的研究领域，相信会吸引更多的研究者并涌现出更多具有创新性的研究成果。

# 目　录

# 第一章

# 产学研合作的理论观照

产学研是指企业、高校与科研院所这三类机构，通常人们认为这三类机构是可以合作的，并且合作也是十分必要的，于是就有了产学研合作这一概念。产学研已经被普遍认为是一种高效的技术创新模式。有研究者对产学研给出了描述性定义："产学研合作是企业、高校、科研院所基于各自的比较优势，在政府、科技中介机构、金融机构等的支持下开展的基于技术合作、人员交流、咨询、成果转化、创建新企业等形式的系列活动，是国家创新体系的重要组成部分。"①随着产学研合作的发展，经济、科技与教育的传统界限变得日益模糊。产学研合作作为一种社会性的活动需要进行必要的理论阐释，或者说从某些重要的理论出发来观照这一行为，从而为其合理性做出某种解释与辩护。在这一过程中，理论本身也会得到某种程度的印证和修正。以下分析两种相对成熟的理论，并试着以这两种理论来观照正在发生的产学研合作行为。

## 第一节 政治论高等教育哲学视野下的产学研合作

美国高等教育学家约翰·S. 布鲁贝克把高等教育哲学分为政治论高等教育哲学与认识论高等教育哲学，自此之后，政治论高等教育哲学开始作为一种重要的理论而被学术界广泛引证。布鲁贝克在《高等教育哲学》一书的开篇写道："在20世纪，大学确立它的地位的主要途径有两种，即存在着两种主要的高等教育哲学，一种哲学主要是

---

① 李梅芳：《产学研合作成效研究》，博士学位论文，武汉理工大学，2011 年。

以认识论为基础，另一种哲学则以政治论为基础。"① 于是"认识论—政治论"就成了探讨高等教育问题的一个分析框架。很多问题，不管是抽象的理论问题还是具体的实践问题，都可以在这一分析框架下得到较好的分析和解答。

认识论高等教育哲学强调大学是一个发现真理的场所，是一个独立的思想中心。在大学里，思想独立、学术自由。大学生活是一种为知识而知识的纯粹的研究生活，学者像"保护自己眼睛一样"来保护学术自由。大学教育要陶冶学生的心智。这样一来，大学就成了一种几乎超脱于社会生活之外的"象牙塔"。"19 世纪以前，高等教育的认识论哲学在高等学校中占据统治地位。中世纪大学是由教师和学生组成的行会，是以教学和研讨为主的学术性组织；文艺复兴运动促进了自然科学的空前繁荣，由此导致人们对知识的崇拜和景仰，使大学作为探讨高深学问的场所吸引了人们对其发现和发明新知识功能的关注，从而高等教育认识论哲学在高等教育发展中确立了其存在的坚实合理性。大学成为一个按自身规律发展的独立的有机体，它摆脱了外界的束缚，成为保护人们进行知识探索的自律的场所。"② 所谓大学的象牙塔精神，与认识论高等教育哲学是相通的。

政治论高等教育哲学是与认识论高等教育哲学相对立的，其基本主张就是大学应当走出象牙塔，广泛地融入社会生活之中，进而全方位地服务于国家和人民。大学的学者追求知识、探索知识的奥秘并不只是为了满足某种闲情逸致和个人的好奇心，而是更在乎知识本身的功效。因此，政治论的高等教育哲学也是一种工具论取向的高等教育哲学。高等教育成了一种解决现实问题的工具。布鲁贝克写道："如果没有学院和大学，那么，想理解我们复杂社会的复杂问题就几乎是不可能了，更不用说解决问题了。过去根据经验就可以解决的政府、

---

① ［美］约翰·S. 布鲁贝克：《高等教育哲学》，王承绪、郑继伟等译，浙江教育出版社 1987 年版，第 13 页。

② 马廷奇：《冲突与整合：西方两种高等教育哲学观的演变》，《江苏高教》2002 年第 3 期。

企业、农业、劳动、原料、国际关系、教育、卫生等问题，现在则需要极深奥的知识才能解决。而获得解决这些问题所需的知识和人才的最好的场所是高等学府。当高等学府卷入日常生活的时候，必然会遇到如何确定目标和如何行使权力来实现这些目标的争论。而这些争论自然具有政治性。对高等教育在政治上的合法地位用不着大惊小怪，所有伟大的教育哲学家都把教育作为政治的分支来看待，如柏拉图的《理想国》、亚里士多德的《政治学》、约翰·杜威的《民主主义与教育》等都是如此。"① 从认识论的高等教育哲学到政治论的高等教育哲学，意味着大学开始从"象牙塔"转向"服务站"，尽管大学仍然拥有保存和发展高深学问的职能，但是服务公众和社会，就无可争议地成为大学的另一种显著的职能。如果大学拥有知识却缺乏把知识应用于现实的能力和责任感，那么大学就有可能被认为是无用的，因而也就失去存在的最好理由，也就没有必要消耗大量的财富来兴办并无实际价值的大学。

政治论高等教育哲学思想还体现在德里克·博克的《走出象牙塔——现代大学的社会责任》一书中。博克曾经任哈佛大学校长，在其长达 20 年的任期间，他推行了一系列的改革，如加强本科生教育、实行核心课程制度、重视通识教育等，带来哈佛大学一段时间的辉煌，因此被认为是哈佛大学历史上最成功的校长之一。政治论高等教育哲学与大学的办学经费无法做到完全的独立有着直接的关系，这也是大学不可能完全实现自治的根本原因。博克认为："随着大学规模和影响的扩大，它的财政需要也相应地增加了。对资金的寻求已经变得不遗余力，范围也越来越广，教育工作者已经不能仅靠工业家的资助办大学了。第二次世界大战以后，即使是公立学校也成立了专门的机构，并设专人向基金会、公司和校友寻求资助。更重要的是，公立和私立大学都在用越来越多的时间准备提案，以求联邦政府拨款支持大学开展研究、添置新的设备以及设立学生助学金等。由此，社会越

---

① ［美］约翰·S. 布鲁贝克：《高等教育哲学》，王承绪、郑继伟等译，浙江教育出版社 1987 年版，第 15 页。

来越依赖大学，大学也越来越依靠社会的资助来支持其日益增多的活动的经费开支。"① 博克据此判定，第二次世界大战后，大学是象牙塔的说法已经过时了。相反，有一张庞大而复杂的关系网把大学和社会其他主要机构连接起来。大学开始走出象牙塔，并要考虑到社会的现实需求。"大学在考虑社会需求的同时没有理由感到不安。事实上，大学显然有责任这么做，毕竟高等教育机构垄断了几乎所有极其重要的社会知识资源。大学文凭对许多炙手可热的职业来说必不可少，全国绝大多数基础研究活动也是由大学操作，而且大学还掌握着很大一部分重要知识技能的供需要求。除此之外，无论是直接还是间接渠道，大学维系自身生存所需要的大量经费来源于广大纳税者的税收。在这种情况下，大学只有努力运用其资源对社会需求做出合理的反应，那才是公平。问题的关键在于做出何种反应才是合理的。"② 博克认为大学服务社会的方式有两种，即学术方式的社会服务和非学术方式的社会服务。

　　政治论高等教育哲学兴起于特定的时代背景。有研究者据此指出："19 世纪开始的不断加速的工业革命，赋予学院和大学所发现的知识越来越现实的影响，结果政治论的高等教育哲学与认识论的高等教育哲学并驾齐驱，甚至压倒了认识论的高等教育哲学。第二次世界大战后，社会多方面发展的要求使高等教育在与政治、经济、科技、文化、职业的互动中联系日益密切，大学从社会生活的边缘走向社会生活的中心。伴随着知识产业的兴起，高等教育被视作克服国家危机的工具和社会发展的'轴心组织'。这些都使高等教育的认识论哲学面临着前所未有的挑战，人们越来越发现大学或学院已成为它们所服务社会的不可分割的组成部分，学生为了'准备生活'而进入学院和大学，学院和大学同样也被塑造成'为准备生活'的服务性机构。

---

　　① ［美］德里克·博克：《走出象牙塔——现代大学的社会责任》，徐小洲、陈军译，浙江教育出版社 2001 年版，第 7 页。

　　② 同上书，第 340—341 页。

因此，这一时期'政治论哲学盛行'。"① 在高等教育大众化时代，在市场经济与效率主义的整体氛围中，大学服务职能被空前地强化，政治论高等教育哲学的地位更加显著和牢固。

在这样的时代处境下，应用型大学和职业技术学院广泛兴起，工程科学成为强势学科，即使研究型大学的知识生产也走上一条 R&D 的道路。R&D 即科技研发活动，是科学研究与试验发展的整合。R&D 是当代一种新的知识生产方式，也是科学研究的一种新的行动框架，这一行动框架表现为从基础研究到设计、生产和市场开发的链式结构。传统的知识生产方式主要是通过科学发现来实现的，而R&D 作为一种新的知识生产方式，它不仅关注新的科学发现，而且更加关注新发现的商用价值和市场效应，遵守的是"用知识创造价值"的原则。在科学技术时代，技术进步是经济增长的内生源泉，而研发机构则是直接推动技术进步的重要力量。正因为如此，国家的R&D 经费投入持续增长，并成为国家实现自主创新和经济可持续发展的重要手段。新型工业化国家和发达国家的经验已经证明了这一点。② 科技创新无疑已经成了促进国家发展一个关键变量。

事实上，当今时代是一个典型的科技工商时代。科技工商时代的科学研究越来越走向"市场化"与"产业化"。当代英国著名的科学技术学专家约翰·齐曼对科学的产业化的解释是，"产业科学是所有者的（Proprietary）、局部的（Local）、权威的（Authoritarian）、定向的（Commissioned）和专门的（Expert）。它产生不一定公开的所有者知识。它集中在局部的技术问题上，而不是总体认识上。产业科学研究者在管理权威下做事，而不作为个体做事。他们的研究被定向要求达到实际的目标，而不是为了追求知识。他们作为专业的解决问题的人员被聘用，而不因为他们个人的创造力"。③ 市场科学意味着科学

---

① 马廷奇：《冲突与整合：西方两种高等教育哲学观的演变》，《江苏高教》2002 年第 3 期。

② 李尚群：《后学院科学时代的大学科研图景》，《高等教育研究》2007 年第 10 期。

③ ［英］约翰·齐曼：《真科学》，曾国屏等译，上海科技教育出版社 2002 年版，第95 页。

资源的配置逐渐按照市场规律进行，即使是纯科学研究、基础研究也由国家大量的资金投入来推动，并实施制度化的组织与管理。同时，学术营销行为被看成是一种合理的行为而开始盛行，科学家的研究动机从追求真理、最大限度地扩展知识，转变为追求利益、名声和权势，试图获得对某一领域的垄断与支配地位，或某种永久性知识产权。"科学共同体"开始成为一种具有自利倾向市场组织。

科技工商时代最大的特点就是科学资源配置方式的转变，与此同时科学家的研究动机与科学活动的运行方式等也发生了转变。大学作为当今时代国家最主要的创新基地，其科学研究正在走向市场化和产业化，融入了科技工商时代的潮流中。在这一背景下，国家逐渐建立了各种项目生成与管理制度、奖励制度、职位晋升制度、专利制度、知识产权保护制度等。对科学家来说必须忠诚于相关利益集团，科学家往往以一个"经济人"的角色出现，并成了一个现实利益追逐者。在科技工商时代，国家常常通过项目市场来进行科学资源的配置。项目不仅是一个研究的课题，同时也是研究经费的载体，于是获取项目就意味着获取研究经费。这样一来，科学家就不由自主地卷入了项目的海洋之中。项目市场也是一个充满竞争的市场。科学家们要花大量的时间来应对各种项目事务。

布鲁贝克曾经宣称，"高等教育越卷入社会的事务中就越有必要用政治观点来看待它。就像战争的意义太重大，不能完全交给将军们决定一样，高等教育也相当重要，不能完全留给教授们决定。"[①] 这也意味着政治论高等教育哲学已经在大学牢牢地占据了主导性地位。值得一提的是，尽管政治论高等教育哲学的统治地位越来越显著，但是认识论高等教育哲学却并没有退出历史舞台，事实上，它也不可能退出历史舞台。许多当代的思想家仍然怀有强烈的认识论高等教育哲学的信念。

在政治论高等教育哲学的启示下，学术界还提出了许多微型的或

---

① ［美］约翰·S. 布鲁贝克：《高等教育哲学》，王承绪、郑继伟等译，浙江教育出版社1987年版，第32页。

局部理论，如学术资本主义理论、创业型大学理论等。学术资本主义能够解释当前大学教学与科研人员的许多行为，特别是那些具有市场特点的行为。"为了保持或扩大资源，教学科研人员不得不日益展开对外部资金的竞争，这些资金用来进行与市场有关的研究，包括应用的、商业的、策略性的和有目标的研究等，不管这些钱是以研究经费和合同的形式、服务合同的形式、与产业的政府合作的形式、技术转让的形式，还是以招收更多的、更高学费的学生的形式。我们称院校及其教师为确保外部资金的市场活动或具有市场特点的活动为学术资本主义。"① 学术资本主义的概念目前已经得到很多人的认同，很显然，学术资本主义与科技工商主义是相通的。学术资本主义定义了大学，特别是研究型大学的新生环境。这个所谓的新生环境可以这样解释："一个充满矛盾的环境，在这个环境中，教学科研人员和专业人员越来越多地在竞争的形势下消耗他们的人力资本储备。在这些情况下，大学的雇员们在受雇于公立部门的同时，又逐渐脱离它而自主。他们是来自公立研究院中的充当资本家的大学教师。他们是政府资助的创业家。"② 从这些描述中不难发现，当今时代，市场、政府、大学之间的传统界限正变得日益模糊，它们之间以十分复杂的方式相互交织在一起。

在学术资本主义这一概念开始流行的同时，另一个高等教育学概念——创业型大学开始出现在各类文献之中，并逐渐成为一个主流的概念。这一概念的提出自然丰富了政治论高等教育哲学的概念体系。创业型大学是大学，特别是一些研究型大学在回应社会与环境的变革过程中逐渐转型生成的，"是一种全新的，集成的大学理念和实践模式"③。创业型大学具有全新的内涵，伯顿·克拉克的描述为："创业型大学是积极寻找摆脱政府严格管制和部门的严格标准的地方。它们

---

① ［美］希拉·斯劳特、拉里·莱斯特：《学术资本主义——政治、政策和创业型大学》，梁骁、黎丽译，北京大学出版社 2008 年版，第 8 页。

② 同上书，第 9 页。

③ 彭绪梅：《创业型大学的兴起与发展研究》，博士学位论文，大连理工大学，2008年。

寻找特殊的组织实体；它们积极地表现出与众不同，哪怕这是一种冒险；它们在市场中寻找机会。它们有一种坚定的信念，与其冒险单一地保持大学的传统形式和实践，还不如冒险进行一些大学特征的尝试性的变革。"① 总的来说，创业型大学是具有明显的公司特点的大学。创业型大学是在一定的历史条件下萌发的，并承担着特殊的历史使命。有研究者指出："20 世纪下半叶，部分研究型大学奋起创新创业，造就了一种全新的大学模式：创业型大学。创业型大学以提高国家竞争力、生产率以及国家和民族的创业创新精神为己任，以提高国家和地区的经济实力和水平为目标。"② 关于创业型大学的功能与影响，有研究者做了类似的分析："创业型大学以知识的传播、生产和应用为中心；以促进经济发展与社会进步为目的；具有确定自己战略方向的自主性，主动寻求组织创新以适应内外部的变革，与产业界、政府等其他机构密切地发生相互作用；教学和研究更注重实际问题；不断拓宽资金来源渠道，是创业文化与学术文化一体化的新型大学。"③ 创业型大学的兴起正是政治论高等教育哲学的一种实践与印证。

创业型大学理念传入中国之后，开始对中国大学的改革与发展产生深刻的影响。回到中国现实的语境中来。在当代中国，大学已经成为社会的轴心机构，不仅全方位地介入了社会生活，而且在国家现代化进程中扮演着一个至关重要的角色。一方面，研究型大学继续保留学术性特征，重视基础研究和学术人才的培养；另一方面，大量的应用型、地方性大学开始致力于为地方经济建设培养应用型和技能型人才，并且开设了大量的应用性和技术性专业。国内学者基于高等教育地方化和区域化趋势越来越明显以及大学服务于地方经济建设的功能

---

① ［美］伯顿·克拉克：《建立创业型大学：组织上转型的途径》，王承绪译，人民教育出版社 2003 年版，第 2 页。

② 王雁、孔寒冰、王沛民：《创业型大学：研究型大学的挑战和机遇》，《高等教育研究》2003 年第 5 期。

③ 易高峰、赵文华：《创业型大学：研究型大学模式的变革与创新》，《复旦教育论坛》2009 年第 1 期。

越来越突出的现实，同时也意识到大学特色的形成对大学发展的重要意义，明确提出国家要建设教学服务型大学。教学服务型大学以本科教学为主，根据条件和需要适度进行研究生教育；教学和科学研究以服务地方为宗旨，培养地方需要的应用性人才，产出地方需要的应用性成果；大力开展以满足社会需要为目的的各种服务活动，形成地方全方位服务的体系。而建设教学服务型大学的具体对策则包括合理定位；人才培养以服务地方为宗旨；建立全方位的社会服务体系；建立合作机构与制度等。① 教学服务型大学概念的提出丰富了中国大学的类型，也在一定程度上强化了大学的社会服务职能。很显然，教学服务型大学与创业型大学在内涵上有许多交叉重叠的地方。

政治论高等教育哲学及其两个亚理论——学术资本主义理论和创业型大学理论能够为大学产学研合作提供一个适切的理论解释。甚至从某种程度上说，产学研合作、学术资本主义和创业型大学是同义语，只是产学研合作更加凸显了现实性和中国的当下特色，也更加适合当下的政策语境。有研究者对 20 世纪后期的大学行为进行了描述："欧美、亚洲、拉丁美洲出现了大学周边共同的创新格局。这里包括以下几个关键方面：第一，利用创新结果引资创办公司；第二，对于原创科技成果进行转化；第三，孵化催生新的企业；第四，承担推动国家竞争力的重任。"② 这实际上就是产学研合作和创业型大学兴起的表现。在产学研合作体系中存在一种相对明显的资源依赖关系。另有研究者指出，"企业和大学、科研院所依赖于对方所拥有的某种资源。企业与大学、科研院所之间建立的战略联盟，即产学研联盟可以使合作者获得合作伙伴的资源，从而减少企业对市场、大学、政府的依赖。大量事实表明企业、大学和科研院所之间具有能力和资源互补性，因此这个概念在产学研合作中变得越来越重要了，而互补性正是

---

① 刘献君：《建设教学服务型大学——兼论高等学校的分类》，《教育研究》2007 年第 7 期。

② 王雁、孔寒冰、王沛民：《创业型大学：研究性大学的挑战和机遇》，《高等教育研究》2003 年第 5 期。

企业和大学、科研院所合作的关键动力所在"①。资源依赖被认为是产学研合作的动力。产学研合作折射出了大学功能的当代拓展和大学行为方式的时代转型，大学事实上已经告别了象牙塔，成为搅动社会生活的现实力量，同时也被社会生活所搅动。所有这一切正是政治论高等教育哲学所期望和想象的。

## 第二节　科学社会学视野下的大学产学研合作

科学社会学即科学的社会学研究，在当代社会科学体系中扮演重要角色。美国社会学家 R. K. 默顿于 20 世纪 30 年代开创了经典的科学社会学，科学建制、科学规范以及科学共同体等问题是经典科学社会学的重要议题。产学研合作的问题自然也是一个科学社会学问题。科学社会学同样有很多的局部和微观理论，如行动者网络理论、信用循环理论、科学的社会建构论等，都能够为大学产学研合作提供某种解释与说明。

默顿于 1942 年发表的《科学的规范结构》是一篇科学社会学的经典文献，在文中提出了著名的"默顿规范"。所谓默顿规范就是默顿基于对科学史与科学个案的考察，提炼出了科学家在从事科学研究时应当遵守的规定与准则。默顿本人也把这些规范作为科学的精神特质，本质上这些规范代表了一种理想，或者说某种价值追求。默顿写道："科学的精神特质是指约束科学家的有情感色彩的价值观和规范的综合体。这些规范以规定、禁止、偏好和许可的方式表达。借助于制度性价值而合法化。"② 这些规范如果进一步被科学家认可、遵循、内化，就会转化为科学家的良心与态度。默顿之后，现代科学似乎有了一种明确的可以言说的精神气质，并且这种精神气质在引导和支撑着科学的发展与繁荣。默顿认为，科学的制度性目标就是扩展知识，

---

①　雷永、徐飞：《产学研联盟问题研究综述》，《上海管理科学》2007 年第 5 期。

②　［美］R. K. 默顿：《科学社会学》，鲁旭东、林聚任译，商务印书馆 2004 年版，第 363 页。

而必要的科学规范能够有效地促使目标的实现，因而这些规范也就成了制度上的必需规范。

默顿提出的科学规范是由普遍主义、公有性、无私利性和有组织的怀疑等组成的一个规范体系。这不仅是一个学术上的规定，也是一个道德上的规定。关于普遍主义规范，默顿写道："纽伦堡的法令不能使哈伯制氨法失效，'仇英者'也不能否定万有引力定律。沙文主义者可以把外国科学家的名字从历史教科书中删去，但是这些科学家确立的公式对科学和技术却是必不可少的。无论是纯种的德国人或纯种的美国人，最终成就如何，每一项新的科学进展的获得，都是以某些外国人从前的努力为辅助的。普遍主义的规则深深地根植于科学的非个人特征之中。"① 默顿的普遍主义规范意味着科学应坚持一种纯粹理性和客观的标准，并且能够适合，也能够应用到任何文化语境。种族、国家、宗教、社会地位、阶级立场、个人品质、性别等科学家的个人与社会特征，都不能成为拒绝或接受某个科学理论的原因。

关于公有性原则，默顿认为，"科学上的重大发现都是社会协作的产物，因此它们属于社会所有。它们构成共同的文化遗产，发现者个人对这类遗产的权力是极其有限的"②。默顿同时解释了科学的公有原则与科学理论的命名规则、科学发现的优先权、科学的遗产等之间的关系。默顿认为，以科学家的名字来命名一个科学理论，如哥白尼体系、胡克定律、哈雷彗星等，只是代表了一种记忆和纪念，或者说对科学家本人的尊重和承认，并没有声明某种特权。科学家对自己的科学发现如果有某种财产权的话，那就是获得应有的承认与尊重。因而科学发现的优先权之争不可避免，但是这不会动摇科学知识作为公共财产的地位。如果考虑到科学家总是站在巨人的肩膀上来从事科学研究的，那么科学遗产将使许多科学家从中受益，科学家经常以这种方式来与前辈科学家们进行合作，科学的公有性也得到了更好的体

---

① ［美］R. K. 默顿：《科学社会学》，鲁旭东、林聚任译，商务印书馆2004年版，第336页。

② 同上书，第339页。

现。总之，科学的公有性原则意味着科学家不能保守秘密，科学不能成为"私人财产"。

默顿阐发的第三个规范是无私利性。无私利性同样也是科学的一种基本的制度性控制方式，在默顿看来，无私利性不是一种动机标准，而是一种制度性标准。"其实，能够说明科学家的行为特征的，是对大量动机的制度性控制的不同模式。因为一旦制度要求无私利的行动，遵循这些规范是符合科学家利益的，违者要受到惩罚，而当这个规范受到内化之后，违者就要受到心理煎熬。"① 在默顿看来，科学家很少有欺骗行为，并不一定是因为科学家有较高的道德水平。更大的可能性在于科学的公众性与可检验性，以及科学家对同行负责的态度等与众不同的特性。似乎是科学本身特有环境与氛围迫使或引导科学家必须正直。总之，无私利性是科学的一种制度性要素，在无私利规范的规约下，学院科学家对人类利益充满无私关怀之情，甚至具有某种人类性情感，因而具有不同寻常的道德情操。学院科学家从事研究是出于一种诚实的纯学术动机，而不是追求某种商业价值。至于有人出于个人的私利目标盗用了科学权威，这并不能影响科学的无私利性原则。

有组织的怀疑是默顿所设想的科学的第四种精神特质，按他自己的说法，有组织的怀疑即是科学的方法论要求，也是制度性要求。这里的怀疑主义并不等同于哲学上的怀疑论，也不等同于社会学上的相对主义，是"按照经验与逻辑的标准把判断暂时悬置和对信念进行公正的审视，业已周期性地使科学陷于与其他制度的冲突之中"②。科学家经常会接触各种理论，参与科学的生产与传播，科学家需要对各种研究成果进行充分的分析与评价，这也是科学事业正常发展、科学研究正常运转的一个重要的前提条件。所以科学奉行同行评议，这是一种对科学质量的制度性控制，能有效保证科学

---

① ［美］R. K. 默顿：《科学社会学》，鲁旭东、林聚任译，商务印书馆2004年版，第373页。

② 同上书，第376页。

诚实可靠。科学期刊应当只发表经过严格的同行专家评判的论文，同行专家坚持科学的公共标准，对整个科学共同体负责。公开争论是另一种怀疑主义实践，科学家经常卷入各种公开的争议之中，各种形式的研讨会是争论的主要场所，有时期刊也经常开辟争鸣性的专栏来为科学争论提供阵地。

默顿规范表明，科学是一种的规范化建制，科学家被抛入一个制度性的规范中。科学的实践要受到默顿规范的引导与控制，也正是因为这种引导与控制，才使科学能够正常而有效地运行。约翰·齐曼用这样的话语对默顿规范进行了概括性的描述："默顿规范的特殊优点是，它们强调了直接影响个体的实践和原则，并真正将科学与其他建制和行业区分开来。这确实显得既真实又重要，科学家的行为通常并不像间谍——要保持自己的行为隐秘；也不像宗教教派的成员——要接受教主的权威；也不像店主——要推销他们的货物以赚得生活费；也不像古董商——其最好的商品都是旧的二手货；也不像军人——其职责是服从。科学文化由于这些差异表现出特色并形成结构。"[1] 值得一提的是，齐曼认为默顿的科学规范体系中还有"独创性"这一条，所以他说，科学家不能像古董商一样，把旧的二手货作为最好的商品。

科学史表明，直到 19 世纪中叶，科学才逐步走向专业化和体系化，以科学为专门职业的职业科学家群体开始出现，科学演变成为一种严明而精致的社会活动，并开始融入广阔的社会时空之中，成为社会生活的一部分。正如约翰·齐曼所描述的，"学者被期盼从事原创性的研究工作，出版著作和发表论文，了解本研究领域的最新进展，努力使自己变成公共知识领域的国际权威，指导研究生和博士后助手的科研工作，保证他们的工作和学术水平经受得起匿名的评审和同行的公开批评，在他们的学会中担任学术委员会理事、杂志编辑、审稿人等，寻找研究经费以支持自己及同事的研究工作，参加各种学术大

---

① ［英］约翰·齐曼：《真科学——它是什么，它指什么》，上海科学教育出版社2002年版，第42—43页。

会、专题研讨会、研究会和其他种种会议，硬着头皮做和听不计其数的学术报告，就自己和其他的研究要求咨询和接受风雅但很深刻的专业问题，等等"①。在科学发展过程中，科学研究的模式和科学家的行为必然要发生某种变化。默顿规范产生于科学实践，也要不断地接受科学实践新的考验与检验。

默顿规范提出具有重要的理论意义，但是这一套经典的理论在今天这个科技工商时代，或者说后学院科学时代是否还有适切性和解释力，这是一个颇具争议的话题。有研究者指出大学的科学研究进入了一个后学院科学时代。"后学院科学意指科学在当代的转型与变奏。在这样一个时代，科学共同体变成了一种具有自利倾向的准市场组织，甚至完全市场组织。各种营销技巧、运作技巧、修辞技巧、竞争技巧、合作技巧等直接参与科研成果的研发、生产与流通。经济效益、社会效益、国家安全、成果转化率等成为科研评价的重要指标，并且建立了严格的知识产权制度。正因为如此，后学院科学时代的大学科研呈现出许多新的特征，并因此而展示了一幅新的科学研究图景，如科研项目成为科学资源载体，而科研团队成为科研项目的研究主体，进而实现科研团队与科研项目的紧密联结；科学家在科学活动中追逐科学信用，并实现科学信用资本的积累与循环，进而维持个人科学事业的运转；R&D 在大学兴起并成为大学科技创新最重要的行动框架。"② 后学院科学时代科研运行的模式和规则的变化在某种程度上正在挑战默顿规范，默顿规范面临着某种危机。事实上这也是近年来科学社会学界所意识到的一个问题。

后学院科学实质上就是一种"产业科学"或"市场科学"。约翰·齐曼对产业科学的解释是，"产业科学产生不一定公开所有者知识。它集中在局部的技术问题上，而不是总体认识上。产业研究者在管理权威下做事，而不作为个体做事。他们的研究被定向要求达到实

---

① ［英］约翰·齐曼：《真科学——它是什么，它指什么》，上海科学教育出版社2002年版，第33—34页。

② 李尚群：《后学院科学时代的大学科研图景》，《高等教育研究》2007年第10期。

际的目标，而不是为了追求知识。他们作为专业的解决问题的人员被聘用，而不因为他们个人的创造力"①。这一段话语事实上已经表明一套另类的科学规范开始形成，就是"所有者的""局部的""权威的""定向的"和"专门的"。这正是默顿规范——"公有主义""普遍主义""无私利性""创造性""有组织的怀疑"的反面，默顿规范似乎正遭到拒斥与背离。产业化潮流中的科学家确实面临着这样一种困惑，就是他们应当忠诚于"科学共同体"，还是应当忠诚于其供职的利益实体。而当他们选择了后者的时候，则在某种程度上意味着"默顿规范"的失效。

产业科学的一个中心问题是科研成果如何转化为产品与财富，从而产生某种经济与社会效益。事实确实如此，有媒体曾经这样来描述一所大学是如何掀起产业科学的热潮的："如今，第二次创业在中南大学已经成为热潮，全校 14 位院士中有 9 名相继办起了学科性公司。这些公司不仅成了科技成果转化为产品的基地，而且还成了'金蛋'孵化器——学校实现了 1 亿多元的无形资产的资本化，拉动 3 亿元民间资本的投资，形成了 5 亿元的资本总量推动科技创新，先后办起了 50 多个学科性公司，完成了 200 多个新产品的市场化。黄伯云的湖南刹车材料公司仅用一年多的时间就形成了年产 300 盘的生产线，每年可为国家节约外汇 5 亿多美元。而他名下正在建设中的湖南博云新材料有限公司将占地 150 亩，投资 1.5 亿元，建成后年产值将达到 2 亿元……"② 这段话语中提到的黄伯云凭借发明"高性能炭/炭航空制动材料的制备技术"而获得 2004 年国家技术发明一等奖，被认为是一个典型的带领科研团队从事重大科技创新的战略型科学家。

事实上，默顿学派的科学社会学家纳德·巴伯在 20 世纪 50 年代撰写《科学与社会秩序》一书时已经注意到了科学的产业化与市场

---

① ［英］约翰·齐曼：《真科学——它是什么，它指什么》，上海科学教育出版社 2002 年版，第 95 页。

② 任晓锋、李伦娥、李茂林、胡宏文：《激情燃烧的"特殊材料"——记国家技术发明一等奖的获得者中南大学校长黄伯云院士》，《中国教育报》2005 年 3 月 30 日。

化倾向。他把科学分为"纯"科学与"应用"科学，然后用"概念体系"与"精神价值"这两个概念作为参考点对科学进行了分析。他认为"纯"科学直接致力于发展概念体系，使概念体系不断地得到修正、补充、完善与检验，从而促进科学的进步。"应用"科学并不追求建构或提升某种概念体系，而是致力于用概念体系来服务某些社会目标，"应用"科学所使用的概念体系甚至可能是粗浅的、低层次的。巴伯继承了默顿的学说，认为科学是一项精神事业，是以一组精神价值作为重要支柱的。在此基础上，巴伯阐明了"纯"科学与"应用"科学在精神价值这一维度上的差异。他认为默顿提出的科学的精神价值，如合理性、普遍主义、个人主义、公有性、无私利性都是属于纯科学的，尽管如此，这些精神价值用于纯科学时，也会有一定的局限性。而在"应用"科学中，这些精神价值的局限性会更加明显。[①]事实上可以看到，尽管大学是纯科学的存在的理想空间，但是应用科学也开始在大学中大规模地存在。应用科学兴起后在某种程度上冲破了科学的精神价值的规约，同时概念体系也不再是一个至关重要的问题，利益集团有组织地介入科学与科学活动，需要的是科学的实际效果，是科学的经济价值。

产业科学还有一个显著特点，就是创新团队成为科研的主体。美国社会学家普赖斯早在20世纪60年代以化学领域为例，对科学家合作发表论文的情况进行了细致的考察，"1900年由单人独笔写成的论文占论文总数的80%，其余的20%大部分是由两个人联合发表……从那时起，联名文章的百分率就稳步地加速增长，到目前为止，其所占的比例如此之大，以至于如果按这种势头继续发展下去的话，到1980年单人署名的文章就不复存在"[②]。合作发表论文背后自然是研究者之间的合作。到今天这个科技发达时代，创新团队成了一种显著

---

① ［美］巴伯：《科学与社会秩序》，生活·读书·新知三联书店1991年版，第119页。

② ［美］普赖斯：《大科学，小科学》，宋剑耕、戴振飞译，《世界科学社》1982年，第77页。

的合作模式，也是一种科技人力资源的组织模式。"创新团队首先是一个为了完成共同的研究任务而相互合作的科学家群体，有较为明确的组织边界。其次，创新团队具有复杂的内部结构。科学家在声望、产出率、职称、学术权力、研究资源、社会资本、供职机构等方面存在着巨大的差异，这必然会反映到创新团队中，导致创新团队是一个带有差序性质的等级结构。在这一结构中，同时也是高声望科学家的团队负责人往往处于支配地位。另外，创新团队内部也交织着复杂的权力关系、利益关系和角色关系等。"① 创新团队的生成、运行、治理和建设等也可以从科学社会学来进行解释与说明。

科学奖励也是科学社会学的一个经典的议题。默顿指出，"像其他的制度一样，科学制度也发展了一种经过精心设计的系统，给那些以各种方式实现其规范要求的人颁发奖励"②。在经典科学社会学看来，对独创性科学成就荣誉性的同行承认就是对科学家的最好奖励。在今天这个所谓的科技工商时代或后学院科学时代，科学奖励制度正在悄然发生变化，这些变化正在对国家研发行为产生特殊的影响。科技成果的经济效益与社会影响似乎取代了独创性，而成为科技奖励与评价的核心指标。

近年来，就中国的情况而言，大学获取大量的各种级别和各种声望的科技奖励。目前我国科技奖励的设置情况是，国家最高科学技术奖居于顶点，其次是国家四大科学技术奖，即国家自然科学奖、国家技术发明奖、国家科技进步奖、中华人民共和国国际科学技术合作奖，还有各种省级奖、部级奖以及丰富的社会和民间奖励。大多数的科技奖励往往更注重科研成果的实效性与应用性，如经济效益、社会效益以及科研成果转化为产品的转化率等。例如国家科学技术进步奖就非常重视经济效益、投入产出比、市场占有率等，同时知识作为生

① 李尚群：《创新团队论——大学科研主体问题的当代阐释》，中国海洋大学出版社2010年版，第28—29页。

② ［美］R. K. 默顿：《科学社会学》，鲁旭东、林聚任译，商务印书馆2003年版，第400页。

产力的要素参与分配的实绩也是一个重要的评审指标。国家技术发明奖的评审标准之一就是技术发明应在实施之后取得较大的经济效益或社会效益。例如媒体在报道"高性能炭/炭航空制动材料的制备技术"这一获奖项目时，特别强调这一成果打破了国外技术封锁，实现了一种尖端技术的国产化，保障了航空战略安全和国家安全，因此具有重大的国家意义；还有一个特点，就是这一技术通过自主创新打破了国外的技术封锁，并且又达到了国际先进水平。

国家自然科学奖作为一项高声望的国家级科技奖励，主要授予在数学、物理学、化学、天文学、地球科学、生命科学等基础研究和信息、材料、工程技术等领域的应用研究中具有重大科学价值的成果。在基础研究方面要求发现重要的科学现象、特性和规律，并阐明科学理论和学说；在应用方面是指提出研究方法和手段，解决关键性的科学难题或者实验技术难点，以及对重要基础数据的系统收集和综合分析等。国家自然科学奖授奖等级根据候选人所做出的科学发现，从发现程度、难易复杂程度、理论学说上的创见性、研究方法手段的创新程度、学术水平、对学科发展的促进作用、对经济建设和社会发展的影响、论文被他人正面引用的情况、国内外学术界的评价和主要论文发表刊物的影响因子等方面进行综合评定。基本评定标准如下：（1）在科学上取得突破性进展，学术上为国际领先，并为学术界所公认和广泛引用，推动了本学科或者相关学科的发展，或者对经济建设、社会发展有重大影响的，可以评为一等奖。（2）在科学上取得重要进展，学术上为国际先进水平，并为学术界所公认和引用，推动了本学科或者其分支学科的发展，或者对经济建设、社会发展有较大影响的，可以评为二等奖。可以看出，在国家自然科学奖中基础研究具有相当重要的地位。

为了促进基础研究的发展，1997 年 3 月国家还特别出台了重点基础研究发展计划，也就是人们所熟悉的"973 计划"，其目的就是要通过科技创新，在更深的层面和更广泛的领域解决国家经济与社会发展中的重大科学问题，以提高我国自主创新能力和解决重大问题的能力，为国家未来发展提供科学支撑。"973 计划"选题原则是，第一，围绕我国社会、经济和科技自身发展的重大需要，解决国家中长期发展中面临的重大关键问题的基础性研究；第二，瞄准科学前沿重大问题，体现学科交叉、综合，探索科学基本规律的基础性研究；第三，发挥我国的优势与特色，体现我国自然、地理与人文资源特点，能在国际科学前沿占有一席之地的基础性研究。"973 计划"表明，国家层面的基础研究发展计划正在试图提高国家整体基础研究水平。从以上的事实可以看出，科学研究项目和成果的经济价值及社会效应等始终是科研评价的核心指标。

以上分析了经典科学社会学及其在科技工商时代、在产业科学与市场科学的整体氛围中所受到的挑战。事实上，为了应对这一挑战，科学社会学自身也在寻求变革，这一变革就是科学知识社会学的兴起。科学知识社会学带有鲜明的后现代主义的意味，学术界甚至把其称为一种相对主义的反科学思潮。科学知识社会学是科学社会学的一个现代分支，是一个致力于对科学知识的生产过程进行社会学与文化学分析的学术流派。科学知识社会学一个极具争议性的观点就是——科学知识本质上是社会建构的。于是科学知识社会学就对知识的客观性基础进行无情瓦解。众所周知，科学社会学的默顿学派很少研究科学知识或科学的具体内容，科学知识因而成为黑箱。科学知识社会学就是要打开黑箱，揭示科学知识产生的真实过程。揭示的结果是，理性主义与客观主义关于科学的话语变成一种谎言，逻辑与证据不再是决定科学有效性和科学家进行理论选择的决定性的因素。科学家作为认识论的权威只不过是一种假象，科学家就是在实验室制造知识，并通过各种修辞手段将其说成是真理的人，而其中充满复杂的权力与利益关系，所以科学必须是"卑微的"。这种对科学的相对主义解释自然会招来许多批判①。

科学知识社会学的核心观点是科学知识是社会建构的，这一观点又被分化出了更多的观点，如科学知识的生产是在一定的社会关系网

①　关于科学知识社会学的理论观点及其对教育的影响的详细介绍，可参考作者的论文《科学知识社会学及其影响下的科学教育观》，载《中国农业教育》2008 年第 5 期。

中进行的，科学知识是科学家相互商谈的结果；科学是一种伪装的政治学，是一种权力叙事，往往表现为一种政治产品或财富产品；科学知识在某种程度上也是财富的产品，一种靠金钱运转的游戏等。科学知识社会学的一位重要的旗手塞蒂纳在《制造知识：建构主义与科学的与境性》一书中特别阐明这样一种观点：利益的融合与利益的分裂支配着资源关系，通过资源关系维持了可变的"超科学"领域，形成了某种以权力游戏为中心的社会关系网。实验室中的知识生产就是在这种社会关系网中进行的。所以科学知识的背后掩饰着权力与利益、商谈与决定，而这种掩饰又常常会用到文学的、修辞的手法。这些观点与后现代主义思潮不谋而合，利奥塔在《后现代状况：关于知识的报告》一书中写道："那些为了举证而优化人体性能的仪器要求额外的消耗。因此，如果没有金钱，就没有证据，没有对陈述的检验，没有真理。科学语言游戏将变成富人的游戏。最富的人最有可能有理。财富、效能和真理之间出现了一个方程式。"① 这样科学就与政治、经济、权力联系在了一起，为某种意识形态所利用。

特别值得一提的是，科学知识社会学并不认同经典科学社会学的观点——同行承认是科学界的最高奖赏。在科学知识社会学家看来，科学家其实更关注的是信誉的积累，并通过信誉来获取更多的研究资源，以维持其科研工作的正常运转。美国社会学家朱克曼对此进行了评论："他们（指法国社会学家拉图尔等人。——笔者注）把科学描述成一个市场，科学家将信誉'投资'于那些他们相信会进一步获得可靠证据的问题之上，这种投资反过来又会帮助他们得到更多的对他们工作的支持，还可以逐步提高他们在科学事业上的造诣。"② 这样一来，科学就处于一定的信誉循环之中，并融入一张巨大的社会关系网中。科学家就成了狂热的科学信用的追逐者，并通过科学信用的积

① ［法］让-弗朗索瓦·利奥塔：《后现代状况：关于知识的报告》，车槿山译，三联书店1997年版，第94页。
② ［美］哈丽特·朱克曼：《科学社会学五十年》，李传实、马亭亭译，《山东科技大学学报》（社会科学版）2004年第3期。

累与循环来维护科学活动的运转，如获取更多的科研经费，更好的研究设施，更加优秀的学生等。在某些领域，那些高信用度的科学家则明显地处于支配地位。

行动者网络理论是科学知识社会学的一个亚领域，由法国社会学家拉图尔等人在 20 世纪 80 年代提出。有研究者解释道："行动者网络将传统的科学与社会二分的研究范畴打破，认为科学与社会实际上是一个整体，力图消解传统哲学的主客体二元论模式。这一理论原本旨在理解科学技术或者技术性科学。在行动者网络理论看来，科学和技术涉及同一过程，进而才逐渐演变成一种围绕技术科学的一般社会理论。拉图尔的行动者网络理论是在对爱丁堡学派强纲领批判的基础上确立起来的基本观点。即科学实践与其社会背景是在同一过程中产生的，是同一过程的两个方面，它们相互建构、共同演进，并不具有因果关系。"① 拉图尔倡导要关注行动中的科学，要追随行动中的科学家与工程师，看他们到底在做什么，是怎么做的。换句话说，就是要在知识成为黑箱之前抵达和揭露它们。"行动者网络就是异质行动者建立网络，发展网络以解决特定问题的过程，它是一个动态的过程而不是一个静态的概念。行动者（actor 或 actant）又译为'能动子'、'操作子'，意思是指在科学知识的建构过程中所有起作用的因素。一个行动者能在自己的周围构建一个网络，使其他要素依赖着自己，并将其兴趣转译进自己的网络中。"② 当然行动者网络的建构过程是非常复杂的。一种值得关注的学术趋向就是越来越多的研究者借用行动者网络理论来解释现代社会的科学家行为和科学活动。事实上，拉图尔等人的研究也是一种人类学的视角，由此也开创了科学人类学这一新的学术领域。限于篇幅，这些不再展开介绍。

通常意义上的产学研合作就是指企业、高校及科研院所这三类技

---

① 王一鸣、曾国屏：《行动者网络理论下的技术预见模型演进与展望》，《科技进步与对策》2013 年第 9 期。

② 刘济亮：《拉图尔的行动者网络理论研究》，硕士学位论文，哈尔滨工业大学，2006 年。

术创新主体，按照某种规则，如利益共享、资源互补、风险共担、共同发展来进行技术创新活动。这种合作是市场经济与产业科学时代的必然选择，对国家来说，这种合作具有重要的战略作用，被认为是提高国家创新能力、建设创新型国家的有效的策略。从科学社会学到科学知识社会学，再到具有科学人类学意味的行动者网络理论，形成一套庞杂的理论话语。从这一套理论出发来观照当下产学研合作现象与问题，可以获得对产学研合作一种新的解释与更为深刻的认识。

这里以行动者网络理论为例来进行分析。产学研合作是一张巨大的正在铺开的网，在这张巨网中，各类机构和各类人员找到了自己的位置。有研究者从行动者网络理论来分析技术预见，得出结论是："第一代技术预见行动者主要是科技、政府和专家；第二代行动者新加入市场，使专家的外延扩大化；第三代行动者包含公众和社会。市场和政府、公众与专家、社会与科技作为行动者具有广义上的对称性和能动性，他们使用不同的技术预见方法和理论进行转译链接，共同构建发展的、不断演进的和稳健的行动者网络；第四代技术预见需要关注环境行动者的地位，在全球低碳科技的大背景下，应重点关注各国政府对环境代理者角色的争夺。"[①] 技术预见即对技术的发展进行前瞻，目前，技术预见已经发展出了一套复杂的预见模式。行动者网络理论对技术预见的分析具有一定的合理性和可信性。技术预见与产学研合作的内在关系是不言而喻的。

产学研合作在某种程度上正是产业科学与市场科学的存在方式与运作模式，从科学社会学来看，这一过程充满各种关系，如利益关系、权力关系、角色关系等，充满各种竞争与合作、冲突和博弈。正如激进的科学知识社会学者所描写的："当我们从'日常生活'走向科学活动时，从大街上走向一个实验室时，从政治走向科学时，我们并没有从嘈杂走向安宁，从狂热走向理性，从急躁走向冷静，我们是从一个争论的场所走向另一个更为激烈的争论场所。这就像是在法庭

---

① 王一鸣、曾国屏：《行动者网络理论下的技术预见模型演进与展望》，《科技进步与对策》2013 年第 9 期。

上观看一个陪审团在相互矛盾的证据面前举棋不定，或观察一个议会为一个法案的通过而争吵不休。"① 事实也告诉人们，当科研全力以赴市场的时候，很多令人意想不到的事件发生了。

① 蔡仲：《后现代相对主义与反科学思潮——科学、修饰与权力》，南京大学出版社2004年版，第227—228页。

# 第二章

# 地方高校产学研合作的现实处境

产学研合作是高等教育发展的时代要求，是培养应用型、创新型人才的有效模式，是地方高校提高教育教学质量的有效途径。近年来，由于地方高校与政府、企业产学研合作意识的不断增强，合作范围的不断扩大，地方高校的科研能力和水平得到了明显提升，其助推并服务区域经济社会发展的功能也得到了充分体现。但因受到传统观念、资金投入、市场需求、转化能力、管理机制、服务体系及地方发展水平与政策导向等影响，地方高校在推进产学研合作过程中仍然存在着一系列亟待解决的问题。

## 第一节　地方高校产学研合作的政策环境

从产学研合作政策的发展历程来看，产学研合作政策的内涵是随着产学研合作的不断发展而丰富的。本书对产学研合作政策的界定是：为了鼓励和促进生产企业、高等院校和科研院所按照利益共享、风险共担、优势互补、共同发展的原则，以技术合约为基础，根据各自优势分担技术创新不同阶段所需投入的资源，合作进行技术创新而制订的一系列法律法规、行政命令、会议决议、计划规划和策略方案的总和。①

---

① 蔡嘉伟：《改革开放以来我国产学研合作政策的演变研究》，硕士学位论文，华南理工大学，2013 年。

## 一　演变：产学研合作政策的历史变迁

改革开放以来，我国对经济体制和科技体制进行了双重改革，政府越来越重视产学研合作，产学研合作相关的政策与法规也开始从后台走向前台，扮演着越来越重要的角色。这是一个与我国从计划体系向社会主义市场经济体系并行的过程，也是一个形成体现中国特色的产学研合作政策和法规体系的过程。

### （一）1985—1998 年产学研合作政策的探索诞生期

我国产学研合作可追溯到 20 世纪 80 年代，但真正全国范围内的产学研工作始于 1992 年由经贸部、教育部、中国科学院共同组织实施的产学研联合开发工程。20 世纪 80 年代，我国开始了产学研合作政策的早期探索（见表 2 - 1），这时产学研合作的概念还没有明确提出，有关产学研合作的相关政策内容基本上都是简单提及，更没有规定产学研合作各方在合作过程中的地位、合作的方式、合作的利益分配等具体内容。1985 年，《中共中央关于科学技术体制改革的决定》主张调整科学技术系统的组织结构，强化企业的技术吸收和开发能力，并提出促进技术成果的商品化和开拓技术市场的做法。科技体制改革为科研院所、高校和企业的联合指明了方向，并激活了民间开展产学研活动的热情和活力，迈出了探索产学研合作的第一步。1987 年提出的 "863" 计划选择生物、航天、信息、能源和新材料等作为研发重点，以高校和科研院所为研发基地，力争在我国有优势的领域有所突破，为新时期的经济发展创造有利条件。在这些政策激励之下，高校和科研院所开始改变原来的计划管理模式，产学研主体相互分离的状况得到改善，产学研合作在社会层面上的摸索随之出现。在这个摸索的过程中，产学研各方开始探求多种合作的方式，比如成果转让、技术服务、技术开发等。这些都推动了科研成果的市场化与商品化。

**表 2 - 1　　　　　　　1985—1998 年产学研合作相关政策**

| 年份 | 政策名称 | 与产学研合作相关的内容 |
|---|---|---|
| 1985 | 中共中央关于科学技术体制改革的决定 | 鼓励研究、教育、设计机构与生产单位的联合,开拓技术市场 |
| 1987 | 高技术研究发展计划纲要（863 计划） | 以高校与科研院所为研发基地,发展高科技,实现产业化 |
| 1988 | 国务院关于深化科技体制改革若干问题的决定 | 鼓励高校、科研院所的科技人员和社会上科技型企业家"下海"领办、创办高新技术企业 |
| 1992 | 产学研联合开发工程 | 建立大中型企业、高校和科研院所之间密切稳定的交流、合作制度,加速科技成果转化 |
| 1992 | 国家中长期科学技术发展纲领 | 通过多种方式推进企业之间、企业与研究开发机构、高等院校之间的横向联合 |
| 1993 | 科学技术进步法 | 建立科学技术与经济有效结合的机制 |
| 1994 | 关于高等学校发展科技产业的若干意见 | 对高校科技产业发展的指导方针、企业制度、财务和人事管理制度、产业发展的环境和条件等做了具体规定 |
| 1995 | 关于加速科学技术进步的决定 | 鼓励科研院所、高等学校的科技力量以多种形式进入企业或企业集团,参与企业的技术改造和技术开发 |
| 1996 | 关于"九五"期间深化科学技术体制改革的决定 | 建立以企业为主体、产学研相结合的技术开发体系 |
| 1996 | 国家技术创新工程项目计划 | 以企业为主体,鼓励企业、高等院校、研究院所联合 |

资料来源:蔡嘉伟:《改革开放以来我国产学研合作政策的演变研究》,硕士学位论文,华南理工大学,2013 年。

　　1992 年,"产学研合作"这一概念正式诞生,产学研合作政策的发展有了质的飞跃。1992 年,产学研联合开发工程成为中央政府第一次对产学研活动的专门性政策。除了该工程外,随后的国家技术创新工程项目计划以"鼓励企业、高等院校、研究院联合"为首要原则。《国家中长期科学技术发展纲领》《关于"九五"期间深化科学技术体制改革的决定》《关于高等学校发展科技产业的若干意见》《关于促进企业技术进步有关财务税收问题的通知》等政策文件(参见表 2 - 1)均对产学研合作进行了相关规定和指导,为产学研合作发展走上健康有序的道路提供了政策环境。同时,《科学技术进步法》对产学研合作的相关规定是我国第一次以法律形式提出鼓励产学研之间的联合和协作。

总之，这一阶段是产学研合作的探索产生时期，关于产学研合作的相关专门性政策的出台使我国产学研合作政策体系有了质的飞跃，在法律、财政税收等方面对产学研合作的相关规定意味着我国的产学研合作政策开始走向全面化和系统化。但是，在这一时期内关于技术创新主体的归属一直存在争论，企业与高校、科研院所之间的关系也不明确，科研机构企业化、教育产业化、企业自办研究机构是这一探索时期的特点。不管怎样，在相关政策思想的引导之下，产学研合作逐步受到各界重视，为后续阶段的发展做好了准备。

（二）1999—2005 年产学研合作政策的缓慢发展期

随着社会主义市场经济体制的逐步建立，企业在我国技术创新中的作用逐步增强，并朝着成为技术创新主体的目标发展。在这一时期，促进企业成为真正意义上的技术创新主体，形成新型产学研合作机制，成为推动产学研合作政策的主线（见表 2 - 2）。同时，关于产学研合作方面的法规不断增加，《关于促进科技成果转化若干规定》对产学研合作过程中的科技成果转化进行了一些具体规定；《科技型中小企业技术创新基金的规定》明确了要优先支持产学研的联合创新；《关于促进科技成果转化有关税收政策的通知》提出了促进产学研合作的具体税收优惠规定；《关于加强与科技有关的知识产权保护和管理工作的若干意见》和《关于国家科研计划项目研究成果知识产权管理的若干规定》对产学研合作中的知识产权保护和管理做了具体的规定；《国家科学技术奖励条例》和《国家科学技术奖励条例实施细则》还对产学研合作的发展提供了奖励性的支持。

表 2 - 2　　　　　　　　1999—2005 年产学研合作相关政策

| 年份 | 政策名称 | 产学研相关内容 |
|---|---|---|
| 1999 | 关于加强技术创新、发展高科技、实现产业化的决定 | 强化企业的技术创新主体地位，充分发挥市场机制基础性作用，推动科技力量进入市场创新创业 |
| 1999 | 中共中央关于国有企业改革和发展若干重大问题的决定 | 要形成以企业为中心的技术创新体系，推进产学研结合 |
| 2000 | 关于加速实施技术创新工程以形成以企业为中心的技术创新体系的意见 | 逐步形成以企业为主体、高等院校和科研院所广泛参与、利益共享、风险共担的产学研联合机制 |

| 年份 | 政策名称 | 产学研相关内容 |
|------|---------|---------------|
| 2001 | 关于推进行业科技工作的若干意见 | 积极推动企业与大学、企业与科研院所联合建立专业或综合性的行业工程技术中心 |
| 2002 | 国家产业技术政策 | 要建立以企业为中心，风险共担的产学研结合机制；建立企业与大学、科研院所的产学研联合体 |
| 2005 | 中共中央关于制定国民经济和社会发展第十一个五年规划的建议 | 建立以企业为主体、市场为导向、产学研相结合的技术创新体系 |

资料来源：蔡嘉伟：《改革开放以来我国产学研合作政策的演变研究》，硕士学位论文，华南理工大学，2013年。

在这一发展阶段，产学研合作政策的发展方向更加明确，各类政策形成更为全面的体系，其重心逐步从如何在市场经济体制下形成产学研的有效合作机制转向如何促进以企业为主体的产学研合作转变。为了引导智力、财力、物力流向发展前景广阔和具备核心竞争力的高新技术产业，政府强化了对借助大学科技园等集中创新中心的合作项目的政策保障，并鼓励高校和科研院所发挥自身特点和优势，以多样化的模式实现与企业的积极合作，走以企业为主体的产学研合作道路。

（三）2006年至今产学研合作政策的快速发展期

这一时期是产学研合作政策的推广时期，"十一五"期间国家出台的政策数量大大增加，而且政策的主线就是推动自主创新的产学研合作（见表2-3）。2006年召开的全国科技大会提出要建设创新型国家，形成以企业为主体的产学研合作技术创新体系；这次会议上发布的《中共中央　国务院关于实施科技规划纲要增强自主创新能力的决定》提出企业和高校、科研院所联合建立研究开发机构、产业技术联盟等技术创新组织是推进产学研合作的重要渠道。《国家中长期科学和技术发展规划纲要（2006—2020年）》也强调围绕企业技术创新需求服务、产学研多种形式合作新机制建立的重要性，并提出要研究制定促进产学研合作的优惠政策。2005年，广东省与教育部产学研合作协调领导小组成立，选择广东省作为我国产学研合作的先行示范区，联合推动省部产学研合作，探索产学研合作建设创新型国家和创新型广东的新模式。2006 年，技术创新工程开始实施，旨在通过自主创新的产学研合作增强国家自主创新能力，为建设创新型国家提供有力支撑。2009 年，国务院在《关于发挥科技支撑作用促进经济平稳较快发展的意见》中提出"产业技术创新战略联盟"，这种产学研合作形式具有战略性、长期性和稳定性的特点，能够有效组织和配置各个成员单位的优势资源，并克服以往合作中存在的短期化和单一化等问题。2011 年，高等学校创新能力提升计划（即"2011"计划）启动，该计划意在推动高校与高校、与科研院所、与企业、与区域发展、与国际合作的深度融合，促进产学研合作层次的提升。

表 2 - 3         2006—2012 年产学研合作相关政策

| 年份 | 政策名称 | 产学研合作相关内容 |
|---|---|---|
| 2006 | 中共中央 国务院关于实施科技规划纲要增强自主创新能力的决定 | 建设创新型国家，增强自主创新能力，建立以企业为主体、市场为导向、产学研相结合的技术创新体系 |
| 2006 | 国家中长期科学和技术发展规划纲要（2006—2020 年） | 在大幅度提高企业自主技术创新能力的同时，建立高校科研院所积极围绕企业技术创新需求服务、产学研多种形式结合的新机制 |
| 2006 | 关于提高自主创新能力，加快广东经济社会发展的合作协议 | 探索省部合作共同促进产学研合作的新路子，提高广东自主创新能力和产业竞争力 |
| 2006 | 技术创新工程 | 形成拥有自主知识产权、自主品牌和持续创新能力的创新型企业；建立以企业为主体、市场为导向、产学研相结合的技术创新体系；引导增强战略产业的原始创新能力和重点领域的集成创新能力 |
| 2009 | 国务院关于发挥科技支撑作用促进经济平稳较快发展的意见 | 促进产学研（用）相结合，支持建立产学研（用）相结合的产业技术创新战略联盟 |
| 2011 | "2011"计划 | 以协同创新中心为载体，构建四类协同创新模式 |

资料来源：蔡嘉伟：《改革开放以来我国产学研合作政策的演变研究》，硕士学位论文，华南理工大学，2013 年。

这一时期政策的核心目标是通过多种方式完善以企业为主体的产学研合作技术创新体系以提高我国的自主创新能力，加快创新型国家的建设进程。值得一提的是，这一时期产学研合作政策目标有了层次上的提升，政策重心则由中央政府向地方政府下移，其重点也由经济目标向兼顾社会目标迈进，这和我国政府发展观的转变是同步的。产学研合作的政策保障与支持系统由行政性主导向社会化参与转变，产学研资金投入渠道呈现多元化趋势，产学研合作的方式也越来越多样化，并由点到面全面铺开，例如广东省与教育部开展的省部产学研合作。

## 二　实例：广东省"两部一省"产学研合作项目政策分析

2005 年，广东省与教育部、科技部启动了"两部一省"产学研合作项目，其目的在于引导和支持全国高校、科研机构与广东省产业界开展自主创新全面合作。在广东省政府与教育部签署的《关于提高自主创新能力加快广东经济社会发展合作协议》中约定，教育部要组织有关部属高校支持广东省提高自主创新能力，在重点学科建设、科技创新平台建设、师资队伍建设、高校科技成果转化及产业化、高层次创新人才培养等方面给予广东高校政策上的指导和扶持；广东省属高校可选派学科带头人和学术骨干到有关部属高校做访问学者，进行重点培养以提高其学术水平和创新能力。① 尽管此项目以国内重点高校的优秀实验室（或研究中心）为主要技术依托，参与地域以广东省珠江三角洲地区为主，但是其在组织领导、政策保障措施方面所做的一系列努力依然值得地方高校学习与借鉴。

（一）广东省产学研合作政策

良好的政策环境对于产学研合作的顺利开展非常重要。在产学研合作的过程中，生产企业与地方高校、科研院所在诸多方面存在着巨大的差异，因此各方极易产生利益诉求方面的矛盾与冲突，而相关的政策规定有助于协调产学研各方的利益分配，有利于产学研合作过程的顺利进行。从 2006 年至今，广东省政府已经制定多项有利于省部

---

① 教育部、广东省人民政府：《关于提高自主创新能力加快广东经济社会发展合作协议》2005 年 9 月 22 日。资料来源：广东省教育部科技产学研合作信息网（http://cxy.gdstc.gov.cn/）。

产学研工作顺利开展的政策、方案与意见（见表2-4），从多角度、多层面保障产学研合作的现实效果，从而推动广东省经济继续快速健康发展。

表2-4　　　　　广东省政府关于产学研合作的相关政策

| 时间 | 政策文件名称 | 政策文件主要内容 |
| --- | --- | --- |
| 2006年8月 | 广东省人民政府教育部关于加强产学研合作提高广东自主创新能力的意见 | 建立专家决策咨询机制。<br>建立推进省部合作的协同机制。<br>建立支持产学研合作的多元化投入体制。<br>建设产学研信息服务平台。<br>制定优惠政策和配套措施 |
| 2006年11月 | 广东省促进自主创新若干政策 | 大幅度增加科技投入。<br>认真执行国家激励自主创新的税收政策。<br>引导金融业加大对自主创新的资金支持。<br>实施促进自主创新的通关政策。<br>建立健全促进自主创新的政府采购制度。<br>大力开展引进消化吸收再创新。<br>努力创造和保护知识产权。<br>积极推进产学研合作。<br>加强科技创新基地与平台建设。<br>培养和引进自主创新人才。<br>不断优化自主创新环境 |
| 2006年12月 | 广东省产学研省部合作专项资金管理暂行办法 | 专项资金的支持方向、支持方式和支出范围。<br>项目的申报、审批及项目经费的拨付。<br>专项资金的监督检查和绩效评价 |
| 2007年1月 | 关于动员和组织广大科技工作者为建设创新型国家做出新贡献的若干意见 | 动员科技工作者增强进取意识，做弘扬自主创新精神的先行者。<br>动员科技工作者增强责任意识，做建设创新文化的开拓者。<br>动员科技工作者增强改革意识，做深化科技体制改革的促进者。<br>动员科技工作者增强服务意识，做提高全民科学素质的推动者。<br>动员科技工作者增强自律意识，做高尚道德情操的践行者。<br>广泛开展和谐创建活动，千方百计建好科技工作者之家。<br>大力协同，为广大科技工作者建功立业营造良好环境 |
| 2007年1月 | 广东省教育部产学研结合示范基地认定和管理办法（试行） | 1. 省部产学研示范基地的认定对象与条件。<br>2. 省部产学研示范基地的申报与认定。<br>3. 省部产学研示范基地的主要职责与管理 |

| 时间 | 政策文件名称 | 政策文件主要内容 |
|---|---|---|
| 2007 年 2 月 | 广东省教育部产学研结合计划项目管理办法（试行） | 1. 省部产学研专项资金来源于广东省财政拨款。<br>2. 项目申报要求。<br>3. 项目评审方式和审批立项。<br>4. 项目承担单位必须保证项目资金专款专用。<br>5. 项目验收程序 |
| 2007 年 5 月 | 广东省教育部产学研战略联盟建设试点工作指引 | 1. 联盟中的企业应具有良好的自主创新氛围，拥有先进可靠的生产技术条件和研发条件。<br>2. 联盟中的高校（科研机构等）在与产业相关的学科、技术领域拥有国家级、省部级以上重点实验室、工程（技术）研究中心等创新平台，具有国内领先水平的研发团队和管理团队。<br>3. 高校和企业之间建立良好的合作关系，签订责、权、利明确的合作协议，形成长期合作关系。<br>4. 设立理事会、专家委员会和相应的协调管理机构 |
| 2008 年 6 月 | 省部企业科技特派员行动计划实施方案 | 1. 有关高校和科研机构选派企业科技特派员，协助企业开展产学研合作，建立长效合作机制。<br>2. 为企业科技特派员制定相应的激励措施 |
| 2008 年 9 月 | 广东省人民政府教育部科学技术部关于深化省部产学研结合工作的若干意见 | 1. 充分认识深化省部产学研结合工作的重要意义。<br>2. 深化省部产学研结合的重点工作。<br>3. 营造有利于深化省部产学研结合工作的环境 |
| 2008 年 9 月 | 广东省建设创新型广东行动纲要 | 1. 强化政策扶持和激励。<br>2. 加大自主创新投入力度。<br>3. 加强创新文化建设。<br>4. 加强组织领导和统筹协调 |
| 2008 年 9 月 | 广东自主创新规划纲要 | 1. 以省部产学研合作框架为基础推进广东自主创新综合试验区建设。<br>2. 加快建设省部产学研创新联盟。<br>3. 加快实施企业科技特派员行动计划。<br>4. 加强省部产学研结合创新平台和师范基地建设 |
| 2008 年 12 月 | 关于促进自主创新成果产业化若干政策的通知 | 1. 鼓励高校和科研机构向企业转移自主创新成果。<br>2. 加大自主创新成果产业化投融资支持力度。<br>3. 营造有利于自主创新成果产业化的良好环境。<br>4. 相关部门要切实做好组织协调工作 |

| 时间 | 政策文件名称 | 政策文件主要内容 |
|---|---|---|
| 2009 年 4 月 | 关于动员广大科技人员服务企业的意见 | 1. 科研院所和高校要积极创造条件支持科技人员服务企业。<br>2. 保障科技人员在派出单位的相关待遇，落实激励科技人员转化科技成果的各项政策。<br>3. 营造科技人员服务企业的良好社会氛围。<br>4. 建立部门协调联动的工作机制 |
| 2009 年 9 月 | 关于成立广东省教育部科技部产学研结合协调领导小组的通知 | 广东省省长黄华华担任组长。<br>教育部副部长陈希、科技部副部长杜占元和广东省副省长宋海担任副组长 |
| 2010 年 4 月 | 广东企业科技特派员管理办法（试行） | 1. 促成企业与高校、科研院所共建创新平台，提升企业自主创新能力。<br>2. 设立特派员助理和特派员工作站。<br>3. 完善特派员的申报、认定和退出机制。<br>4. 建立特派员的考核与奖励制度 |
| 2010 年 12 月 | 广东省专利条例 | 鼓励和支持高等学校、科研机构和企业事业单位开展多渠道、多形式的合作，共同研究、开发和应用专利技术 |

资料来源：广东省教育部科技部产学研合作信息网（http://cxy. gdstc. gov. cn/）、广东省人民政府网（http://www. gd. gov. cn/）。

2008 年，广东省人民政府、教育部和科学技术部联合下发《关于深化省部产学研结合工作的若干意见》，文件要求广东省各地级市政府、各有关高校和科研机构要充分认识到深化省部产学研结合工作的重要意义，提出深化省部产学研结合的重点工作内容，并强调要营造有利于深化省部产学研结合工作的环境。

（二）广东省部分地级市的产学研合作政策

近年来，广东省下辖的各地级市已经初步建立起与省部产学研合作的相关对接政策，出台了一系列针对于当地情况的政策文件（见表2－5），以完善相应的保障体系。

表2-5　　　　　　　　广东省各地级市出台的相关政策文件

| 地市名称 | 政策文件名称<br>（颁布时间） | 与产学研合作相关的内容 |
|---|---|---|
| 广州市 | 关于加强知识产权工作的意见（2006年11月） | 充分发挥高校、科研院所的作用。要积极运用知识产权制度推进产学研相结合，研究制定高校、科研院所面向市场、企业，加快知识产权成果转化的措施，鼓励高校科研院所采取智力与技术入股等方式进入企业，建立技术研发、孵化和产业化联合体，促进自主知识产权技术的转移和推广应用 |
| 广州市 | 广州市创新型企业建设工作方案（2010年10月） | 优先选派企业创新人才到国内外高校、跨国企业进行培训，推动企业与科研院所、高校的人员交流与合作。<br>推动创新型企业与高校、科研院所开展以"产业共性技术创新"为主题，以政产学研用合作体系与机制建设为内容的多形式、深层次合作 |
| 广州市 | 广州市科技企业孵化器认定和管理办法（2011年11月） | 孵化器应集合社会资源，加强与科研院所、大专院校、投资机构及中介服务机构的合作，不断提高企业培育和孵化服务效能 |
| 广州市 | 中共广州市委广州市人民政府关于推进科技创新工程的实施意见（2012年11月） | 建立地方、企业和高校、科研院所协同创新联盟，支持企业与高校、科研院所开展产学研用协同创新，设立校企联合研发机构。<br>建立产学研用创新联盟、区域创新联盟、科技园区联盟等一批协同创新合作平台，支持和鼓励各创新主体根据自身特点和优势，探索多种形式的协同创新模式。<br>鼓励高校、科研院所联合企业申报科技计划项目。企业申报或者联合高校、科研院所申报国家、省重大科技项目获得支持的，市财政将予以配套资金支持。<br>推动高校、科研院所与企业之间人才双向交流，鼓励符合条件的企业优秀领军人才在高校、科研院所评聘职称、兼职、授课、培养研究生，支持高校教师和科研人员到企业兼职服务并取得收入 |
| 广州市 | 广州市科技创新促进条例（2013年4月） | 以企业为主体联合高等学校、科研机构申报本市具有明确市场应用前景的科技计划项目的，科技行政主管部门应当优先立项。<br>本市设立产学研专项资金，用于支持企业、高校和科研机构建立产学研合作联盟。产学研合作联盟各方应当通过合同约定科技创新成果的知识产权分享办法和转化方式。<br>市、区、县级市人民政府应当采取制定优惠政策、给予资金补助等方式支持、鼓励企业、高校和科研机构通过建设科技合作园区、公共创新平台、合作开展重大科技项目等形式，开展国际和港澳台科技合作，促进科技创新、成果转化与产业化和技术转移 |

续表

| 地市名称 | 政策文件名称<br>（颁布时间） | 与产学研合作相关的内容 |
|---|---|---|
| 深圳市 | 关于加强自主创新促进高新技术产业发展的若干政策措施（2008年9月） | 加强创新基础能力建设，实现产业可持续发展。<br>加大吸引人才力度，凝聚创新第一资源。<br>继续强化企业主体地位，提高企业创新能力。<br>保障土地资源供给，拓展产业发展空间。<br>优化创新环境，加速知识与技术成果产业化。<br>建立和完善多层次资本市场，改善融资环境 |
| 深圳市 | 深圳市促进科研机构发展行动计划（2013—2015年） | 鼓励高校和科研院所设立科研机构，促进国内外高校和科研院所落户深圳，大力支持高校、科研机构与深圳企业开展对接与合作 |
| 深圳市 | 关于深化科技体制改革提升科技创新能力的若干措施（2012年11月） | 1. 支持高校、科研机构和企业之间实行创新人才双向流动。<br>2. 支持高校和科研机构建立促进科技成果转化的科研人员激励机制。<br>3. 支持我市企业自行或者联合高等院校、科研机构在境外设立研发机构、技术转移机构或者兼并优质企业。<br>4. 支持企业、高等院校和科研机构开展标准创新，成立标准联盟，与国内外标准化组织进行战略合作，参与国际国内标准化活动 |
| 珠海市 | 中共珠海市委珠海市人民政府关于提高自主创新能力提升产业竞争力的实施意见（2006年4月） | 努力营造有利于自主创新的软环境，建立有利于自主创新的体制机制。<br>重点提升企业的自主创新能力，推进企业成为技术创新主体。<br>发挥大学园区高等院校和科研机构的中坚作用，大力推进产学研合作 |
| 珠海市 | 关于设立和发展珠海市大学科技园的意见（2007年1月） | 珠海大学科技园建设主体是入园各高校。鼓励各高校的国家大学科技园在此设立分园或建设产学研基地。<br>完善总体政策环境、孵化器发展的配套政策，健全核心区的政策及服务环境 |
| 珠海市 | 珠海市产学研合作发展规划纲要（2007年6月） | 我市产学研合作的产业基础和环境（含制度环境、技术支撑环境和科技服务环境）。<br>力争实现企业和高校对接及合作模式的创新。<br>创新产学研人才培养和引进模式。<br>进一步完善产学研服务支撑体系。<br>健全政策法规保障体系和知识产权保护体系。<br>以示范工程为带动，推进产学研工作 |

续表

| 地市名称 | 政策文件名称<br>（颁布时间） | 与产学研合作相关的内容 |
|---|---|---|
| 珠海市 | 关于全面促进产学研结合工作的若干意见（2007年11月） | 1. 充分认识产学研结合工作的必要性和意义。<br>2. 促进产学研结合工作的指导思想和目标。<br>3. 推进企业和高校对接及结合模式的创新。<br>4. 积极推动产学研人才培养和引进。<br>5. 进一步完善产学研服务支撑体系。<br>6. 健全面向产学研结合的政策保障环境和知识产权保护体系。<br>7. 进一步完善面向产学研结合的投入机制和投融资环境。<br>8. 大力推进产学研示范工程，力求产学研结合取得实效。<br>9. 进一步发挥政府职能作用，为产学研结合提供组织保障 |
| 珠海市 | 珠海市自主创新型企业认定试行方案（2009年2月） | 加大企业创新平台建设支持力度。支持有条件的自主创新型企业独立或联合科研院所、高等学校等建立市级研发机构等 |
| 珠海市 | 珠海市引进和建设国家重点实验室扶持与管理办法（2010年12月） | 引进和建设的国家重点实验室应具备的基本条件。<br>实验室分支机构的运行与管理。<br>实验室分支机构的评估与验收 |
| 肇庆市 | 肇庆市产学研合作专项资金管理暂行办法（2010年4月） | 专项资金的支持方向、管理与使用。<br>产学研项目的申报要求，项目实行专家评审与行政决策相结合的立项审批制度。<br>项目结题验收的相关要求 |
| 惠州市 | 惠州市建设省部产学研结合示范市实施方案（2011年5月） | 建立产学研结合的长效机制。<br>攻克一批重点领域的关键技术。<br>完善区域创新体系。<br>促进科技成果转化和产业化。<br>加强创新人才培养 |
| 惠州市 | 关于推进省部产学研结合示范市与广东省技术创新工程试点市建设的实施意见（2011年7月） | 突出企业科技创新主体地位。<br>提升产学研合作水平和层次。<br>着力推动产业优化升级。<br>构建现代产业体系。<br>加强区域科技合作。<br>优化自主创新环境 |
| 惠州市 | 惠州市产学研结合专项资金管理办法（2011年12月） | 专项资金支持的方向、额度和支出范围。<br>项目的申报与审批要求。<br>项目验收的程序与要求 |
| 东莞市 | 东莞市促进产学研合作实施办法（2011年9月） | 1. 产学研合作的目标任务与合作形式。<br>2. 产学研合作项目的资助范围与申请条件。<br>3. 对资助项目制定严格的项目管理制度和财务制度，确保项目经费专款专用，严禁截留和挪用 |

续表

| 地市名称 | 政策文件名称<br>（颁布时间） | 与产学研合作相关的内容 |
| --- | --- | --- |
| 佛山市 | 佛山市产学研专项资金管理实施办法（2009年5月） | 资金的支持方向与支持方式。<br>资金的使用与管理。<br>项目申报与审批。<br>资金的监督管理。<br>项目的验收与结题 |
| 江门市 | 关于加强江门市级产业技术研究与开发资金项目管理的意见（2013年5月） | 提高资金项目管理认识。<br>强化资金项目管理部门职能。<br>完善资金项目组织实施程序。<br>明确项目申报单位资质条件。<br>加强资金项目合同签署管理。<br>完善资金项目征集储备制度。<br>加强资金项目财务制度建设。<br>完善资金项目监督考核制度。<br>加强资金项目结题验收管理 |

资料来源：中国广州政府网（http://www.gz.gov.cn/）、广州市科技和信息化局网（http://www.gzsi.gov.cn/）、深圳市产学研合作促进会网（http://www.cxylm.org/）、深圳市中小企业服务署网（http://www.szsmb.gov.cn/）、珠海市产学研合作信息网（http://www.zhcxy.gov.cn/）、肇庆市科学技术局网（http://kjj.zhaoqing.gov.cn/）、惠州市科学技术局网（http://rsj.huizhou.gov.cn/publicfiles/business/htmlfiles/hzsti/index.html）、佛山市科学技术局网（http://www.fskw.gov.cn/）和江门市科技局网（http://www.jmsc.gd.cn/jmstb/index.asp）。

（三）广东省产学研合作政策存在的问题

在各级政府共同努力和相关政策的大力支撑下，"两部一省"产学研合作项目取得了一定的成效。产学研合作提升了高校服务地方经济社会发展的能力，进一步增强了广东企业的自主创新能力，推动了广东经济发展方式转变和产业转型升级。但是，这些辉煌的成绩依然不能掩盖政策方面存在的生态缺失问题。

首先，关于风险投资方面的政策不够完善。对于高校和科研院所来说，其具备的主要是人才和技术优势，承担投资风险的能力很弱，因此不愿意承担投资风险；对于企业来说，相对于大多数科技成果转化可能带来的经济利益，其愿意承担部分风险，但并不愿意或者无力承担全部的投资风险。在这种情况之下，产学研合作各方就将期望的眼光投向了国家，希望国家和各级政府能够通过有关政策来保障他们的所得利益。目前已有政策在引导民间资金、风险资金投资新兴产业方面的鼓励还不足，也没有结合自主创新活动风险大、周期长、竞争激烈的特点，这不利于优化企业自身的技术结构和提升企业的核心竞争力。

其次，税收优惠政策限制条件较多，且有些条件不合理。从广东省及各地级市颁布的税收相关政策来看，可以发现，现行的税收政策主要是针对某一孤立问题而设定的，并没有考虑到产学研合作的长期性和循环性。比如《广东省促进自主创新若干政策》中规定，"对符合条件的新创办的高新技术企业，可自获利年度起两年内免征企业所得税，两年后按15%的税率征收企业所得税"①。试想，对于一家新创办的高新技术企业来说，其最困难的时期应该是创业初期，这个时期要经过研究开发、试制，然后才能投入大规模生产，这个阶段是漫长的。而税收优惠政策的表述是"自获利年度起两年内免征企业所得税"，这个时间限制表明企业只有在产品开发成功之后才能获得免税的优惠待遇。这个政策会在一定程度上增加企业的创业负担，降低其自主创新的积极性。

再次，知识产权归属和利益分配政策缺失。在知识产权保护政策方面，广东省出台了《广东省专利条例》，各个地级市也都有针对当地的相关文件，如广州市的《关于加强知识产权工作的意见》，这些文件里面都涉及产学研合作相关的内容。但是，其对于产学研合作所形成的知识产权归属问题的规定存在漏洞。例如《广东省专利条例》规定，"鼓励和支持高等学校、科研机构和企业事业单位开展多渠道、多形式的合作，共同研究、开发和应用专利技术"；广州市《关于加强知识产权工作的意见》也规定，"要积极运用知识产权制度推进产学研相结合，研究制定高校、科研院所面向市场、企业，加快知识产权成果转化的措施，鼓励高校科研院所采取智力与技术入股等方式进入企业，建立技术研发、孵化和产业化联合体，促进自主知识产权技术的转移和推广应用"。这两个文件里涉及产学研合作方面的政策都

---

① 资料来源：广东省人民政府文件（粤府［2006］123 号）。

不够具体，只是表明要运用知识产权制度鼓励和支持产学研合作，但均未谈及知识产权归属问题，以及产学研合作过程中高校、科研院所和企业的投资比例与利益分配问题。这些问题如果不能得到妥善解决，必然会导致产学研合作的失败或一些成功项目难以走向市场。

### 三　启示：广东省高校产学研合作的借鉴

"两部一省"产学研合作开展以来，吸引、集聚国内高校、科研机构的优势创新资源，建立起产学研创新联盟、产学研结合示范基地、省部企业科技特派员等多种产学研合作有效实现模式，在提高区域自主创新能力、推动产业转型升级等方面取得了很大成绩，走在全国前列。广东省的产学研合作在创新产学研合作模式、体制、机制方面进行的有益探索值得我们学习和借鉴。

（一）建立省部高层会商机制，并设立政府专门机构组织，加强宏观布局与统筹协调

这些年来，中共中央政治局委员、广东省委书记汪洋，全国政协副主席、科技部部长万钢，科技部党组书记李学勇，教育部部长袁贵仁，广东省省长黄华华，教育部副部长陈希，科技部副部长杜占元，广东省副省长宋海等"两部一省"领导就深化省部合作事项进行了多次会商，极大地克服了以往区域创新系统建设中，地方政府跨区域整合资源能力有限的局面，为广东建设高效的开放式区域创新系统奠定了坚实的制度保障，为省部产学研合作又好又快发展打下坚实的基础。

广东省在 2006 年成立了省部产学研结合协调领导小组，时任广东省省长担任组长，教育部副部长和广东省副省长担任副组长，成员单位包括广东省发改委、经贸委、教育厅、科技厅、财政厅、人事厅、信息产业厅、农业厅、卫生厅、地税局和知识产权局等部门，领导小组的办公室设在科技厅，并配备了专门的编制。各国家重点建设高校和广东省各地市纷纷响应，成立或明确了相应的组织协调机构。包括北京大学、华中科技大学、武汉大学等近 20 所高校成立了以学校主要领导为组长的省部产学研结合领导小组，广东省 21 个地级市

中有 15 个成立了以市主要领导为组长的产学研结合协调领导小组或相互协调结构。这种多层次的组织协调机制，有效地克服了以往产学研合作中，部门、地市、高校之间各自为战的局面，以及单纯科技部门或经贸部门资源整合能力薄弱的局面，根据各地市主导产业、经济基础等，统筹整合所需创新资源，整体布局，量身定制适合区域要素禀赋特点的产学研合作模式，形成了特色鲜明、布局合理的省部产学研合作新局面。

（二）构建了"四位一体"的保障体系

由"两部一省"、省直相关部门以及地市产学研结合领导小组及其办公室和地市科技主管部门、高校及其科研机构科技主管部门、科技中介机构和行业协会等构建的一套具有鲜明中国特色的"四位一体"的组织保障与协调体系，在推进省部产学研合作中发挥了重要作用。

"两部一省"的政策保障体系。为了在政策上保障创新联盟工作的顺利进行，推动省部产学研结合工作走上规范化、制度化的发展轨道，"两部一省"相继颁发实施了《关于加强产学研合作提高广东自主创新能力的意见》《广东省教育部科技部产学研结合发展规划（2007—2011 年）》《关于深化省部产学研结合工作的若干意见》等重要文件。省部产学研办联合相关部门也颁发了《广东产学研省部合作专项资金暂行管理办法》《广东省教育部产学研结合计划项目管理办法》《广东省教育部产学研结合示范基地认定和管理办法》和《广东省教育部产学研创新联盟试点工作指引》等实施指导性文件。同时设立了省部产学研合作专项资金，作为物质上的保障。广东省财政自2006 年至 2009 年，总计投资 6 亿元（其中 2006 年 1 亿元，2007 年 2亿元，2008 年 3 亿元）。

省直相关部门以及各地市的制度保障体系。省直相关部门以及各地市相继出台发展纲要或实施方法，为创新联盟提供制度上的保障。如珠海市颁发了《珠海市产学研合作发展规划纲要》和《珠海市产学研合作专项资金管理暂行办法》，东莞市颁发了《东莞市促进产学研合作实施办法》等。同时，各地市还加大这个领域的投资。地方财政投入 60 多亿元，引导企业投入超过 800 亿元。一半以上的地市设立"产学研专项资金"或"引进和建设国家重点实验室专项资金"，用于扶持本地企业开展产学研合作。如东莞市从 2006 年起即明确，连续 5 年每年投入 10 亿元，扶持科技发展。

高校及其科研机构提供外脑的支持和政策上的保障。如中山大学出台《关于加强产学研合作，提高科技创新能力的若干意见》、华中科技大学出台《关于加快驻外研究院发展的若干意见》、《关于驻粤企业科技特派员相关待遇等问题的暂行规定》、清华大学与广东省政府签订《广东省人民政府与清华大学全面开展产学研合作协议》等。

科技中介机构和行业协会提供的社会保障。科技中介机构和行业协会充分发挥了作为科技中介的桥梁和纽带作用，发动社会资源，以市场为导向，让省部产学研项目以企业投入为主体的原则得以落实。截至 2007 年年底，省部产学研项目引导带动企业投入资金达 405 亿元。

（三）创建产学研合作新模式

组建省部产学研创新联盟。围绕广东重点产业发展需要，引导国家重点建设高校、科研机构与广东行业龙头企业和骨干企业深入合作，集成各方优势科技资源，共同组建产学研创新联盟，解决产业发展的重大共性技术问题、制定重大技术标准、研发重大自主创新产品。截至目前，在电子信息、数控装备、白色家电等领域共组建了 34 个创新联盟，涉及 56 所国家重点建设高校、36 所科研机构和 440 家广东企业。截至 2011 年，广东省财政投入 2.5 亿元支持联盟发展，带动地方财政及产学研各方相关投入近 20 亿元，突破了一批制约广东相关产业发展的共性技术和关键技术。

派驻科技特派员。省部企业科技特派员行动计划是深化省部产学研合作、建立长效机制、解决目前广东产业自主创新人才严重不足的一项重大创新举措。2008 年，"两部一省"联合启动的省部企业科技特派员行动计划得到了全国高校、科研院所和广东企业的积极响应。2009 年全面实施了"百校千人万企省部企业科技特派员创新工程"。截至 2011 年，来自 224 所全国高校和科研机构的 2357 名企业科技特派员，带领 10000 多名应届毕业生，已经入驻 1979 家广东企业开展工作，快速成为了入驻企业的科技传播员、科技联络员、科技调研员和科技决策员。2009 年，科技部、省财政专项支持分别为 2000 万元和 1.3 亿元。

共建科技创新平台。建立产学研科技创新平台，是提高企业研发能力，加快高校、科研机构技术成果转化与产业化进程的重要途径。至 2011 年，在省部产学研合作机制下，广东省财政投入超过 1 亿元，带动地方财政、企业、高校和科研院所相关投入近 30 亿元，支持创新平台建设。截至 2010 年 5 月，国内高校、科研机构与广东有关地市、企业共建了大型综合性平台 18 个，105 个国家级创新平台在广东建立了分支机构。

服务集群经济。省部产学研合作通过组织 60 多所国家重点建设高校与广东 200 多个专业镇、产业集群区、产业转移园区等进行对接，开辟了高校服务地方经济的新领域。通过引入先进技术和人才，从生产效率、产品质量、行业共性技术攻关等方面，大力帮助专业镇广大中小企业增加产品附加值，提升核心的竞争力，成为广东专业镇转型升级的重要推力。

建设示范基地。产学研合作示范基地是以激励先进、辐射区域、带动后进等方式，推动广东省产学研合作全面发展的一种推进模式和机制。2006—2011 年，省财政投入超过 1.5 亿元，引导了 62 所高校、40 个科研院所在广东共建了 176 个省部产学研结合示范市（区、镇）、研发基地和产业化基地，促进了一大批高校重大科技成果的转化和产业化，发挥了较好的经验探索和示范带动作用。

广东省省部产学研合作以来，企业自主创新能力和产业核心竞争力得到显著提升，产业结构优化升级加快，区域创新体系得以完善，广东区域创新能力显著提升。另外，产学研合作也积极推动科技人员服务企业一线，提升高校人才培养和服务经济发展能力，实现了多方共赢的局面。

（四）建立和完善相关的政策法规

建立和完善产学研合作创新的风险投资机制。风险投资要有完善的政策支持，政府的政策是影响产学研合作发展的关键因素，政府应采取有效的税收优惠、资金担保、财政补贴等措施引导资金流动，寻求多元化的投资主体，拓宽产学研合作资金来源渠道。构建利益与风险共担的产学研合作创新机制。企业、高校和科研院所在产学研合作创新过程中不仅要有获取利益的意识，同时也要有风险责任分担的意识。要建立起产学研合作创新利益与风险共担的责任制度，就要实现分层次、分阶段的风险责任。

## 第二节　地方高校产学研合作的基本动因

地方高校是指隶属于全国各省、自治区、直辖市、港澳特别行政区，大多数靠地方财政供养，由地方行政部门划拨经费的普通高等院校。省属高校占了我国地方高校总数的绝大多数，是我国高等学校的主体，承担着为区域培养人才以及为地方经济和社会发展服务的任务。随着产学研合作成为技术创新主体这一思想得到广泛认同，越来越多的地方高校认识到产学研合作对于其传播和创造知识、培养高技能劳动人才、科技研发，从而服务地方经济发展的重要意义。本节主要从参与主体的角度来分析地方高校产学研合作的基本动因。

### 一　地方高校方面的动因

人才培养、科学研究与社会服务是高校传统的三大职能，产学研合作能有效地推动地方高校三大职能的实现。科研资金不足是地方高校谋求产学研合作的一大动因。地方高校除了担负培养人才的重任之外，往往还期望能够在科研方面有所突破。在激烈的市场竞争现状下，地方高校要想获得足够的科研资金来维持自己的科研，就必然需要外界为之提供足够的资金，这样就为地方高校寻求与企业合作提供了必要条件。地方高校通过产学研合作这一平台，可以快速了解相关学科研究最前沿的发展动态与最新的研究成果，从而可以集中力量、有的放矢地在某个领域取得突破，为开辟新学科、交叉学科提供新的发展机遇，为学科和专业建设、教学与科研水平提高提供强大的动力，使学校在相关理论研究及技术开发方面的能力得到大幅提升，推动学校科研能力和教学水平的提高。

产学研合作为地方高校教师提供了一个实现自身人生价值的机会。地方高校是知识创造和传播的地方，是推动知识创新的发源地，会集了无数的科研和技术人才。这些教师大都具有渊博的知识，而且相较于物质财富，大部分地方高校教师更看重自身人生价值的实现。除了传授科学知识这一渠道，他们更想通过将自己拥有的智力财富转化为生产力，直接促进社会与经济的发展。通过产学研合作这一平台，高校教师可以使自己的科研成果以最快的速度转化为现实生产力，从而实现个人的人生价值，获得自我实现。

地方高校的一个重要任务是服务区域经济社会，而区域经济发展也强烈要求地方高校积极开展产学研合作。地方高校可以为区域经济发展培养高层次的应用型人才，地方高校可以为区域产业结构的调整、企业项目的建设与开发提供技术上的支持，有的地方高校能够把先进技术与实际应用结合起来，创造一批在区域内有影响的高新技术企业，带动地方产业结构升级换代，并产生新的经济增长点。地方高校的发展需要充足的资金和丰富的资源，而地方政府投资与否主要是看能否促进地方经济社会的快速发展。因此，地方高校就希望能够借助产学研合作的机会为区域经济发展做出贡献，并争取到地方政府更多更大的支持。

## 二 企业方面的动因

降低风险是企业寻求产学研合作的一个重要动机，市场是企业参与合作的最直接动因。对于企业来说，随着科技的日益交叉融合，技术创新的复杂性、艰巨性和长期性在不断增大，企业所面临的技术创新风险也随之越来越大，产学研合作可以达到科技创新资源的互补，减少创新活动的不确定性。比如通过信息反馈或预期市场对某些产品有明显的或潜在的需求，而企业又不能独立完成研究开发的任务，同时还要面临可能的同行竞争，这就会对企业寻求产学研合作产生巨大的拉动作用。要在激烈的市场竞争中取胜，就必须研发新产品，而当发现高校和科研院所恰好拥有弥补自己技术创新能力不足的力量，产学研合作就具备了产生的基本条件。因此，市场的强烈刺激需求和激烈的竞争才是企业需求产学研合作的主要推动力。

企业产品研发的另一个风险是开发时间的长短及开发成本的大小，激烈的市场竞争要求新产品的研究开发要不断缩短开发时间和降低研发成本。企业如果延误了研发时机，其产品价值将大打折扣。因此，企业开始积极寻求建立多种合作创新模式，通过合作提高技术创新的效率与有效性。通过产学研合作这一渠道，企业可以与高校、科研院所互相传递技术，补偿自身劣势，加快研究开发的进程，获取自身缺乏的关键资源。对于企业来说，产学研合作创新已经成为企业应对创新的技术与市场快速变化的主要措施。

产学研合作有助于增强企业核心竞争力。随着科学技术飞速发展，研发新技术、开发新产品已经成为企业保持行业领先、增强自身核心竞争力的必要手段。但是企业的研发力量是有限的，内部研发不再是企业唯一的技术源泉，在内部研发能力基础上，有效吸收和利用外部技术资源可以实现低成本与高收益的创新。任何一个有追求的企业都会把研发放在重要的位置，都会积极地借助产学研合作这一平台与高校、科研院所保持各种形式的联系，并不断地投入大量的人力物力开展研发活动，以保持企业自身技术与产品的领先地位。

### 三 政府方面的动因

改革开放以来，我国不断深化科技体制改革，推进国家创新体系建设。产学研合作是国家创新体系的主要组织形式。《国家中长期科学和技术发展规划纲要（2006—2020 年）》指出：现阶段国家创新体系建设的重要任务之一是建设以企业为主体、产学研结合的技术创新体系，并将其作为全面推进国家创新体系建设的突破口；必须在大幅度提高企业自身技术创新能力的同时，建立科研院所与高等院校积极围绕企业技术创新需求服务、产学研多种形式结合的新机制。

建设创新型国家，必须加强区域创新体系建设，这是提高区域创新能力、增强区域竞争力、完善国家创新体系的重要保证。所以，胡锦涛同志曾经指出，"要建设各具特色和优势的区域创新体系"。产学研合作是区域创新体系建设的基本组织形式，其实质是促进技术创新所需各种要素的有效组合。产学研合作可以进一步加强科技、教育、经济的紧密结合，充分发挥企业、高校和科研院所的集成优势，加快高校、科研院所的科技成果转化，增强企业自主技术创新能力，实现社会产业结构的优化升级，提升区域的创新能力。

随着我国经济的发展，国外产学研合作的成功例子，也强烈刺激着政府鼓励国内开展产学研合作，从而促进我国经济更快更好地发展。在产学研合作的主要参与主体中，企业常常会因为投入大、周期长、见效慢而不愿意进行高新技术研发，而高校与科研院所对于市场的技术需求存在信息不充分的问题，资金也较为薄弱。在这种情况下，如何把产学研合作各方的力量整合起来，实现优势互补、互利共赢，就成为亟待解决的问题。为了协调他们之间的矛盾，地方政府有必要站出来发挥桥梁的作用。政府可以制定产学研发展规划和发展政策，把产学研各方联系到一起，为产学研合作指明发展的方向。政府还可以在产学研合作过程中制定相应的政策法规，为产学研合作提供良好的政策环境，促进产、学、研各方积极参与产学研合作，进一步鼓励高校科研人员将自己的科研成果延伸到应用阶段，建立学术界和产业界相互进入的沟通渠道，建立国家产学研合作研究成果的奖励机制。采取财政、金融、税收等手段，为产学研合作提供切实的条件保证，为产学研合作的研究开发提供资金支持，鼓励产学研合作的信贷和税收优惠政策等。

## 第三节　地方高校产学研合作的现实效果
### ——基于湖南省的实证研究

地方高校是培养高层次创新人才的重要基地，是基础研究和高技术领域原始创新的主力军之一，是解决国民经济重大科技问题、实现技术转移、成果转化的生力军。地方高校在科技创新方面也发挥着重要作用。自 20 世纪 80 年代起，产学研合作作为一种办学模式就在我国高校得到发展和运用。经过 30 多年高校产学研合作的理论研究和实践探索，目前，地方高校的科研实力不断增强，科技成果不断增多，在基础研究和高新技术研究、推动科技成果转化和高技术产业化、为国民经济建设和社会发展服务等方面都取得了显著成绩和做出了重要贡献。我国部分较发达的省市，如上海、广东、江苏、浙江、北京等，已初步形成了以高校和科研院所为依托，以企业为主体、以人才为根本的技术创新体系，促进了产学研合作的开展，并产生了良好的经济和社会效益。长三角，在龙头城市上海的引领下，产业、科技、人才、资本等要素大量集聚，成为全国经济发展水平最高、综合实力最强的地区之一；珠三角，作为我国改革开放以来发展最快、经济最活跃的地区，目前在自主创新战略思想的指导下，正处于由"世界工厂"向高科技产业升级的经济转型期；深圳，积极与海内外著名高校和科研机构加强合作，构筑公共技术服务平台，在自主创新发展高科技产业方面再次成为全国的排头兵。本节我们主要以湖南省高校为例探讨产学研合作的现实效果。

## 一　湖南省高校产学研合作的成效

湖南省自 20 世纪 90 年代以来，各级党委、政府对产学研合作工作日益重视。在 2006 年全省科技大会上，省委正式提出把推进产学研合作作为实施自主创新战略、建设创新型湖南的重要内容。各地党委、政府把产学研合作作为推进"一化三基"、加快新型工业化进程的重要手段，出台一系列支持自主创新、促进产学研合作的政策措施，推动全省产学研合作全面开展。2007 年，国家确定了"长株潭城市群建设"的重大战略决策，湖南省委、省政府围绕"富民强省""两型社会"和"低碳经济"，相继出台了多个加强区域创新体系建设的文件，如《中共湖南省委湖南省人民政府关于增强自主创新能力建设创新型湖南的决定》《湖南省人民政府关于贯彻落实国务院实施〈国家中长期科学和技术发展规划纲要（2006—2020 年）〉若干配套政策的通知》《中共湖南省委湖南省人民政府关于建设教育强省的决定》等。全省对产学研合作进行了有益的探索，取得了初步成效。科技综合实力不断增强,合作基础进一步坚实;高校、科研院所长足发展,科技成果转化加快;企业自主创新能力增强,高新技术产业快速发展。

湖南省地方高校非常重视产学研合作,产学研合作逐步展开,发展迅速。"十五"以来,湖南省高校坚持"以服务求支持、以贡献求发展",对产学研合作重要作用的认识明显提高,在资金投入、人员配置、政策引导等方面对产学研合作的支持力度明显加大,产学研合作模式日趋多样化,产学研合作的层次与水平明显提高,产学研合作已经成为高校开展科技创新和服务经济社会发展的主要途径。据初步统计,湖南省本科高校已经与省内 100% 的市州和 60% 以上的县(区)建立了长期稳定的合作关系,与省内 80% 以上的国有大中型企业开展了包括建立战略合作联盟、组建研发平台、联合开发项目等形式多样的合作关系。在高校进校科研经费中,来自企业的资金从2000 年的 5% 提高到 2007 年的 37%。在"十五"以来高校获得的国家科技奖励和省科技进步奖一等奖中,有 80 项是与企业合作获得的,占获奖总数的 51%。近年来,高校科技成果的转化和产业化有 95%是通过产学研合作的方式完成的,这些创新成果广泛应用于湖南省烟草、石化、钢铁、能源、现代农业等支柱产业的发展壮大和现代工程机械装备、先进电池材料及应用、有色金属材料、现代中药、农副产品深加工等优势产业集群的培育中,产生的直接经济效益近千亿元。湖南有色、南车集团、时代新材、隆平高科、三一重工等一批省内重点企业都通过与高校的产学研合作而实现了企业自身在技术和市场的新突破。通过产学研合作,高校研究成为湖南省自主创新和优势产业发展的重要推动力量,为湖南省经济社会发展做出了重要贡献。

## 二 湖南省高校产学研合作的特点

首先,在产学研合作目标上,注重发挥科技优势与培育产业优势相结合。

"十一五"以来,湖南省地方高校充分发挥自身的科技优势,针对国家经济建设以及湖南省新型工业化和"两型"社会建设中的关键科技问题积极推进科技创新，同时，将创新成果应用于产业发展实践，迅速提升了支柱产业发展的核心竞争力，形成了"在服务地方经济发展中发现问题—创新研究解决问题（创造科技优势）—转化成果提升产业竞争力（培育产业优势）"的高校创新与服务模式。如湘潭大学研发的"环境友好生产乙甲胺磷"新技术具有自主知识产权，先后获得了7项发明专利，技术经济指标和环保指标达到国际先进水平，目前，生产新工艺分别在省内外3家企业得到应用。"环乙烷富氧化"新技术已在中石化巴陵公司应用，可新增年产值人民币4亿多元，极大地推动了湖南省石化产业的发展。湖南师范大学刘筠院士培育的"三倍体湘云鲫（鲤）"被确定为国家级新品种，近年来鱼苗种产销量每年以50%的速度递增，在全国除西藏和台湾外的30多个省市推广养殖，累计生产和销售湘云鲫（鲤）苗种30亿尾，产生了巨大的经济、社会效益。近些年来，湖南省地方高校结合自身科研优势为湖南的产业发展提供技术支持。在湖南省确定的重点发展十四大产业中，湖南省地方高校在各产业技术领域都具有明显的平台优势、人才优势和科研优势，特别是有色金属、烟草、工程机械、电子信息、轨道交通、石化、汽车、新材料、生物医药等产业发展的技术领域本身就是湖南省地方高校的优势科研领域，高校正在成为湖南省支柱产业发展的技术动力源。

其次，在产学研合作的方式上，注重技术转让与技术服务相结合。

地方高校的学科综合优势使其成果产出具有明显的多样性，也使其能够根据市场需求灵活选择技术转让或技术服务的转化方式。一是技术转让，即将产出成果一次性出售或以技术入股的方式转让给技术受让方，实现成果产业化。2006—2009年，湖南省高校共转让技术项目1319项，获得转让收入4.29亿元。二是技术服务，及高校依托独有的创新人才和创新平台优势，为成果受让方提供技术支持与服务，帮助其解决生产过程中的技术难题。2006—2009年，全省高校共实施技术合作项目2466项，帮助企业新增产值358.65亿元，新增利税75.25亿元。如湘潭大学比德化工公司以湘潭大学的技术服务作为支撑，扭亏为盈，近几年企业共计新增产值 9.18 亿元，直接经济效益 1.83 亿元，出口创汇 2080 万美元；中南林业科技大学研制开发出的新型建筑模板——竹帘胶合板，已在全国 12 个省份 500 余家模板生产企业得到推广示范，共建立生产线 900 余万条，年生产量约 270 万立方米，实现年产值 108 亿元。如今，将企业生产中的技术难题放在高校实验室进行分析研究，高校教师和研究生定期为企业开展技术咨询、技术诊断和技术服务，已经成为湖南省高校科技创新的重要内容。

再次，在产学研合作过程中，注重成果转化与人才培养相结合。

一直以来，湖南省地方高校始终坚持人才培养的中心地位，坚持将成果转化与人才培养有机结合，实现了直接服务经济建设和提供人才支撑的双赢。一方面，地方高校通过在企业建立实习实践基地、派出研究生开展技术服务等方式，推动学生直接参与产学研合作和成果转化工作，既丰富和优化了课堂教学内容，又让他们在最富有创造力的年龄阶段直接面向市场进行创新实践，逐步实现了人才培养模式从以学校实验室为主、校内教师指导学生的传统模式向校企共建人才培养基地、校企共同指导学生的创新模式转变。湖南省高校与企业、科研院所合作，建立了 31 个研究生培养创新基地。另一方面，高校充分利用教育资源优势，在成果转化过程中以联合办学、学术交流、技术指导等形式帮助企业培养管理和技术人员。特别是有的大学与企业共建博士后流动站或研发中心（如湖南师范大学在华菱钢铁公司建立了博士后科研流动站），吸引了一大批博士进入企业开展技术研究与服务，既强化了产学研合作的广度与深度，又增强了企业技术中心研发实力。

最后，在产学研合作效果上，注重经济效益与社会效益相结合。

"成果转化应该追求经济效益，但不能只追求经济效益"，这是湖南省高校开展成果转化工作的共识。湖南省高校在科技成果转化中注重经济效益和社会效益相结合，甚至更加看重社会效益。湖南农业大学每年投入 100 万元实施"双百科技富民工程"，派出 100 个科技服务小组对口支持 100 个农民科技示范基地，通过无偿技术服务投身社会主义新农村建设，每年在全省推广的农作物新品种、新技术面积达 5000 万亩以上；有 40% 以上的重要涉农企业应用该校的技术成果。长沙理工大学的"膨胀土地区公路建设成套技术"获得 2009 年国家科技进步一等奖，该成套技术先后在 8 省区 23 条高速公路和南水北调工程中广泛应用，有力地支撑了重大工程建设，产生直接经济效益 11.75 亿元，节约用地 16202.5 万亩，减少油耗 3640.6 万升，降低废气排放 1.66 万吨，取得了重大的社会、生态、环境效益。吉首大学从猕猴桃中提取的"果王素"经鉴定"达到国内领先水平，填补国际空白"，猕猴桃研究成果的产业化已帮助湘西近 20 万农民摆脱贫困。高校在开展自主创新的同时，主动服务社会、回报社会。如湖南科技大学定期开展煤矿安全检测、湖南师范大学定期开展中小学教师培训，等等。

## 第四节　地方高校产学研合作的发展困惑
### ——基于湖南省的实证研究

国家中长期科技发展规划纲要颁布实施以来，科技对经济社会的支撑引领作用明显增强，要加快经济发展方式转变，必须进一步深化科技体制改革，大力推进产学研协同创新，引导和支持企业与大学、科研院所建立多种形式的技术创新联盟。但是，在地方高校参与产学研合作的过程中，目前还存在着一些普遍性的问题。

### 一　企业、地方高校和政府在产学研合作机制中的角色存在错位

（一）企业

企业是创新群落的主体，在创新群落中居于核心地位。在市场竞争的压力和动力下，企业有一种主动求生存和发展的技术创新意识。高校产学研合作是否成功的标志是企业的创新能力和竞争力。因此，企业必须是技术创新的执着追求者，而不应该单单满足于引进技术，必须在与高校的合作中不断吸收外部知识，提高消化吸收能力，争取二次创新。技术创新能力较强的企业更要充当技术创新的先锋，不但鼓励从事应用研究和开发研究，也要拿出一定的比例资金做基础研究。这样，才能使

企业站在科学技术知识的前沿，才能有效地与高校合作。

计划经济时期，企业主要担负生产职能。企业没有自主决策权，决策活动由政府负责；企业不搞研究开发，由政府部门所属的科研院所负责开发技术，再由政府负责技术推广；企业没有市场营销权，由政府负责组织产品的调拨；企业没有收益权，几乎全部利润都要上缴。在这种体制下，企业不可能是技术创新的主体。改革开放以后，企业的自主权逐步得到落实，从只有生产职能到拥有研究开发、生产、营销等全部活动的自主经营权。既然现在的企业都是独立法人，具有独立法人所拥有的所有权力，当然也就是技术创新活动的主体，即技术创新投入的主体、技术创新活动的主体（包括自主开发与合作创新），以及技术创新收益的主体。

企业推进产学研合作的动力不足，对高新技术缺乏强烈的需求，对依靠人才和技术进步来提高企业核心竞争力没有紧迫感。湖南省的企业大部分是资源型和劳动密集型企业，企业的生存、发展和壮大主要依靠粗放式的开发和利用自然资源，依靠廉价劳动力，依靠资金投入和政府的政策支持，缺乏对技术创新需求的外在压力和内驱动力。特别是企业的经营者和管理者缺乏战略眼光，没有看到知识经济时代企业市场竞争力和各国经济的竞争，实质上是人才和技术创新能力的竞争，因而缺乏对技术创新和推进产学研合作的紧迫感。一部分企业对产学研合作还存在认识上的误区。部分中小型企业未能充分认识到企业是技术创新的主体，在选择项目合作时，仅着眼于短平快项目，希望科研方提供转化成本低而技术含量高的科技成果，对技术含量高但开发周期长、难度大的项目，往往害怕承担风险，不敢投资。

2010年3月，湖南省教育厅为了解湖南省高校"十一五"期间科技成果转化的情况，进一步推进高校科技成果转化，服务经济社会发展，专门组织了针对高校科技成果转化情况的问卷调查。该调查①

---

① 除特别说明外，本研究的调查数据均来自湖南省高校"十一五"期间科技成果转化情况调查。

显示，有 26.63% 的高校科研人员认为产学研合作的制约因素在于"企业"。常德市科技局的一项调查显示：一是大多数企业内部没有设立独立的研发机构或科技管理机构。在被调查的 404 家企业中，只有 108 家企业建立了技术中心、技术部、工艺邮、科技科等部门，仅占调查企业的 26.73%。二是企业吸引人才的能力太弱，缺乏主动性。常德市内没有一家国家级实验室，真正国家级的工程技术中心凤毛麟角，留不住高层次的工程技术人员。许多企业工程技术人员本来就少，又没有给新进的大学生和科技人员评定相应的技术职称，以致留不住生产第一线的初中级工程技术人员。三是大多数企业对技术的投入很少。404 家企业的研究开发费仅占产品销售收入的 0.89%，这与政府要求的大中型企业每年提取的研究开发专项经费不能低于销售收入的 3%、高新技术企业要达 5% 以上的水平要求有很大的距离①。

（二）地方高校

在地方高校产学研合作中，地方高校处于创新链的上游，它们的作用主要体现在基础研究和应用研究上，是企业最重要的外部创新知识源。地方高校也是孕育新创企业的母体组织，许多新创企业就是从地方高校直接衍生出来的。此外，地方高校还是重要的教育和培训机构，在高技术时代，人才是竞争优势的源泉，高校不但建立了高技术创新的人才库，而且还为人才库的更新做出了贡献，如提供各种在职学习的机会。地方高校是基础科学发展的主要源泉和公众教育的主要力量。由于办学指导思想、科研工作的价值取向、政策和现行评价体系等方面存在的偏差，一些地方高校和教学科研人员只看重论文、专著和成果奖励，不关心科研成果是否对社会经济发展具有实际应用价值，认为这是与学校发展、教师的职业发展和切实利益无关的事，缺乏推进产学研合作的内在动力和积极性（见表 2-6）。在地方高校现行的人才及科研评价体制中，对基础研究、应用研究、教学和成果转化人员的评价标准"一刀切"，缺乏合理的分类管理与导向，评价指

---

① 罗宗红等：《产学研的春天，离我们还有多远——聚焦我市工业企业产学研现状调查》，《常德日报》2007 年 7 月 25 日。

标更多地体现在纵向经费数额、高水平论文数量、个人学术地位以及获得政府科技奖励等方面，而对科研成果的产业化前景一般不考量，使地方高校更热衷于申报政府计划项目而不关心企业和市场需求，高校科研与生产实际脱节问题比较突出。来自湖南省高校"十一五"期间科技成果转化情况调查的数据结果也反映了这一问题。

表2-6                 地方高校对科技成果转化的重视程度

|  | 比例（%） |
|---|---|
| 很重视 | 25.10 |
| 重视程度一般 | 58.26 |
| 不重视 | 16.56 |
| 共计 | 100 |

表2-7          地方高校促进产学研合作具体措施的选择

|  | 比例（%） |
|---|---|
| 有具体措施 | 59.8 |
| 无具体措施 | 40.2 |
| 共计 | 100 |

表2-8          地方高校促进产学研合作具体措施的实施效果

|  | 比例（%） |
|---|---|
| 很好 | 5.14 |
| 较好 | 37.04 |
| 一般 | 44.11 |
| 没有效果 | 13.71 |
| 共计 | 100 |

尽管湖南省大多数高校已意识到产学研合作对学校发展的重要作用，并有一半以上的高校采取了具体的措施，但效果并不是很理想（如表2-7、表2-8所示）。除了社会多种因素的影响外，与目前我国高教系统内的价值取向、管理体制和评价体制也是不无关系的。地方高校内科研人员的科研活动则从微观层面反映了这一问题（见表

2 - 9、表 2 - 10、表 2 - 11）。

表 2 - 9　　　　地方高校科研人员确定研究方向和选题的依据

| | 比例（%） |
|---|---|
| 个人兴趣、爱好 | 36.75 |
| 国内、外技术跟踪 | 55.31 |
| 市场需求 | 57.11 |
| 政府引导 | 17.93 |

表 2 - 10　　　　　地方高校科研人员成果产出方式

| | 比例（%） |
|---|---|
| 产学研合作的成果 | 41.49 |
| 政府计划研究项目 | 31.31 |
| 自由研究成果 | 45.97 |
| 其他 | 8.96 |

表 2 - 11　　　　　地方高校科研人员近三年科获得技成果
转让收入占科研经费的比例

| | 比例（%） |
|---|---|
| 0—25% | 61.67 |
| 26%—50% | 19.58 |
| 51%—75% | 12.92 |
| 76%—100% | 5.83 |

（三）政府

在地方高校产学研合作中，政府处于一个特殊的生态位上，它不是技术创新的直接参与者，但它却是推动和协调地方高校产学研合作的重要种群。政府的正确定位应该是创造一个有利于地方高校产学研合作的制度和文化环境。对我国来讲，首先，从体制和制度上保障企业、地方高校回归到适宜的生态位上。清除制度障碍，使企业成为技术创新的投入主体和行为主体。改变地方高校的科研评价制度，采取适当的措施激励地方高校面向企业开展科研。其次，制定合理的地方高校产学研合作法律法规制度，如知识产权保护制度、技术和知识入股制度等，以保障产学研各方在合作中的利益。再次，从税收、财政等方面促进技术创新中介服务体系的建设，鼓励风险投资的发展，为风险投资的运作创造一个良好的环境。① 从湖南省高校"十一五"期间科技成果转化情况调查问卷的结果看，湖南省政府提供的产学研合作政策环境并不是特别理想。调查结果显示，地方高校科研人员对目前产学研合作政策"较满意"和"满意"的分别为 41.49% 和 2.94%，有 29.32% 的和 26.25% 的人表示"不满意"和"说不清"。

　　高校产学研合作具有投入高、不确定性强、风险大的特征，需要政府引导和市场运行共同推动，但湖南省高校产学研合作政策的可操作性不强，投入支持不足。一是政府的投入不够。目前湖南省并没有设立用于支持产学研合作的专项资金。尽管湖南省教育厅从最初每年划拨的 100 万元并逐步增加到目前的每年 1000 万元科技成果转化与产业化培育项目经费资助高校的产学研合作，但该项资金相对于其他省份的投入仍然显得捉襟见肘。湖南省科技厅虽设置了产业化项目基金，但由于过多强调以企业为主，地方高校得到的实际支持并不多。调查结果显示，高校科研人员的科技成果未能转化的原因中，排在首位的就是"资金不足"，占了 39.96%；31.24% 的高校科研工作人员认为"政府的投入偏少阻碍了产学研合作"。二是政策支持不够。目前湖南省出台的关于促进产学研合作的政策法规较少，高校产学研合作在全省经济社会发展的重要作用没有引起政府的高度重视，宣传不到位，引导不够，在税收、信贷等方面没有明确的可操作性支持政策，整体外部环境亟须改善。湖南省地方高校"十一五"期间科技成果转化情况调查结果显示，在"湖南省高校科技成果转化的最主要制约因素"中，41.61% 的高校科研人员选择了"政策和社会环境不完善"，远远超过高校（22.54%）、中介机构（8.83%）和企业（26.63%）等其他制约因素。三是高校产学研社会融资困难，整体投入不足。作为高校产学研关键环节的中试阶段，所需资金多，产品前景不确定，风险高，缺少相应的风险补偿机制，企业的投入和社会融资更为困难。调查显示，截至 2009 年年底，湖南省高校拥有成果转化中试基地 732 个，相比于科技成果产出而言，中试平台明显不足。在产学研合作的内部制约因素中，49.30% 的高校科研人员认为是"科研资金的整体投入不足"，29.45% 的认为是"中试基地的缺乏"。

## 二　企业、地方高校和政府之间的合作关系缺乏协调

地方高校产学研合作的种群与自然界生物种群一样不是孤立存在的，各种群之间存在着互惠共生关系，不同种群之间紧密结合，通过功能互补，各个种群均从对方那里获益。在地方高校产学研合作中，各种创新组织尽管分离后能够独立生存，但若它们在某种方式下紧密合作，能够使合作的双方都有更广阔的生存发展空间。在地方高校产学研合作中，众多相互关联的企业、地方高校、科研机构等创新组织聚集在一起，以产业关联为基础，以地理靠近为特征，以设施配套、机构完善为支撑条件，以文化融合为联结纽带，形成本地化的区域创新网络。各类创新参与组织存在着密切的互动和依存关系，有着强烈的群落归属感。通过各种形式的合作，实现资源共享、优势互补，以克服单个创新组织创新资源不足的缺陷。它们利用共同的创新基础设施，分享共同的信息资源，拥有共同的专业人才市场，共同吸引风险投资，可以相互利用对方的创新特长，可以互为创新成果的传播者和使用者[1]。政府和中介服务机构等协调型组织，在产学研合作中发挥着重要的协调、组织和沟通作用。它们与产学研等基本创新种群之间存在着互惠共生关系。政府主要为促进产学研合作营造一个良好的生态环境，如法律环境、服务体系、风险投资环境、文化氛围等都需要政府来营造，它们在产学研合作的演化中发挥着不可替代的作用。而中介服务机构在沟通产学研各方信息、促进产学研合作方面起着非常

① Ron A. Boschma, "The rise of clusters of innovative industries in Belgium during the industrial epoch", Research Policy, 28, 1999: 853 – 871.

重要的作用。所以，它们也是产学研合作中的重要创新种群。据调查，高校科研人员中55.06%的人认为"自己的科研成果虽然具备一定的独立转化能力，但通过相关人员的帮助能使成果顺利转化"，33.55%的人认为"自己的科研成果不具备独立转化能力，需要其他人员的大力支持才能实现成果转化"。

科技成果与市场技术需求的对接与匹配是科技成果成功转化的前提，目前湖南省高科技成果与市场需求对接不易，高科技成果由于容易偏离市场需求或者成熟度不高而难以被市场接受，研究的成果难以走出实验室。湖南省高校"十一五"期间科技成果转化情况调查的结果也验证了这一现实（见表2-12、表2-13）。

表2-12 地方高校科研成果转化困难的主要原因

|  | 比例（%） |
| --- | --- |
| 成果技术成熟度不够 | 38.28 |
| 与市场需求联系不紧密 | 61.33 |
| 自己不具备转化的能力 | 25.61 |
| 市场对技术接受程度低 | 26.25 |

表2-13 地方高校科技成果转化活动科技方面的影响因素

|  | 比例（%） |
| --- | --- |
| 学校科技成果太少 | 32.14 |
| 学校科技能力有限 | 44.81 |
| 企业与学校缺乏沟通 | 75.67 |
| 缺乏基础研究支撑 | 29.71 |

同时，因为缺乏小试、中试的重要环节和市场调查不够，研究本身缺乏应用价值，导致高校的科学研究难以找准市场切入点，难以形成具有独立知识产权的核心技术，转化率较低（见表2-14、表2-15）。

表 2 – 14　　　　　　地方高校科研人员科技成果转化情况

|  | 比例（％） |
| --- | --- |
| 已经转化 | 30.73 |
| 没有转化 | 69.27 |
| 共计 | 100 |

表 2 – 15　　　地方高校科研人员科研成果拥有独立知识产权的情况

|  | 比例（％） |
| --- | --- |
| 拥有知识产权 | 30.47 |
| 没有知识产权 | 69.53 |
| 共计 | 100 |

　　在地方高校产学研合作中，中介服务机构在科技成果转化过程中发挥着桥梁和纽带作用。湖南省现有的科技中介组织、科技咨询和评估中心、技术交易市场的发育滞后于整体经济发展水平，服务功能较单一，运行较为僵化，难以满足各个创新主体和需求主体多样化的需求，没有形成技术创新的良性互动。专门从事科技成果信息的收集、筛选、公布、介绍、推广和转化的中介组织太少，从事科技成果介绍推广和转化的专业中介人才也太少。湖南省高校"十一五"期间科技成果转化情况的调查表明，67.35％的地方高校科研人员认为影响地方高校科技成果转化活动的技术市场原因是"市场信息不充分"；科技成果未能转化的原因，除了"资金不足""技术不成熟""缺少适合的推广人员而未能转化"排在第三位，占了 17.93％。但是目前各类科技服务中心对地方高校科技成果转化发挥的作用有限，认为"较大"和"很大"的分别占 17.41％和 2.94％，认为"一般""不大"和"几乎没有作用"的分别占 49.68％、18.69％和 11.26％。因此，造成了"成果拥有者抱怨好成果找不到投资者，资本拥有者握着大把资金高呼找不到好项目"的怪现象。由于没有完善的中介服务和有效的信息传递，地方高校产学研主要局限在项目上的"点对点"合作，规模还比较小，介入意识还较差，网络化高校产学研合作体系

还远未能形成，单纯引进技术或者生产线较多。地方高校与企业间的技术转让、委托开发形式，共建研究开发机构、建立战略联盟等全方位、高层次的合作还较少，缺乏产业技术创新的连续性，并常常造成地方高校产学研各个种群间的逆向选择和道德风险，影响地方高校产学研合作的效率。

地方高校产学研合作是要素重组的过程，各方都是利益主体并具有自利行为，因此，利益分配是产学研合作的核心问题。很多情况下，企业的积极性很高，地方高校提供的技术也很好，合作的过程却非常艰难。其中一个重要原因就是在地方高校产学研合作中各方的利益始终不能得到很好的处理。各方对技术的价值经常存在着不同的认识，合作初期根据各方谈判地位的不同，可能还比较容易达成一定的协议，但随着合作项目的进行，看得见的利益越来越近时，常常会发生不愉快的事件。合作各方的矛盾使各方分道扬镳，或某一方独自干，或另寻其他合作者。目前，在企业，对知识产权问题的认识存在模糊观念，在开展与地方高校合作的过程中，不能正确对待科研人员和科技成果。这是制约产学研合作良性发展的主要因素之一。其次是无形资产价值得不到体现，技术入股操作困难。尽管科技成果转化法和一些地方政策法规对技术入股做了明确规定，允许技术作为无形资产进行入股，但实际操作中有许多具体困难，如无形资产评估如何更合理，技术入股比例如何确定等。再次是监督协调力度不够。产学研合作目前已经成为各地成果产业化的主流。但由于一些地区长期受计划体制束缚，政府职能转变不到位，政策措施不配套，监督协调不适应，影响了产学研合作中利益关系的调整。目前，因产学研合作产生的利益与权益纠纷很多。此外，利益分配还存在于产学研合作各方的内部，处理不好这个问题，就会使参与合作的组织不仅不能赢得应有的利益，还可能由于内部人员的流动而导致更大的利益损失。

### 三　地方高校产学研合作的生态环境不够理想

地方高校产学研合作需要多个部门紧密配合、相互协作，需要建立健全相对完备的长效机制来规范和协调合作各方，确保建立长期稳定的合作关系。湖南省高校在开展产学研合作实践中，虽然在摸索中建立了某些促进合作的运行机制，但长效机制不健全的问题仍然十分突出。

一是组织领导机制不健全。湖南省目前尚未成立促进产学研合作的协调议事机构，没有对全省高校产学研合作工作进行统一规划、组织和协调。由于地方高校产学研各方都有自己的政府主管部门，各职能部门都根据自己的目标和价值取向制定了有关支持政策，不同部门出台的政策不能形成合力，甚至相互矛盾或抵触，更缺乏沟通协调和统筹安排，造成本来就稀缺的技术创新要素分散、交叉、重复。

二是高校产学研对接机制不健全。目前湖南省高校科技成果与企业市场需求对接不易，高校科技成果容易偏离市场需求而难以被企业接受。其重要原因之一，就是没有建立信息沟通的专门渠道。企业、地方高校、政府机构、融资机构等各方缺乏畅通的信息交流，市场信息、科技信息、生产信息和融资信息分布不对称，信息交流不完全，给各方的理解和沟通带来障碍。目前地方高校产学研交流的主要方式是企业来校咨询或地方高校应邀参加企业的洽谈活动，但由于事前的信息不对称，使地方高校科技成果与企业技术需求很难匹配，地方高校产学研活动也难以开展。而且中介服务体系建设滞后，现有的中介服务机构大多功能单一、资金缺乏、机构不健全、业务能力有限，无论数量还是功能上都远远不能适应地方高校产学研合作发展的需要。

三是利益协调机制不健全。利益合理分配是地方高校产学研合作形成、存在和发展的内驱力，但在当前知识产权保护及信用保障体系建设还不完善的情况下，地方高校产学研各方的利益始终不能得到很好的处理，成果共享难，利益分配不合理，以及失信行为频繁发生，已经在很大程度上影响和阻碍了地方高校产学研合作的健康发展。据调查，地方高校科研人员认为政府在创造一个有利于科技成果转化的优良环境方面应该发挥的作用有：66.20%的人认为是"开展产学研合作"，63.51%的人认为是"搭建科技条件平台"，55.57%的人认为是"提供科技信息服务"，63.89%的人认为是"提供创新基金"，40.85%的人认为是"设立和培育科技孵化器"，25.10%的人认为是

"帮助引进人才"，54.29%的人认为是"提供优惠政策"，43.92%的人认为是"制定合理的利益驱动机制"。

目前地方高校的科研体制没有完全突破计划经济时期的模式，即国家计划立项—政府财政拨款—地方高校申请进行研究。政府立项的课题论证聘请的是相关领域的专家，但他们往往侧重于科学技术领域的前沿，而忽视技术的实用性，因此，形成的成果不一定符合当前社会的需求。另外，企业和地方高校的管理存在很大差距，科技研发人员的流动受到限制，而当前政府较少有明确的相关法规文件鼓励和支持双方人员的流动。另外，评价体系不完善。现行的地方高校科研实力评价指标体系更看重课题、经费、论文以及成果的数量，而忽视地方高校的社会服务功能，从而导致地方高校在制定对教师的考核指标和激励措施中对科技成果是否具有产业化前景以及如何加强转化工作关注不够，缺乏对科技成果转化的评价标准，影响了科研人员促进成果转化的动力。

## 四　地方高校产学研合作的进化发展水平不高

湖南省高校产学研合作的进化发展都经历了一个过程[1]。校企项目合作可以说是历史最悠久、科技人员接触最多的产学研合作模式。20世纪八九十年代，受当时整体科技环境的制约，校企就单个科研项目展开合作是主流，企业有问题了，学校或科研院所帮助解决，学校或科研院所有了成果，到企业中去转化；随着一批科研人员主动践行产学研结合，山河智能、三佳模具、力元新材、神舟科技、江麓容大等科技成果参股或转化而成长起来的科技型企业方兴未艾；同时，校企之间的整体、长期、战略合作日益浮现。最典型的情况是企业界在地方高校密集区建立的以市场需求为导向、企业投入为主体、科技创新为目标、产学研结合为特征的创新组织。这种合作模式在国际上被认为是普遍通行、运作较为成功的产学研合作模式，代表了当前产

---

① 胡宇芬：《产学研结合推动湖南科技成果转化》，《中国高新技术产业导报》2009年1月5日。

学研合作发展的方向；以科技重大专项为主的政产学研结合，也成为近年来推动科技成果转化的重要模式。科技管理部门在顶层设计上紧密结合经济社会发展的重大需求，以提高自主创新能力、培育具有重大推动作用的战略性产业为目标，集成产业界和学术界的各种资源，着力解决制约经济社会发展的重大技术瓶颈问题，实现了从单一的项目支持向注重人才、基地与项目的有机结合转变，特别是进一步突出了产业化导向，企业主持和参与科技计划项目比例由过去的不到50%增加到80%以上，促进了企业逐步成为技术创新主体；2007年开始建立的产业技术联盟，正在形成产学研结合推动科技成果转化的新阵营。从两届湖南省长沙市科技成果转化交易会建立的汽车及零部件、先进电池材料、花炮等12个产业技术联盟，到签约成立的包括42家企业、11所国内一流大学和7家骨干科研机构的轨道交通装备等4个产业技术创新联盟，将学术界和产业界更紧密地联系在一起。

虽然湖南省部分地方高校的产学研合作达到了较高水平，在全国产生了一定影响，但就湖南省高校的整体情况而言，大部分高校产学研合作活动还停留在较低层次，简单项目合作多、战略层次合作少；应用领域研究合作多、基础领域研究合作少；单项委托多、双向互动少；松散合作形式多、紧密伙伴关系少；合作模式重复多、创新少。具体表现为：

一是在合作方式上，大多是技术转让、共同或委托进行技术开发项目的方式，基本上是学校出人才和技术，企业出项目和资金，项目完成合作即告结束，再次合作则又需重新对接和磨合。而诸如共建研发机构和实验室、组建战略联盟、相互交流培养人才等全方位、高层次的合作较少。

二是在合作目标上，大多追求投资少见效快的短平快项目，更加关注能够得到政府资金支持的项目，较少从长远发展来考虑共建高层次的合作实体。

三是在合作内容上，大多开展的是以技术服务解决企业单项技术问题的合作，针对产品成套技术开发及技术路线创新的合作相对较少，着眼于企业未来的在岗培训、继续教育等人才培养的合作内容还没有受到广泛重视。

四是在合作规模上,大多局限于学校与企业在项目上的"点对点"合作,高校之间、高校与企业之间的合作规模还比较小,规模化的高校产学研合作体系远未形成。

战略联盟是高校产学研合作非常常见的形式。客观地讲,战略联盟本身是一种很好的合作方式,但在操作的时候往往只有形式,没有内容。在地方高校产学研和战略联盟过程当中,各利益相关方过于封闭,没有实质性的联盟。联盟大多只能研究共性技术,无法共享核心技术。目前,该类联盟的性质不清晰,内涵不明确,过于松散,缺乏长效机制,可操作性不强。

# 第三章

# 地方高校产学研合作发展的模式分析

地方高校作为我国高等教育体系的主体部分，承担着为区域培养应用型人才、服务区域经济社会发展的任务。产学研合作是促进地方高校实现应用型人才培养、科技创新和为地方经济发展提供社会服务的最好途径。在产学研合作模式中，地方高校、科研院所和企业各自扮演着不同的角色：地方高校和科研院所是知识和人才的聚集地，是科学技术转化为生产力的创造者；而企业是技术创新的主体，是科学技术转化为生产力的实现者。

## 第一节　地方高校产学研合作的若干模式

地方高校和区域经济社会之间建立良性互动的发展关系，是促进双方共同发展的必由之路。"模式"一词在《现代汉语词典》里的解释为"某种事物的标准形式或使人可以照着做的标准样式"，这种解释只是一种普遍意义上的理解，具体到产学研合作模式，指的则是产学研合作参与主体之间对接的具体方式。关于产学研合作模式的分类，众多学者从不同角度对之进行了划分。原长弘将产学研合作模式按契约关系分为技术转让型、委托开发型、联合开发型和共建实体型四种；王娟茹等将产学研的直接合作模式分为技术协作型、契约型、一体化型三类；谢科范等将产学研合作模式分为成果转化、项目委托、人才培养三种传统模式与合作研发、平台运作、战略联盟、人才流动四种现代模式。在总结分析多位学者的研究成果之后，本书在进行实证研究的基础上，依据地方高校参与产学研合作的方式分为技术与咨询服务、合作开发、大学科技园、技术转让、校办产业或实践基地、合作教育等几种模式。

## 一 技术与咨询服务模式

技术与咨询服务是地方高校参与产学研合作的一种比较常见的形式，主要是由合作各方通过协议来确立合作关系，并遵循自愿平等、诚实信用和互利有偿的原则，明确各方的权利与义务。技术服务是由合作方为改进产品结构、改良工艺流程、提高产品质量、降低产品成本、节约资源能耗、保护资源环境、实现安全操作、提高经济效益和社会效益等问题而进行的服务性合作，咨询服务是由合作方为特定的技术项目提供可行性论证、技术预测、专题技术调查、评价分析以及知识传授等所进行的咨询性合作，其中包括技术培训等。在这种合作模式下，产学研各方相对比较独立，合作方式简便，各方责任明确。这种模式能够在一定程度上发挥各方在技术和资金上的优势，既能够促进地方高校科研成果的转化，又能为企业提供先进的技术支持，同时也能够降低高校科研资金不足和企业产品研发的风险。

**【典型案例：湖南农业大学为"永兴冰糖橙"提供技术与咨询服务】**

湖南华大农业科技发展有限公司位于湖南省永兴县，是一家集种植、采购、加工、营销、仓储及配送为一体的农业产业化省级龙头企业。公司总部占地44亩，厂房面积2.3万平方米，自有冰糖橙种植基地3500亩，合作基地12500亩，净资产5800万元。公司主营中国驰名商标"永兴冰糖橙"，兼营其他农副产品加工、休闲农庄建设及农业投资等项目，聘请了中国柑橘学会副理事长、国家柑橘产业技术体系岗位科学家、国家柑橘改良中心长沙分中心主任、湖南农业大学教授邓子牛担任公司高级技术顾问。于2011年8月6日与政府签订了《永兴冰糖橙商品化处理暨交易中心项目开发协议》合同，共同将永兴冰糖橙这个品牌推向全球。

永兴冰糖橙种苗有限责任公司按照"政府引导，市场运作，业主经营"的管理模式于2008年成功组建，公司投入资金780万元，在邓子牛教授指导下建设了永兴冰糖橙无病毒良种繁育中心，中心占地面积 200 亩，建成育苗网室 7260 平方米，连栋温室 2016 平方米，生产生活用房 800 平方米，年可出圃优质无病毒冰糖橙种苗 40 万株。中心聘请邓子牛教授为技术顾问，并长期与湖南农业大学国家柑橘改良中心长沙分中心进行技术合作，2010 年由中心与国家柑橘改良中心长沙分中心合作开发的《无病毒冰糖橙优系的繁育技术》经湖南省科学技术厅鉴定，整体技术达到国内同类研究领先水平，荣获湖南省郴州市科技进步一等奖。

黄泥涌水万亩冰糖橙标准化果园是永兴县冰糖橙基地建设的示范园。依托湖南农业大学的技术支撑，示范园按照"生态、安全、优质、高效"的标准化生产，采取"政府引导、资金整合、市场运作、统一规划、统一开发、分步实施"的先进运作模式。自 2007 年至今，共投资 3000 万元，已建设好标准冰糖橙园 1.1 万余亩。2011 年通过农业部永兴县冰糖橙标准果园的创建，示范园内全部实施了"三挂一种"生物防治技术，并结合永兴县"中央财政支农整合资金支持冰糖橙特色产业建设项目"，投资 300 万元用于核心区水、电、路基础设施建设。目前，示范园年产冰糖橙 1.6 万余吨，产值逾 1.6 亿元。

**【典型案例：南京农业大学、淮海工学院为江苏连云港市新农村建设提供技术与咨询服务①】**

2003 年，连云港市与南京农业大学、淮海工学院、中国农科院蚕业研究所、江苏省海水水产研究所、江苏省淡水水产研究所等地方高校与科研院所合作实施"百名教授科教兴百村小康工程"，聘请107 名农业科技专家（其中南京农业大学 96 名）担任全市 107 个村的科技经济发展顾问，进行长期合作、定点服务，帮助各村因地制宜地制定经济发展规划，调整产业结构，大力发展特色农业、生态农业、标准农业及农副产品深加工，开展技术指导培训，推广农业新品种新技术等，初步形成了产学研相结合、农科教互促进的科教兴农、

---

① 郝金宝、葛高亮、巢祥坤：《加强产学研协作，加强产学研协作，推进新农村建设》，《国际金融报》2007 年 7 月 6 日。

致富农民的新路子。据统计，几年来，南京农业大学等高校、科研院所共在连云港市建立科研成果试验推广基地 37 个，专家教授赴连云港 1100 多人次。在专家教授的帮助之下，连云港引进新品种 296 个，推广新技术 547 项，先后建立了赣榆欢墩芦笋、门河药材、东海黄川草莓、石梁河葡萄、灌云南岗甘薯、伊芦浅水藕、灌南林业等一大批高效农业示范基地，建立了蜜桃、家禽、对虾、梭子蟹等农、禽、渔业 17 个标准化示范区，有 70 多个农产品、10 多个禽产品、20 多个水产品基地被省认定为无公害基地，有 22 个产品被省认定为无公害产品，生产效益大幅度提高。由江苏省海水水产研究所、淮海工学院专家教授共同指导的赣榆县榆城集团水产养殖项目，已辐射 100 多家育苗场，提供就业岗位 1540 个，带动近万名农民增收致富；灌云兴云集团在南京农业大学专家指导下，以风鹅生产为主业，辐射周边十多个乡镇近千户农民种草养鹅，养鹅户平均每年收入近万元，多的达十多万元，兴云集团也步入了集孵化、养殖、加工于一体的鹅产品生产加工龙头企业。目前，连云港共有农业龙头企业 61 家，其中有 17 家是"百名教授科教兴百村小康工程"开展后培育起来的。同时，"百名教授科教兴百村小康工程"始终把提高广大农民的科技素质作为首要任务来抓，利用各地职教中心、农民夜校等，开办"农民致富讲习所"，采取集中授课、咨询讲座、科技大集等形式，努力提高农民科技知识和实用技能，引导农民走科学致富之路。另外，连云港还与南京农业大学一起，开展农村党员干部培训工作，打造了一批带头创业、带民致富的农村基层干部队伍，促进了农村基层组织的建设。"百名教授科教兴百村小康工程"初步实现了教学科研与地方经济建设、科技创新与推广普及的有机结合，推进了农村经济持续、健康、稳定增长，已经和正在成为科技人员传播农业科技知识的讲台、施展才干的舞台、科研成果转化的平台，成为解决"三农"问题的重要手段。对此，中国科协给予了很高评价，称之为"全国首创的科技兴农之举"，并在全国进行推广。

## 二　合作开发模式

合作开发包括共同开发与委托开发，是产学研合作各方合作进行或一方委托另一方进行对新技术、新产品、新工艺和新材料及其系统的研究开发。共同开发需要企业投入人力、资金，利用高校的先进科研设备和人力资源开发新材料、新产品；委托开发对于企业来说，只需要投入资金，或者由企业根据生产和市场需求提出合作要求，或者由高校根据所掌握的技术将其推向生产，合作各方共同参与。合作开发的项目一般情况下都是企业在生产过程中面临的需要尽快解决的技术难题，或者是企业认为有市场潜力的新产品，所以这种模式下一般是围绕企业提出的问题展开的，而且对技术开发周期有着较为明确的要求，技术开发难度比较大。

这是一种半紧密型的产学研合作组织，日本已经将这种合作创新的组织方式进行制度化，形成了高校与企业之间的"共同研究制度"和"委托研究制度"。这种组织形式能够较好地体现优势互补效应，双方合作比较深入，抗风险能力比较高。这种模式也是美国高校与企业之间合作普遍采用的一种方式。随着我国社会经济的快速稳定发展，集中多方力量与优势进行技术攻关、实现高技术产业化已经成为产学研合作发展过程中的一种非常重要的形式。

**【典型案例：湖南农业大学与南山牧业的委托开发】**

湖南南山牧业有限公司地处中国南方最大的高山优质奶源基地，是一家生产学生奶、高端液态奶、有机奶粉，从原料到加工拥有完整产业链的现代化乳品企业。公司采用国内一流的液态奶生产设备，拥有全自动无菌灌装生产线 2 条，整个生产过程由电脑实时监控，经过净乳、巴氏杀菌、高压均质、UHT 瞬时杀菌、全封闭自动灌装等 26 道严格的工艺程序。公司立足于南山优质的草场资源和壮美的自然风光优势，将大力发展奶牛养殖和乳制品生产加工，通过 3—5 年努力，将南山建成中国南方最大的山地奶牛生产基地、有机精品乳生产基地、湖南省最大的学生奶供应基地，以及牧业旅游观光基地。

2014 年 8 月 3 日，湖南南山牧业有限公司总经理康军战与湖南农业大学校长符少辉在城步就南山牧场草地调查评估、牧草引种试验及示范草场规划项目签约。该项目是根据 2013 年 12 月 26 日双方签订的《国家新农村发展研究院城步奶业特色产业基地框架协议》和《城步苗族自治县奶业中长期规划（2014—2020 年）备忘录》精神，双方经过平等协商达成的协议。该项目主要内容是湖南农业大学为湖南南山牧业有限公司提供南山牧场草地现状及生产潜力评估报告；牧草及青饲作物引种试验报告；牧草及青饲作物栽培及加工贮藏技术规范；100—200 头奶牛的示范草场设计图；示范草场牧草、饲料作物配置方案；示范草场草地培育改良与利用管理方案。

**【典型案例：南京农业大学与雨润食品产业集团的共同开发①】**

如今，备受关注的食品安全、水资源危机、环境污染等问题不仅与老百姓的日常生活息息相关，也不断困扰着各级政府部门。通过与企业、政府的协同创新，南京农业大学充分发挥学科特色，将目光瞄准这些关系国计民生的"大难题"。南京农业大学与江苏省雨润食品产业集团的合作，在肉食品安全领域取得了一系列的成果。"企业在生产过程中会遇到很多技术问题，单靠我们企业的力量很难解决，但自从有了南京农业大学专家的帮助，我们的很多难题都迎刃而解。"雨润食品产业集团有限公司总经理助理江红波说。雨润食品公司曾经由于工艺不过关，导致产品保质期短，经常被超市退货。南京农业大学专家得知此事，专程到企业进行调研，发现这里的肉制品在生产中最大的问题就是杀菌工序人为控制，导致温度和时间很难精确掌握。针对这一难题，专家和企业组成研究团队，研制出了一种杀菌冷却一体化设备。"通过整个杀菌工序、温度、时间都可以电脑控制，有效地提高了产品品质。"南京农业大学食品科技学院副院长徐幸莲介绍。

在多年合作中，南京农业大学将科研成果在雨润集团实现转化应

_____

① 唐景莉、万健、赵烨烨、邵刚：《改革纪实　协同创新干大事联合攻关天地宽——南京农业大学开展产学研合作纪实》，《中国教育报》2012 年 3 月 26 日。

用进而推广辐射，根据企业生产过程中遇到的技术难题进行定向攻关。如今，该校与雨润集团在校内联合建设"国家肉品质量安全控制工程技术研究中心"，共同开发了冷却肉加工全程质量控制、传统肉制品现代化加工等技术，提升了企业科技创新水平和产品的科技含量，企业新增经济效益50多亿元。此外，由南京农业大学"国家肉品质量安全控制工程技术研究中心"牵头制定的鸭肉标准和鹅肉标准分别在2008年和2011年被联合国正式采用为国际标准。该校不仅为解决中国的肉品安全问题贡献了自己的力量，还彰显了在国际肉品质量安全领域的影响力。

### 三　大学科技园模式

大学科技园是发展知识经济的载体，是创新活动最活跃的区域，是以高校为依托，以科技成果转化、高新技术企业孵化、创新创业人才培养集聚为主要任务的科技企业孵化器，是在新经济迅速兴起的大背景下高校功能的延伸，是高校与社会联系的桥梁。大学科技园是孵化企业的企业，是培育技术创新的场所，所以大学科技园应该有科技成果"孵化"方面的指标。大学科技园的核心功能是高新技术企业孵化，其应该充当整个区域创新系统的桥梁，负责整个系统的资源导向新企业，成为整个创新支持系统的资源导向的枢纽，带动整个创新系统动态发展。拥有技术研发实力或者有自主知识产权成果的科技创业团队在园区内创办高技术企业，园区通过整合资源、提供服务并落实优惠政策，使初创科技企业不断壮大，最终培育出成熟的高技术项目或把初创企业孵化成为具有一定市场竞争力的成熟企业，实现孵化功能。大学科技园是个智力高度密集的区域，人才是大学科技园发展的根本。大学科技园不仅需要科技研发人员，还需要企业管理、市场营销与策划等专业人才，所以必须要不断培养并吸引、集聚一大批人才，以保证大学科技园的持续发展。

**【典型案例：哈尔滨理工大学科技园区创业平台①】**

哈尔滨理工大学科技园区创业平台是哈尔滨理工大学科技园的重要组成部分，坐落在哈尔滨高校聚集区，与多所高校、研究院所相聚共生，具有科技、人才、信息等多方面的集聚优势。经过几年的建设，哈尔滨理工大学科技园区创业平台在软硬件环境建设、孵化高新技术企业、科技成果转化、促进行业技术进步和地方经济发展等方面都取得了长足发展。哈尔滨理工大学科技园区创业平台的建筑面积约28480平方米，其中孵化场地面积19936平方米，现有企业100多家，从业人员约1500人。现有4个研究所、4个工程研究中心、1个技术转移中心，1个市级创业培训基地，1个市级创业孵化基地和1个省级中小企业创业基地。包括4个功能区域：（1）聚集科技型企业及部分中介服务机构的科技园加速器；（2）集聚科技型初创企业和部分研发机构的科技企业创业中心；（3）集聚现代服务业、大学生创业企业的省级中小企业创业基地；（4）承担企业产业化任务的生产加工基地。哈尔滨理工大学科技园区创业平台现已成为哈尔滨理工大学实现社会服务功能的重要平台，是哈尔滨理工大学及地方科技企业重要的孵化基地。

**【典型案例：广西北部湾经济区大学科技园区的建设②】**

随着北部湾经济区的开放开发，北部湾经济区对石化、林业、能源、海洋等产业的高层次人才需求加大，广西高校在这些紧缺人才的专业建设方面仍显得有所滞后。在这种形势下，广西高校开始通过与北部湾经济区之间开展联系合作，累积专业建设所需要的硬件、软件指标，根据行业的需求，把高校在人才方面的软件优势和企业在实验

---

① 刘洋：《大学科技园区创业平台运行机制研究》，哈尔滨理工大学学位论文，2013年。

② 张锐：《广西高校产学研合作人才培养模式研究——以本科院校服务北部湾为例》，广西师范学院学位论文，2011年。

基地方面的硬件优势结合起来，共建大学科技园。科技园集高校、企业和科研机构为一体，在园区内实现了产学研合作各方组织的紧密配合。

2010 年 1 月，中关村大学科技园联盟北海工作站正式揭牌，为广西高校服务北部湾经济社会发展增添了新的动力。中关村大学科技园联盟北海工作站属于非营利性的自主联盟，包括广西大学在内的广西各大高校。通过联盟高校之间的强强联合，建立资源共享机制，加快科技成果转化，合作培养人才，促进产学研合作。2010 年 12 月，广西民族大学化学与生态工程学院与钦州中亚石化科技有限公司签订了产学研合作基地建设协议。目前，钦州市正在规划建设省级和国家级的高新技术园区，广西民族大学是第一个在钦州高新技术园区建立产学研合作基地的高校。广西当前重点推进的是南宁国家高新技术园区、广西大学科技园的建设。高校通过参与科技园建设，使之成为科技成果转化和提供优秀的专业化服务以及人才培养的合作基地，以高效的管理机制、服务以及完善的设施，不断向社会提供创新型实用人才。

## 四 技术转让模式

技术转让模式是由高校将科研成果通过技术交易的形式卖给企业，企业会根据自己的实际情况选择合适的成果，将其实现产业化。在这种模式下，高校与企业按照不同的开发阶段先后进入开发程序，一般是由高校做项目的前期投入并完成技术原理的可靠性分析，然后企业接过来进行中试、工业化生产及市场开发。这种技术转让能够使科研成果的应用面迅速铺开，产生规模化的经济效益。对于高校来说，不需要投入大量的人力、物力和财力，对于抗市场风险能力较低的高校来说，这种模式不失为一种较好的选择；对于企业来说，这种模式需要做大量的二次开发工作，投入大、难度大、风险大、成果转化率较低，但是一旦成功，企业获得的经济回报也将是非常丰厚的。

技术转让模式是高新技术产业化方式的早期探索，是一种比较松散的合作模式。从实践层面来看，这种模式不够深入，成功率较低。

究其原因，首先是由于科研人员主要集中在高校和科研院所，企业的技术力量比较薄弱，对高新技术的消化吸收能力也有所不足；其次是不少企业负债率较高，银行不能提供更多的资金支持，企业无力承担高额的科研成果转化相关的费用；再次，不少企业存在机制陈旧问题，高新技术缺乏存活与发展的适宜环境；最后，我国知识产权保护相关的法律还不够完善，这也在一定程度上影响了产学研合作的效果。

**【典型案例：新疆医科大学技术转让案例①】**

新疆驰达电气公司购买新疆医科大学的职务发明专利技术后，以赠股方式同技术发明人组成了由驰达电气公司控股的新疆富科思生物技术发展有限公司，专业研发"光纤化学传感药物溶出度/释放度元位在线自动监测仪"。该技术将多元猝灭光纤化学传感器、多通道光纤信号转换器与光纤光谱仪结合，组成光纤原位药物溶出度/释放度试验仪，用于新药及固体药物制剂研究和法定药物的质量控制。技术水平达到国际领先，国内先进。药厂、药检所、临床医院、药物研究和教学单位都需要高质量的"溶出度/释放度过程分析仪"，国内市场需求约 3000 台，市场容量仅在国内就达数十亿元。目前该项目已进入中试阶段，经改进、提升、鉴定、审批后即可批量生产。并已获得 3 项专利。

**【典型案例：西北农林科技大学参与创建的"金坤模式"②】**

1999 年 8 月，注册资金为 5000 万元的高科技生物技术企业——杨凌金坤生物工程有限公司成立，该公司由陕西金坤集团等八大股东投资 3750 万元有形资产，西北农林科技大学以现代遗传育种、胚胎工程、基因导入杂交等八项国内领先、国际先进的技术成果作为无形资产加盟，折算股金 1250 万元，占股份总额的 25%。该校从事相关

---

① 王朋岗：《新疆高校产学研合作模式研究》，石河子大学学位论文，2007 年。
② 苏林、易同民：《擎起产学研结合的大旗》，《科学时报》2001 年 6 月 28 日。

技术研究的窦忠英、渊锡藩、曹光荣、杨公社、曹斌云、王建辰等教授组成专家组作为股东进入企业，进行全方位的技术开发与生产。该公司创建了"科技专家＋企业家＋基地＋农户"的经营模式（即"金坤模式"），专家和企业家联合经营，发展高科技成果产业化基地，以基地带动农村科技示范户和专业户的发展。金坤模式创建不久，就显示出其强大的生命力。

在西北农林科技大学专家组的联系指导下，公司投资 800 万元引进了排名世界前 10 位的著名牛羊良种，采用分子遗传标记、MOET 繁育、基因导入杂交等生物高新技术，形成了高科技示范产业链。达到设计规模后，每年可提供名优牛羊良种 5000 头，年生产鲜胚和冻胚 5000 枚，试管冷冻精液 100 万枚，真正实现良种牛羊的工厂化生产。公司还先后同加拿大、美国、澳大利亚、新西兰等国的牧业大公司建立了广泛的种畜及胚胎进出口业务关系。由于专家组的直接参与，产品科技含量较高，使杨凌金坤生物工程有限公司很快就在全国享有很高的知名度，各地用户的订单纷纷飞来。在促进科技成果转化、服务经济建设的过程中，"金坤模式"也使西北农林科技大学不断壮大办学实力，有力地促进了该校教学、科研等方面的工作。如今，杨凌金坤生物工程有限公司免费为该校学生提供实习条件，学生可以就近在这个品种多、规格高、规模大的"世界十大名优牛羊繁育基地"开展实习，不仅节省了一笔数目不小的实习费，更重要的是大大提高了实习质量。学校的博、硕士研究生在公司作论文，由公司提供生活资助，选题直接结合公司生产中的实际问题，取得的成果以优惠价格提供给公司就地转化。

"金坤模式"确定了科技人员在企业中的股东地位，这充分调动了其转化成果的积极性，也大大激发了他们的创新热情。2000 年 12 月，他们创造了从一只供体波尔山羊体内一次冲出 46 枚可用胚胎的世界纪录。同一时期，由西北农林科技大学专家组领衔主持，杨凌金坤公司争取到了国家计委高科技产业化推进项目——"世界名优肉牛羊良种高产主基因库建设及产业化"，经费达 4700 万元；这一项目还将得到世界银行额度为 5000 万元的贷款资助。"金坤模式"的创建，为西北农林科技大学探索产学研相结合的办学道路树起了一根标杆。

## 五　校办产业或实践基地模式

校办产业或实践基地模式是我国高校促进科技成果转化的一种主要形式和途径，指的是地方高校通过自己创办科技产业或实践基地，促进科技成果转化为现实生产力，实现产学研合作的一种方式。这种模式的优点是能够更好更快地实现地方高校的科研成果转化，直接对社会发展做出贡献；能够有效地促进地方高校和区域社会的联系，克服其自身的惰性，促进其按照社会需求进行改革；能够有效地改善地方高校科研经费不足的现状，并创造新的就业岗位。其最大的特点是地方高校既是企业的创办者，也是企业的经营者，属于高校内部产学研一体化合作的模式。当前我国高校科技产业的管理体制是在将高校经营性资产和非经营性资产分离的前提下，依法设立经营性国有资产的资产经营有限公司或从现有的校办企业中选择一个具有一定规模的全资企业，加强对高校经营性资产的管理。该企业代表高校统一持有高校企业及高校对外投资的股权，统一对企业实施投资、经营和管理，并承担一定的保值增值责任。其还要按照现代企业制度的要求，建立规范的产权关系和法人治理结构。目前北大方正、清华同方、东大软件、天大天财、交大昂立、浙大中控等一批高新技术企业已经成长为国内外知名的企业，不可忽视的是，地方高校也已经悄然加入校办企业的行列，且已经取得了令人瞩目的成绩。地方高校科技产业的发展，加速了我国产业结构的调整，在推动经济增长方面发挥了重要作用，进一步增强了地方高校的办学实力，也进一步提高了地方高校的声誉。

**【典型案例：安徽建筑工业学院岩土工程勘察研究院①】**

安徽建筑工业学院岩土工程勘察研究院是由原安徽建筑工业学院

---

① 袁如恩：《高校校办企业发展对策研究——以安徽建筑工业学院校办企业为例》，合肥工业大学学位论文，2011 年。

建筑设计研究院勘测队和学院的岩土工程研究所及土木实验室等联合组建的，成立于 1994 年。获得由我国建设部颁发的乙级工程勘察资质证书和安徽省建设厅颁发的地基基础检测资质证书。勘察院自成立以来，经过多年的发展与完善，目前已经具备岩土工程勘察、土工试验、工程测量、地基基础检测、桩基高低应变检测、混凝土构件强度检测、超声测缺、钢筋分布和保护层厚度测定；桩基和路基以及混凝土构件钻探取芯、剪切波速测定、地面脉动测试、十字板剪力试验、声测管测桩、锁定力检测、工程勘察及测试技术咨询等勘察和检测手段。

20 年来，安徽建筑工业学院在安徽省范围内独立承担了上万个工程项目的工程地质勘察和数百个工程的桩基检测任务。如安徽图书城、安徽省信托投资公司、安徽省人大会议中心、古井大酒店、安医大教学楼、安徽建工学院教学楼、包河政务区、安徽省电力调度中心、合芜高速公路接线工程、合安高速公路、合徐高速公路、徽杭高速公路、连霍高速公路等一大批全国及全省重点工程项目，为安徽省的交通及建筑工程做出了一定贡献，在社会上享有较高的知名度和置信度。

**【典型案例：上海大学机电工程设计院①】**

上海大学机电工程设计院还有一个身份：上海克来机电自动化工程有限公司。这家 100 多人的机构一年到头订单不断，机器轰鸣，年产值超过 1 亿元。同时，这里还承担着上海大学卓越工程师的培养工作，并随时为教师科研工作提供着便捷服务，它为机电工程与自动化学院的精密机械系、机械自动化系、自动化系和工程训练中心提供了一个不可多得的产学研合作平台。21 世纪初，上海大学精密机械系的 16 位教授联合发起成立了这家设计院，设计院占用了上海大学新校区东部的一片区域，也约定可以利用学校各类资源。作为回报，设

---

① 吴苡婷、王春：《上海大学：美丽"四合院"点亮高校产学研发展之路》，《科技日报》2013 年 2 月 6 日。

计院每年支付给学院科研咨询教育费 10 多万元，每三年支付给学校科技咨询费 60 万元。而且这里还是一个开放的实验平台，虽然价值 800 多万元的仪器设备全部是企业自己购置，但是设计院为全校的科技工作者提供力所能及的优质服务。机电工程与自动化学院的教师在这里从事的任何科研工作都不用付费，其他学院教师有需要使用这里的仪器设备和材料，只需要支付成本费用即可。

在利用学校的人才资源方面，这里的运作机制非常灵活。据一位教授介绍，设计院承接了一个项目，由于他的专业优势，设计院希望他参与到该项目的研发中来，设计院会以上海克来机电自动化工程有限公司的名义，将 5 万元的研发费用转到学校科技处，作为他的横向科研经费，并计入学校对他的年终考核。这些年来，设计院的效益节节攀升，2008 年产值 4000 万元，2009 年 4200 万元，2010 年 5200 万元，2011 年 1.1 亿元；设计院承接的项目有上海天安轴承有限公司"速精密微型轴承精度寿命试验机开发与试验技术研究"和延锋江森座椅有限公司的"汽车功能模块化柔性自动装配关键技术"等项目，还涉及了医疗器械、环保材料等制造的各种流水线研发和制造。因为科研能力和操作能力时刻能与市场保持高度衔接，这里培养的本科生和研究生的实战能力得到了各大用人单位的高度认可。

## 六　合作教育模式

1906 年，美国赫尔曼·施奈德教授针对当时高校教育与社会脱节及毕业生就业难问题，首次在俄亥俄州辛辛那提大学提出合作教育问题。产学研合作教育指的是高校与产业部门、科研院所等社会组织在生产、教学、科研过程中共同培养人才的教育活动。[①] 虽然各国对合作教育的概念阐述有所不同，但其强调的核心是一致的，即强调将学生的理论知识学习与社会实践相结合。合作教育的环境为学生提供了将知识、信息运用于新情境、解决新问题的机会，学生在接触处理产业研究部门的实际课题和生产实践问题中，要对来自各方面的信息

---

① 王玮：《发展我国产学研合作教育的探索》，武汉理工大学学位论文，2002 年。

进行分析、计算、比较、判断、推理、联想、决策等，这能够锻炼学生收集信息、处理加工信息、综合利用信息的能力和社会活动能力，并能够有效激发学生的创造性思维。目前，产学研合作教育的实践模式主要有工读多次交替式、工读结合式和科技与育人结合式三种。工读多次交替式的主要特点是，安排学生多次下厂实践，每次时间一般不超过半年或一个学期，在校学习与工作实践交替进行，使理论与实践更加紧密结合起来；工读结合式的特点是，学生到企业参加工作实践的时间比较集中，一般一次连续时间为一个学期或一年，这种方式可以在学制期内完成；科技与育人结合式的特点是，高校参加或独立承担重大的生产课题研究，促进企业的技术改造和技术进步，企业接受学生到企业进行毕业设计和科学研究，并由高级工程技术人员讲授部分课程，这种方式成为培养研究生的重要形式，研究生在以科研为目的的联合体中将研究工作与高技术的研究开发紧密结合。

**【典型案例：南京农业大学与企业开展协同育人，培养"大人才"①】**

作为研究型大学，南京农业大学是进行现代农业基础研究和培养高层次农业创新人才的重要基地，而协同创新平台的建立，更促使该校越来越多的学生和年轻教师成长为解决农业经济现代化重大科技问题、实现技术转移和成果转化的生力军。"近年来，学校一直在实践中积极探寻产学研一体化的新路子，着重培养学生解决实际问题的能力，提高教师科研成果转化为现实生产力的水平，更好地服务社会。协同创新的产学研平台正是高水平研究型大学建设的必由之路。"南京农业大学副校长丁艳锋教授说。

以"南农大—新天地"产学研协同创新平台为例，该校目前有63名在读博士生、硕士生常年在该合作平台学习、研究，直接参与面向市场的课题研究。其"产学研结合分类培养农业资源与环境本科

---

① 唐景莉、万健、赵烨烨、邵刚：《改革纪实 协同创新干大事联合攻关天地宽——南京农业大学开展产学研合作纪实》，《中国教育报》2012年3月26日。

专业人才的模式与实践"于 2009 年获江苏省高等教育教学成果特等奖、国家高等教育教学成果二等奖。在南京农业大学和雨润集团的合作平台中，学校不断向企业输送本科、硕士等优秀毕业生；作为南京农业大学本科生教学实践基地、研究生创优培养示范基地，雨润每年都会接纳 300—400 人次的生产实习和参观实习，并配有专人辅导学生实习，较好地满足了实践教学、毕业实习教学和研究需要，为南京农业大学本科生、研究生创新能力的培养创建了良好的平台。这些通过产学研平台培养出来的研究生正逐步成为产业发展的主力军。

除了学生的成才，通过协同创新平台的培养，一大批优秀的年轻教师骨干也在协同创新的平台上成长历练。在万建民"抗水稻条纹叶枯病"研究课题组中，年轻教师始终保持理论联系实际的优良传统，他们长期在水稻田一线做试验，不仅保证了研究队伍的活力，也造就了一批有竞争力的后来者。在这支团队里，年轻教师之间的能力充分互补，有的是田间工作的"行家里手"，有的是室内实验的"能工巧匠"，有的是常规育种的"熟练工"，有的是分子生物学研究的"工程师"。

**【典型案例：广东工业大学与多家企业联合培养研究生①】**

根据广东省教育厅发布的《关于批准 2011 年（首批）广东省联合培养研究生示范基地的通知》（粤教研函［2011］18 号），广东工业大学与广东巨轮模具股份有限公司、广州市诺信数字测控设备有限公司等企业建立了 4 个广东省联合培养研究生示范基地。此外，广东工业大学已经与 60 多家企业建立了联合研究生工作站、与 200 多家企业开展了产学研合作。例如，广东工业大学—广东四会实力连杆有限公司产学研培养研究生工作站于 2008 年 4 月 16 日在广东四会实力连杆有限公司举行成立挂牌仪式，广东四会政府、四会实力连杆有限公司与广东工业大学相关领导出席本次产学研合作基地揭牌仪式。广

---

①　袁清珂、骆少明、张湘伟：《研究生产学研培养模式探索》，《五邑大学学报》（社会科学版）2013 年第 3 期。

东四会实力连杆有限公司与广东工业大学机电工程学院郭钟宁院长、张永俊教授及其课题组成员开展了多年合作，在裂解连杆生产新工艺和装备研发方面取得了较大突破，并已转化为生产。该工作站的挂牌成立，标志着广东工业大学与企业在技术攻关、人才培养等方面的合作迈上了新的台阶，对于促进广东工业大学相关学科的发展、推动公司国内汽车发动机连杆生产基地建设具有积极意义。

# 第二节　地方高校产学研合作模式的选择分析

产学研合作已经被认为是促进科技、教育与经济紧密结合的重要手段，在各国的高新技术产业化进程中，一直扮演着重要角色。世界各国的产学研合作发展是各不相同的，产学研合作的方式也是多种多样的。

## 一　我国地方高校产学研合作模式的主体分析

企业、高校和科研院所是实施产学研合作的主体组织，是达成合作的直接关系人。缺少合作的主体，合作就无从谈起，他们的意愿直接决定着合作的实现。依据产学研合作中涉及的产学研合作主体组织的不同，我国地方高校产学研合作模式可以分为企业、地方高校、科研院所三方（或两方）组织合作模式和高校自主产业化合作模式。

（一）企业、高校、科研院所三方（或两方）组织合作模式

在这种模式下，产学研合作的主体组织企业、高校、科研院所三方或两方参与合作，将技术创新的风险和收益在不同组织间进行共享，科技成果转让、技术咨询与技术服务、共建科研基地等就属于这种合作模式。这种合作模式很好地实现了资源共享、优势互补，可以充分发挥协同效应。按照产学研合作组织在合作中不同的切入与退出点，可以将产学研合作划分为联合模式和共建模式。

联合模式以企业为主体，以技术传播和合作开发为重点，以协议、契约作为维系双方关系的纽带，组织方式比较松散，合作紧密程度比较低。它是我国目前常用的一种合作模式。产学研联合模式的具

体形式包括技术转让、技术咨询、技术服务、技术培训、委托开发、合作开发、人才培养等。这种模式比较有利于集中各方的优势，符合资源配置最优化的原则，但是在合作过程中企业的主导作用较强，地方高校、科研院所容易受到企业的牵制。而且在合作时间长度和深度、选择合作伙伴、利益分配、风险分担等方面存在着许多不确定性，其内部结构比较复杂。

共建模式是产学研合作最高级、最紧密、最富有成效的形式。共建模式中各方不仅拥有前期的合作基础，从松散型合作逐步发展为稳定的长期合作，而且将相互依赖、优势互补作为合作的重要推动力，通过建立紧密型的组织形式，明确各方的责、权、利，在不同的组织之间实现技术传播。产学研共建模式的具体形式包括共建高新技术企业、科研基地、工程研究中心、高新技术产业园和产学研联盟等形式。共建模式与联合模式最明显的区别是产生了一个崭新的实体，通过实体组织来体现产学研主体组织之间的合作。该实体在共同的合作、指导下开展工作，它不隶属于其中的一方，也不完全受其中一方所控制，体现了各方的共同利益。共建模式有利于实现高校科研人员与企业管理人员的思想碰撞、信息交流与取长补短，也是培养和造就高层次人才的更完善的方式。通过产学研的整合，实现资源共享、优势互补，发挥产学研结合的综合优势，提高产学研资源利用的质量和效率。

（二）地方高校自主产业化合作模式

这种模式是指作为产学研合作主体组织的地方高校在自身科学研究的基础上，拓展技术创新的后续阶段，进行技术开发、生产试制和市场营销，将技术创新的四个阶段紧密地结合起来，将产学研融合为一体，成为产学研合作中的单一主体组织。其具体形式是学校引资建立研究所，兴办校办企业。作为集教育、科研、产业于一体的地方高校，既是人才培养的地方，又是技术力量集中的场所，在治理结构上相对比较简单，一般具有较高的工作效率，容易规避或解决因不同实体联合而带来的各种纠纷。这种产学研结合模式以市场为导向，以高科技产品为龙头，以效益为根本，对行业具有重要的带动和辐射作用。但是，这种模式将产学研合作集聚于地方高校独自承担，必然导致不能在最大范围内集中优势资源和技术，其经济效益不能达到最大化。而且地方高校肩负着研究机构、教育机构和产业机构的几重重任，容易给大学自身的性质和功能带来影响，混淆其特性。

## 二　我国地方高校产学研合作模式的影响因素分析

实施产学研合作的是产学研合作的主体组织，因此我们仍然从产学研合作的主体组织角度来分析它们对产学研合作模式的选择。

### （一）企业

对于企业而言，可供选择的模式有与高校合作、与科研院所合作、与高校和科研院所合作等模式。下面详细分析这些合作模式下所对应的联合模式与共建模式。企业的性质决定了其关注的是盈利，风险则会给企业盈利带来很大的不确定性，因此企业选择合作模式往往是在考虑自身条件是否符合合作模式要求的基础上，对风险和收益进行权衡，最终选择最有利于盈利的模式。

作为中小型企业可以选择技术转让合作模式，这种模式有利于促进企业引进高新技术，加快技术更新，有利于企业在短期内形成自己的产品，提高生产能力。但是在合作过程中，被转让成果的技术成熟度、技术开发风险等直接关系到企业进一步的生产与经营，企业所冒风险较大，抗风险能力不强。企业界由于缺乏新技术知识和相关信息，无法准确鉴别合作方所提供技术的先进性、适用性、可靠性，又缺乏进行技术市场调查预测的综合能力，对地方高校或科研院所的行为难以制约，面临的潜在风险较大。合作开发模式能够体现优势互补效应，抗风险能力较强，但这种合作模式需要企业拥有一定的科研能力，具备一定的实力才能进行合作。同时，利益分配成为合作开发模式的关键因素，由此产生的纠纷较多。因此，合作开发模式比较适合有一定科研实力的大中型企业。

共建模式对企业的规模没有特别的限制，但是对企业其他方面的要求较高。一般来说，这种模式会受到下列条件影响：合作各方在技术、条件上的相互依赖性；有共同的发展目标和利益驱动；有比较完善的管理体制与运行模式；有责、权、利明确的合同与协议；有市场前景的技术成果。这些条件决定了只有符合上述条件的企业才能选择这种模式。

（二）地方高校

作为地方高校而言，其可供选择的模式是自主产业化模式和高校（或高校、科研院所）与企业以联合或共建的模式进行合作。从承担风险的负担看，地方高校既要承担技术创新过程中的风险，又要承担企业经营过程中的经营管理风险。从地方高校的组织特性看，自主产业化模式在一定程度上会对大学的原有特性产生冲击，大学的原有功能很可能会被降低。但是，自主产业化模式可以规避信息不对称给合作带来的不利影响以及由此产生的道德风险，并为地方高校带来可观的经济效益。因此，只有经济实力雄厚并且拥有懂得经营管理人才的地方高校才能够采用这种产学研合作模式，为地方高校带来丰厚的经济回报。

对比而言，地方高校选择与企业进行产学研合作能够充分发挥组织之间资源共享、优势互补所带来的协同效应，并能够分担经济风险。而且这种模式有利于大学功能的维持。因此，就我国目前的国情来看，我国地方高校更适合选择与企业合作的产学研合作模式，但是也不排斥部分有实力的地方高校实行自主产业化模式进行产学研合作。至于地方高校与企业合作的具体形式则需要具体分析，联合模式能够加速地方高校技术成果的转化，较好地保持了地方高校的独立性；但是这种形式不利于地方高校长期利益的获得。共建模式在很大程度上实现了企业与高校在风险和利益方面的长期共享，较好地保障了地方高校的长期利益；但是，企业与地方高校在利益取向上的不一致会导致各方存在较多的矛盾纠纷。

总之，不同的合作模式所对应的风险、收益、所处的信息地位是各不相同的，对产学研合作各方带来的利弊也是各不相同的。一般来说，在紧密较好的合作模式下，信息的交流比较充分并且信息在合作各方之间的对称性较好，创新的风险由合作各方共同承担；而在紧密性较差的合作模式下，存在着比较明显的信息不对称现象，技术创新的风险主要由企业来承担。因此，产学研合作创新模式的选择应该是产学研合作各方基于自身的实力、条件以及所处的信息位置，对风险、收益进行衡量与分析的基础上做出的选择，一项合作的具体模式应该是由具体的信息环境和合作各方的博弈规则决定的。

## 三　我国地方高校产学研合作模式的选择依据

产学研合作模式的选择直接关系到合作的效果，甚至关系到合作的成败。然而，选择怎样的产学研合作模式是很多种因素综合作用的结果，这需要产学研合作各方共同参与并找到一个能够平衡各方利益的最佳方案。

### （一）产学研合作各方拥有自身优势

地方高校、企业和科研院所在资金、设备、技术、人才、市场和管理等方面存在着一定的差距，这种差距是产学研合作得以开展的基础，是促使合作各方进行优势资源整合的动力。一般来说，地方高校和科研院所拥有人才、科研设备、知识和技术等方面的优势，企业拥有市场通道和资金方面的优势，这就为各方开展产学研合作提供了必要条件。一旦开始考虑合作，就涉及如何根据各方的利益诉求选择各方都满意的合作模式。对于大型企业集团而言，它们拥有雄厚的资金实力和较强的研发能力，可以选择企业主导型的合作模式（如技术与咨询服务、合作开发模式），由企业根据市场情况向地方高校和科研院所提供科研课题或科研资金，研发出成果后再由企业实施成果的产业化和市场化；也可以与地方高校合作成立企业工程技术中心。对于实力较为薄弱的小型企业，可以采取邀请地方高校和科研院所技术入股或直接向地方高校和科研院所购买技术成果的合作模式（如技术转让模式）。同理，综合实力较强的地方高校和科研院所可以选择以己为主的合作模式（如校办产业或实践基地、合作教育模式），而实力相对较弱的地方高校、科研院所可以选择向企业提供技术咨询、技术服务和接受企业委托开发项目等合作模式。

### （二）产学研合作各方存在相互需求

产学研合作的目的主要就是培养人才和实现技术成果的经济效益

与社会效益，但是在产学研合作过程中，合作各方的具体需求并不完全相同，这也导致合作模式的选择不同。如果是出于人才培养的需要，地方高校可以选择人才培养型的合作模式（如合作教育模式），还可以与企业共建教学实践基地、工程实践基地等形式。如湖南农业大学为了培养研究生人才，与湖南省内许多企业建立了教学实践基地，研究生在校修满一定的理论学分之后，将被直接下派到各个基地进行实践研究。如果是出于实现技术成果转化为经济效益和社会效益的需要，可以选择研究开发型和生产经营型的合作模式（如合作开发、技术转让模式）。合作开始之后，各方的利益也被紧密地联系在一起，此时，地方高校除了采取技术转让、技术咨询服务等合作方式，还可以同时与企业共建研发实体、共同承担研发任务、共同参股经营、合资共建企业等多种方式并举的合作模式。

（三）技术成熟度及可能的市场潜力

技术的成熟度及技术成果商品化、产业化后可能形成的市场规模，对产学研合作模式的选择同样具有重要的影响，风险大小与利润高低呈正相关。如果企业直接向地方高校或科研院所购买技术成果（即技术转让模式），市场风险相对较小，但是其他企业也能够轻易得到同样的技术，这使可能获得的市场利润降低；如果企业采取与地方高校、科研院所合作开发模式，共建研发中心或实践基地，委托地方高校和科研院所进行相关技术开发，这种方式面临的市场风险大，要承担技术开发失败的风险，但是市场开发前景良好，一旦开发成功，企业将获得超额的垄断利润。因此，企业如果只是着眼于短期效益的话，可以选择采取技术转让的产学研合作模式；如果企业致力于获取核心技术优势，那就应该选择合作开发、共建实践基地等合作模式。从地方高校的角度来看，对于应用领域比较狭窄、市场规模比较小的技术，通常采用技术转让、技术咨询和技术服务的形式进行；对于应用前景广阔、市场潜力巨大的技术，其合作通常应该采用共建大学科技园、校办产业或实践基地等形式。

# 第四章

# 地方高校产学研合作的运行机制

地方高校产学研合作中地方企业与高校的行为动机、目标不尽相同，因此，在自由竞争的市场经济体制环境中，较为完善的产学研合作运行机制是地方高校产学研合作能够顺利有效进行的重要保障，要建立长期的、稳定的地方高校产学研合作关系，关键就在于形成一种较为良性的运行机制。地方与高校产学研合作机制内涵广泛，涉及了合作主体间的相互关系、创新激励、功能发挥、成果转化、利益分配、信息共享等。本章在理论提炼和实践经验的基础上，将地方高校产学研合作运行机制归纳为创新动力机制、利益分配机制、组织领导机制、对接机制、信息共享机制以及长效合作机制 6 种机制（如图 4 - 1 所示）。

## 第一节 创新动力机制

地方高校产学研合作大多是在高校与地方双方自愿的基础上展开的合作，既然是双方的自愿合作，就应该有一定的推动力。创新是地方经济发展的永恒主题，通过技术创新，地方企业得以抢占市场竞争的制高点，随着日渐成熟的产业链和同行竞争威胁的推动，以地方企业为主体的地方高校产学研合作各方从自身发展的需要出发，在地方政府的引导下，利用相关科技创新体系，与高校进行深入的合作创新。为此，地方高校产学研合作的创新动力机制有三个层次。

### 一 政府的引导创新

政府的引导也就是通过地方政府及有关部门组织和实施一系列的

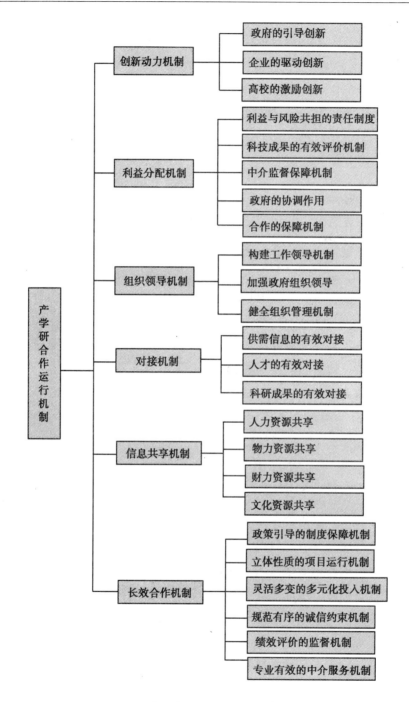

图 4 - 1　地方高校产学研合作的运行机制

产学研合作项目，并制定相关的政策法规，设立各类基金项目来推动地方高校的产学研合作。为了推进产学研合作的创新，我国近年来也实施了各种科技计划项目，如"星火计划""火炬计划""863计划"以及"产学研联合开发工程计划"等，迅速加快了我国科技成果向现实生产力转化的进程和产学研合作运行机制的形成。从各地做法和经验来看，政策法规制度对地方高校产学研合作起到了强有力的导向作用，我国除制定了一些促进科技进步的法规外，各地方政府也根据各地实际制定了一些促进地方高校产学研合作的政策。如对地方高校产学研合作项目有明确的税收优惠政策、对购买高校或科研院所科研成果的地方企业给予一定的资金补贴等，这些政策和法规在很大程度上鼓励了高校科研成果的转化，有利于激发地方高校产学研合作各主体的主动性，有利于调动科技人员为地方服务的积极性[②]。地方政府和相关部门在地方高校产学研创新合作中发挥的作用主要体现在：一是为地方企业与高校"牵线搭桥"，加强地方企业和高校、科研院所的联系与合作，制定相关的政策法规，规范科技成果的交易转化市场，完善相关的配套设施，为地方高校产学研合作创造良好的外部环境；二是对一些地方企业和农民迫切需要的关键技术领域，政府在政策上给予一定的优惠，以激励合作创新；三是针对不同地方的内外部环境以及政府在掌握当地政治上和经济上权利的主动权情况，因地制宜地制定相关政策和科技发展战略，以推动生产活动和科研活动的有效结合；四是在必要时，政府直接介入地方高校产学研合作的管理、组织领导与利益协调环节，通过评价和建议，利用约束、监控等措施，保障地方高校产学研[①]合作的长期稳定；五是转变传统旧观念，形成良好的社会氛围，地方政府和高校要做好各方面的宣传工作，营造重视科技的氛围，引导地方农户和企业高度认识校地合作。

此外，在政府引导创新的产学研合作过程中，企业作为科技创

---

[①]　顾建华、陈辉华、杨军将：《政府引导型产学研合作创新中政府对企业的激励》，《科技进步与对策》2014 年第 11 期。

新与经济发展的结合点，是科研技术转化为现实生产力的重要桥梁，对科研技术持续有效地运用于现实生产中有着不可忽视的作用。同时，企业运用最新科研技术的出发点在于自身的生存与发展，更多关注的是科研技术是否能为其带来一定的经济效益，而对其带来的社会效益关注较少。在整个产学研合作过程中，企业除了获得其应有的利益外，政府也应给予企业一定的产出份额以激励企业的技术产业化行为。同时，也有必要制定一些相应的激励措施，提高企业参与产学研合作的积极性。如建立专门用于支持产学研合作创新的基金，加大财政资金的投入力度，以满足产学研合作过程中对资金的诉求；健全产学研合作创新的税收补偿机制，加大政策支持，提高税收政策和相关财政政策对产学研合作的支持力度，引导企业加大对产学研合作的投入；建立社会资金和政府财政资金的搭配机制，积极引导社会各方面资金进入到关键技术的研发过程，帮助企业解决创新所需的资金问题，也可以在一定程度上分散企业创新的投资风险；加大宣传教育力度，强化企业参与产学研合作的意识，提高企业参与产学研合作创新的积极性；建立产学研合作专项奖励，激励企业提高其进行技术产业化行为的努力水平；引导企业完善相关的激励机制，提高企业科研人员的创新积极性，让科研创新的关键要素真正活起来。

## 二　企业的驱动创新

一方面，作为地方高校产学研合作主体之一的地方企业，从它的功能定位来看，主要是对科技研发的资金支持和科技成果的转化实施一定的激励，地方企业要加强与高校或科研院所的合作，共同研究科研课题，加大科研投入力度，为科技研发资金和科研所需的配套设备提供经济保障，可考虑通过技术入股、技术转让、收益分成等多种方式加快和激励整个技术产业化的进程。另一方面，作为地方高校产学研合作建立实体的地方企业的技术创新，它的实质就是以技术产权为中心纽带在合作中建立一个内部技术产权交易市场的过程。在这个内部技术产权交易市场中，创新的每项技术成果都有合理的定价，其作用机制与外部技术产权交易市场类似，它们之间所不同的就是将地方企业与高校的整个合作创新过程融入了地方企业与高校内部进行运转。地方高校产学研合作建立实体的企业技术创新激励，重点要解决各合作主体在企业内部的利益分配问题，各合作方的利益分配问题解决好了，其合作的基础也就稳定了。此外，要强化地方企业在校地产学研合作中的主体地位，紧紧抓住地方企业追求利润的驱动心理。进行校地产学研合作的目的在一定程度上也是为了向地方提供新技术、新产品和新服务，将科技成果转化为现实生产力，而最终是否能实现这一目的很大程度上取决于当地企业。在校地合作中，高校是科技成果的传承者，而地方企业或个体户是科技成果的应用者和转化者，科研成果通过地方与高校的双方合作形成后，只有通过地方企业才能更好地走向终端市场。而地方企业之所以对高校的科研成果感兴趣，是因为科研成果的自身价值，只要这项科研成果能为企业带来利润，企业就有足够的动力来支持该项技术成果的创新。因此，在地方与高校的产学研合作中，必须从国家经济发展的实际需要出发，坚持为地方经济服务，为地方企业提供增产服务，才能得到当地企业的青睐，激励它们与高校的合作，这样才能促进科研成果在当地企业中尽快实现产业化，带动当地经济发展。

### 三　地方高校和科研院所的激励创新

目前，各高校教师的科研热情普遍不高，教师们从事科研的目的大多是为了评职称或职位上升，存在较为明显的功利性，具有实际应用价值的科研成果相对较少，在地方高校产学研合作中能够成功转化的科研成果更是凤毛麟角。出现这种现象的根本原因在于各高校的科研激励不尽完善，缺乏科研动力。因此，要充分发挥高校和科研院所的积极性，集中各方面的优势开展产学研合作。由于高校和各类科研技术人员的类型和层次不一样，对他们的激励应根据不同的需要加以对待。在对高校的激励过程中，应从以下几个方面入手：一是逐步制定和完善科研奖励机制，对立项的课题分级别给予相应的配套奖励资金，鼓励课题研究出成果①，每两年开展"科研先进个人和先进集体"评选活动。鼓励教师实行"校企"联合科研，实施积极的奖励措施，对那些创造社会效益和经济价值的科研人员，学院加大成果的奖励力度，让从事科研工作的人员从科研中尝到"甜头"，提高科技人员的科研积极性，形成良好的科研氛围。二是要体现激励的全面性，也就是这些激励政策要面向全体的科技工作人员，尽量避免以前只重视技术骨干和拔尖人才的激励的比较片面的做法，把激励的触角延伸到各个层次的科技工作人员。在制定激励政策的过程中要认真分析各个层次科技工作人员的特点，设定科学合理的激励标准，同时要完善相关的配套保障制度，如知识产权保护制度、技术合同制度等，切实维护高校与相关科研工作人员的正当权益。三是要加大对产学研的重视，与地方政府、企业共建技术开发与转移平台，构建地方高校产学研合作的新机制，加强基础建设，优化科研的硬件环境，先进的科研设备既是培育先进科技成果的必备条件，也是吸引科研人员进行科研的有力后盾。

## 第二节　利益分配机制

地方高校产学研合作的动力来自于产学研各合作主体能够通过产学研合作模式做到优势互补、互惠多赢、共同发展，在社会主义市场经济条件下，经济利益往往是合作各方共同追求的目标，是产生产学研合作驱动力的源泉，合理的利益分配机制是推动地方高校产学研合作发展的动力，是维系地方高校产学研合作良性发展的纽带，对地方高校产学研合作的长期性、稳定性以及合作研发成果的优劣性有着不可忽视的影响。因此，必须注重构建合理的利益分配机制，合理的利益分配机制一般包含三个层次。首先，利益的分配要有利于充分调动产学研合作各方参与产学研活动的积极性，提高合作的经济效率。其

① 申亚南：《地方高校校地合作中的问题及对策研究》，《山东省农业管理干部学院学报》2013年第1期。

次，分配利益的同时也要注重公平，要能保证每个合作参与主体的基本合理利益诉求，同时协调各合作主体的关系，在合作团队整体利益的实现与个人利益的实现之间建立起一种共同发展、共同进退的新型关系。再次，地方和高校之间进行产学研合作的利益分配必须明确其分配的依据，采用科学的计量方法对合作各方所做的贡献进行计算，从而确定合作各方应得的利益，同时要在合作过程中强化各方的知识产权保护意识，制定一套较为完善的产学研管理条例，为合作各方的合法权益提供可靠保障。为了构建地方高校产学研的长效合作体系，完善产学研合作的利益分配机制，应从以下几个方面做出努力。

## 一　构建利益与风险共担的责任制度

科技成果的转化，在具有高风险性的同时也具有高收益性的特点，其风险与收益呈正向相关，在地方高校产学研合作的过程中不仅要有获得最大利益的意识，也要有树立风险共担的责任意识，在地方与高校产学研合作中构建科学合理的风险转化评估体制和利益与风险共担的责任制度是决定地方高校产学研合作是否成功的重要保障。目前而言，地方高校产学研合作应始终坚持"谁投资谁受益，谁承担风险大谁受益多"的原则，逐步建立起合作创新中利益与风险共担的责任制度，分阶段、分层次地对科研创新风险责任进行分解。一方面，应建立权益保护机制，在地方高校产学研合作过程中，各合作主体都是投资者，只是各自的投资形式不同，因此，每个合作主体的合理利益都应该受到保护。通过权益保护机制的建立，不仅可以使地方高校产学研合作各方明确自己的权利和义务，而且会因为自身利益得到保障而提高合作的积极性。另一方面，应建立风险共担机制，如创新技术在研究实现操作方面存在的风险就应该由高校来承担，但是高校可以把企业推向技术研究的方向，让企业也参与到技术研发的过程中来，为高校承担一部分的研发费用和风险，而项目技术在市场上的风险，企业也可以把高校引向生产领域和市场方向，为其承担一部分风险。同时，将地方高校产学研合作各方在合作中应得的利益报酬与项目技术的产业化程度、企业的经济效益挂钩，形成长效合作，从而构建利益与风险共担的地方高校产学研合作创新制度，将企业与高校紧紧联系在一起，增强地方高校产学研合作的凝聚力。

此外，健全地方高校产学研合作过程中的利益分配机制，首先要做好产学研合作利益分配的保障措施，这是地方与高校的产学研合作是否能顺利进行的关键。在地方与高校的产学研合作过程中，科学合理的利益分配机制应当是：一是在地方高校产学研合作过程中利益分配的基本原则是"双方共赢、互惠互利"；二是在地方与高校的产学研合作过程中，合作各方应按出资比例进行分成，采用公平合理的利益分配方式；三是在地方与高校的产学研合作过程中，合作各方所提供的各种服务都是有偿服务，始终坚持按劳分配的原则；四是为地方高校产学研合作过程中的工作人员设有专门的业绩津贴，对工作人员进行绩效考核，并作为晋级升职的重要依据。其次，要选择与地方高校产学研合作模式相适应的一种利益分配方式①。一方面，地方高校产学研合作双方的目标应一致，为了保障地方高校产学研合作的顺利进行和持续发展，产学研合作的各方主体之间应该拥有一个一致的研究目标共同研发，有一个相近的商业价值目标共同追求，更应有一个取长补短、优势互补的合作模式相互支持。这不仅有利于地方高校产学研合作主体之间的优势资源整合，实现利益的均衡分配，也在一定程度上规避了因合作双方的研发目标或商业目标不同而致使合作失败的风险。另一方面，地方高校产学研合作的利益分配方式与合作模式应相适应，应根据产学研的不同合作模式选择与地方高校产学研合作模式相适应的、有利于合作主体各方共同发展的利益分配方式。比如风险与收益补偿应相适应、投入和产出应相适应等。在明确产学研合作过程中研发技术产权的基础上，将技术产权折成股份进行股份合作、股权激励、股权分配等引入产学研合作的利益分配中，进一步完善地方高校产学研合作过程中的利益分配机制，促进地方高校产学研合作的快速发展。

---

① 张洋、苗德华、段磊等：《产学研合作利益分配机制研究——以天津市为例》，《中国高校科技》2012 年第 10 期。

## 二　加强知识产权保护，构建科技成果的有效价值评估机制

一方面，随着知识经济的深入发展，知识产权保护工作的重要性日益凸显。近年来，我国高度重视知识产权保护工作，并采取了一系列有力措施，在知识产权方面的立法与执法水平取得了一定的成绩，但与社会经济的快速发展要求还有很大的差距。由于科技成果涉及范围的广泛性，对其侵权行为的监督就显得有点力不从心，而且随着现代信息技术的快速发展，科技成果传播的速度和转化的渠道也更为快捷，对其监督面临着更多的困难。因此，在地方高校产学研合作过程中要明晰知识产权归属，加大对知识产权的保护，规范地方高校产学研合作的政策法规体系，以进一步完善高校产学研合作机制，规范合作行为，疏通合作渠道，减少合作障碍。对知识产权的保护，首先是要转变观念，强化对知识产权保护的意识；其次是要贯彻执行相关的知识产权法律法规；再次是对各种违法侵权行为进行严格打击查处，保护知识产权所有者的合法正当权益。另一方面，科技成果在一定程度上反映了高校在地方高校产学研合作过程中所做出贡献的大小，但由于科技成果往往是最新研究成果，在市场上没有现成的价格作为参考，所以在高校科技成果转让过程中，转让价格的确定大多是根据技术需求双方共同协商定价，这就容易导致产学研合作因技术需求双方协商价格不一致而破裂。因此，构建科技成果的有效价值评估机制显得尤为重要，以保证每个产学研合作参与主体的基本合理利益，促进地方高校产学研合作的顺利进行。

此外，建立和完善最新科研技术成果的风险评估体系有助于地方高校产学研的成功合作。地方与高校在正式投资前建立关于技术成果的较为有效的风险评估体系，对将要进行投资的技术进行一个全面的预测和评估，对在研发应用过程中所存在的风险进行预计并找到相应的解决对策，尽可能地规避其面临的投资风险。而对地方高校产学研过程中最新技术成果的评估主要从以下几个方面加以考虑：首先是技术方面，在对技术成果进行评估的过程中要对技术成果的实用性、有效性、适用性和先进性等进行相关验证；其次是产品方面，要考虑最新技术产品本身所

具有的创新性、功能性和独立性等，要考虑其质量是否有保障，能不能与其他类似的产品区别开来等；最后是市场方面，结合产学研过程中所研发技术的最新特性和当前市场的实际发展状况，预测最新技术产品进入市场所面临的阻碍、市场对该技术产品的需求、该技术产品面临的竞争以及相关的法律法规对市场的影响等。

### 三　完善产学研合作中介监督保障机制

在地方高校产学研合作过程中，由于各种实际利益分配的问题，可能会产生各种摩擦和冲突，而导致各种实际利益分配不合理的一个重要原因就是其相关的监督机制不健全，地方高校产学研合作各方在合作过程中的行为难以约束，从而对相互之间的社会信誉产生一定的影响，不利于产学研合作的顺利进行。而中介机构是地方高校进行产学研合作的桥梁，在一定程度上可以对产学研合作各方的履约行为进行监督，有助于进一步规范产学研合作运营的方式。因此，地方政府、企业和高校应积极引进技术产权交易、科技成果评估、法律咨询等相关中介服务机构，引导其发挥信息沟通、法律咨询、技术评估等中介作用，提高服务水平，并监督地方高校产学研合作过程中关于科技成果的鉴定评估和利益分配。同时要探索组建各类科技中介行业协会，推动信誉监督管理社会化，推进科技中介行业自律，并创造条件，支持行业以国家法律、法规为依据，制定和实施行业行为规范、服务标准等管理制度，使科技中介组织行业逐步走上法制化、规范化的轨道，从而使各类科技中介服务组织更好地在地方高校产学研合作中发挥监督作用。此外，多年来，一些科技服务中介组织在产学研合作过程中一直被潜意识地排斥，使这个"桥梁"在地方和高校的产学研合作过程中没能充分发挥其牵线搭桥、咨询服务、技术评估、规避风险等方面的作用。基于此，政府部门应鼓励支持引导科技服务中介组织的建设，明确科技中介服务组织在参与产学研合作过程中获取相关利益的合法性，完善相关法律法规制度的建设，进一步规范关于科技服务中介组织登记、注册以及对外活动展开的一些制度措施，把科技服务中介组合的管理纳入法制化轨道，成为产学研合作过程的一个有效环节，推进产学研的合作创新，加速科研成果的转化，充分发挥科技创新对经济发展的促进作用。

## 四 发挥政府在产学研合作利益分配中的作用

作为地方高校产学研合作中的重要参与主体，高校和企业的合作目标存在很大的差距，其获得利益的形式也不尽相同，高校更注重合作的远期利益和学术价值，如希望通过合作获得行业企业对人才需求及职业岗位素质能力的信息，从而有针对性地提高学校办学水平和人才培养质量，同时可及时了解和把握行业最新科研动向和对技术的最迫切需求，从而找到研究项目，甚至得到企业的经费赞助，增强研究的社会适切性。而相对来说，企业更注重的是短期利益，如希望通过合作获得政府的政策性优惠，以及在与学校开展生产性合作中获得经济利益等。双方之间利益目标的不一致往往导致矛盾分歧，这时就需要充分发挥政府在合作中的监督管理和协调作用，调动合作各方力量，达成一致目标，共同努力创造最佳的合作效益。

政府在地方高校产学研合作利益分配中发挥作用应从以下几个方面着手：一是成立专门的合作管理机构，协调合作各方的利益以及合作组织与社会利益的关系，促进合作双方、合作组织利益以及社会利益的共同发展；二是进一步完善技术交易、规范合作的政策法规体系，规范科技成果价值评估体系和投资要素评价体系，以保证地方高校产学研合作过程中各方的合理利益；三是加大金融支持，拓宽产学研合作的融资渠道，从各种途径筹集用于地方高校产学研合作的专项资金，建立科研创新与金融投资相结合的金融体系，设立投资基金和风险基金共同支持，推动科技成果创新和转化，以获得充分利益；四是为地方高校产学研合作各方提供服务，如信息服务、法律咨询、宣传推广等，同时加大对利益分配的监督，以促进利益分配的公平公正①；五是政府要对科研技术成果的定价方法进行规范，加快科研技

---

① 王燕、黄韬、林华庆：《产学研合作利益分配机制探讨》，《中国高校科技》2012年第12期。

术成果的评估队伍建设，提高现有技术产权评估机构的资信，加强法制建设，把地方与高校的产学研合作行为纳入法制化管理的范畴，完善相关技术产学的法律法规，保护地方与高校在产学研合作过程中所研发最新技术的产权归属，保护产学研合作各方的合法权益；六是在一些关键性技术研发领域，政府以投资人的身份直接参与到地方高校产学研的合作过程中对技术的研发、应用和转化进行宏观层面的指导，同时，为地方与高校创造相关条件消除它们之间的合作障碍，促进地方与高校的产学研合作与交流；七是以市场为主要手段，政府为辅助手段，完善关于地方高校产学研合作的监督机制，对地方高校产学研合作各方的行为和技术实施效果进行有效的监督和规范。

## 五 加强产学研合作规范保障

一是法律保障。为了促进地方高校产学研合作的顺利开展，制定一部专门解决产学研合作中出现的不平等合作、侵权侵利行为、利益分配不公正等问题的专用法律，为进一步完善关于产学研合作的法律法规体系奠定良好的基础。二是制度保障。逐步建立和完善地方高校产学研合作过程中涉及的各项管理制度，如利益分配制度、创新激励制度、技术产权保护制度、技术合同制度等。比如在利益分配和技术人员的职称评比上给予一定的政策倾斜，提高产学研合作各方的创造性和积极性。三是政策保障。制定和完善针对地方高校产学合作中的各项政策措施，以进一步鼓励、支持、引导和推动地方高校产学研合作的顺利实施。如相关政府部门对开展地方高校产学研合作中的项目监督管理政策、资金投入管理政策、项目融资贷款政策以及相关领域的财政税收优惠政策等。四是投资要素保障。也就是在地方高校产学研合作中要明确技术、资金、设备、劳力、其他科技资源等生产和技术要素的本质属性，明确各种生产投资要素参与利益分配的合法性和合理性，并以相应的法律形式加以确定，保障各投资主体的合法利益。五是资金保障。对于高投入、高收益与高风险共存的技术创新活动，大部分的企业都会面临着投入资金的壁垒，引入第三方的风险投资逐渐成为一种必然趋势，因此，健康发展的金融市场对经济实力相对较弱的企业的技术创新活动显得尤为重要，对产学研的合作起着非常重要的作用。建立健全民间投融资的平台，设立专门用于企业科技创新的政府种子资金，从而逐渐带动民间资本参与到产学研合作过程中的风险投资中，进而为地方高校产学研的合作提供强有力的资金保障。六是诚信机制保障，建立地方高校产学研合作过程中地方企业和高校之间牢固有效的信任机制。进一步明确地方和高校在产学研合作过程中合作各方的职责和义务，加强对地方高校产学研合作活动的考核，将技术研发成果能否顺利转化为现实生产力实现技术产品的产业化作为重要的考核标准，始终以满足地方和企业的需求为最终目标，将地方与高校产学研合作的成效作为高校和个人工作考核的主要内容，建立起地方企业与高校之间牢固的信任机制，从而促进地方和高校产学研合作的顺利开展。

## 第三节　组织领导机制

### 一　建立推动产学研合作的工作领导机制

加强地方高校产学研合作，提高自主创新能力，推进创新型城市的建设，必须在整个地区上下形成齐抓共管的合力，着力为各类合作创新主体提供高效优质服务，为地方高校产学研合作创造良好的支持环境。一是成立地方政府产学研合作工作领导小组，负责地方与高校产学研合作工作的指导协调，促进各相关部门分工合作、合力推进，下面设地方产学研合作办公室，办公室归属于地方科技局，全权负责执行和协调落实领导小组决定的各项决策并具体组织实施。同时，各有关部门要增强全局意识，统筹创新科技资源，贯彻落实促进地方高校产学研合作的政策措施，协调解决地方高校产学研合作过程中的具体问题。二是建立完善领导干部促进地方高校产学研合作工作的考核办法。要严格落实责任制，对各级政府和有关部门人员进行地方高校产学研合作的年度考核，鼓励、支持、引导高校和科研机构建立科技成果转化和地方高校产学研结合的内部评价考核体系，完善有利于推

动地方高校产学研合作的激励和约束机制。三是切实加强对地方高校
产学研合作的领导。各级政府和党委要对地方高校产学研合作给予高
度重视，在相关政策措施上、配套服务上给予强有力的支持，充分发
挥地方政府产学研合作工作领导小组的作用。同时，认真总结近年来
各地地方高校产学研合作的成功经验和做法，进一步研究完善工作方
式的方法，推动当地产学研合作向纵深发展。四是加强高校产学研工
作的组织领导，完善校院二级工作体系。地方与高校的产学研合作需
要构建有效的组织体系，高校可以通过成立专门的产学研工作小组，
定期对产学研合作问题进行总结归纳，加强对产学研工作的领导，同
时明确各部门各学院的工作职责，采取各种激励措施调动产学研工作
人员积极性和主动性，充分发挥高校的人才优势和学科优势，立足地
方经济发展的实际需求，整合技术资源，加快技术成果的转化，实现
产学研合作与高校的学科建设、师资队伍建设等的共同发展和良性
互动。

## 二　加强政府组织领导，强化政产学研合作

所谓政产学研合作主要是指政府、企业、高校和科研机构以市场
为依托，本着优势互补的原则，通过整合各方的优势资源，促进共同
发展，最终实现共赢的科技创新机制，其实质就是通过对政产学研各
方资源的合理配置，有效组合技术创新所需各种生产要素，从而促进
技术研发。大量的实践证明，高校结合地方经济发展的实际需要，在
政府的支持下，有针对性地攻打技术难关，加强与地方企业、科研机
构的合作，取长补短，进行资源共享，是目前高校科技成果转化最为
有效的一种途径。因此，在社会主义市场经济条件下，应建立以企业
为主体，地方政府和高校为纽带的政、产、学、研合作机制，以充分
发挥政府的组织领导作用。首先，在政府的组织指导下，积极探索
产、学、研合作的资金扶持和配套资助办法，通过政府对产、学、研
合作的资助和指导，进一步拉近高校、地方与企业之间的距离，为校
地合作、校企联动、联合攻关等提供政策扶持和资金导向。地方政府
强有力地引导可以促进地方高校产学研的长期合作，实现地方、企业

和高校资源配置的帕累托最优，形成优势互补、合作共赢的共同体。其次，加快建设为政、产、学、研合作服务的创新平台，搭建产、学、研合作科技成果交易服务平台，加快技术交易市场建设，完善和拓展市场运行机制和服务功能，加强信息发布、成果评估、科技成果价值认定、产权转让等服务，促进知识流动和技术转移，推动地方高校产学合作科研成果的转化。最后，从地方高校产学研合作的分析来看，政府在地方高校产学合作过程中起着非常重要的主导作用，其主要表现在：一是宏观层面的指导职能，政府根据地方经济社会发展的整体战略目标，对地方高校产学研合作的发展规划、目标以及任务进行整体指导；二是微观层面的组织协调职能，加强地方高校产学研合作的组织结构建设，建立地方高校产学研合作的组织协调机构。

### 三　健全地方高校产学研合作的组织管理机制

在地方与高校的合作中，合作各方既然是通过产学研合作的方式来谋求双方共同的发展，就有必要构建新的关于产学研的组织管理机制和发展机制。首先，地方和高校应该秉承着相互学习、相互支持的态度建立较为和谐宽松的合作氛围，形成一个高效优质的合作格局。在现代市场经济中，任何的经济合作都是以市场为导向的，因此，在地方与高校产学研合作的过程中，地方企业也应根据实际的市场需求对合作事宜进行适当的调整，如改变地方企业的战略规划、变革地方企业内部的一些组织结构等，并在进一步明确地方企业与高校在合作过程中所应承担义务和拥有权利的基础上，创新有利于技术研发和技术转化的运行模式。地方与高校在产学研合作过程中研发成功的技术成果，在被地方企业实施转化时，地方企业要充分利用自身具有的生产管理优势，将技术产品进行有计划的生产和管理，逐步将其带入市场，并在产业化过程中，有针对性地培养造就一批技术人员。同时在地方与高校的产、学、研合作过程中，高校作为技术产品的供给者，应该把与技术相关的信息毫无保留地转移给地方合作企业，并尽力协助地方企业解决在进行技术转化过程中面临的技术难题。地方和高校应共同努力以完成合作目标，建立地方高校产学研合作共赢的、可持续发展的组织管理机制和创新发展机制。

从总体来看，我国还尚未形成一个比较完善的、有利于引导、推动地方高校产学研合作的科技政策法规体系，鼓励支持地方高校产、学、研合作的具体措施力度还不够，地方高校产学研合作的组织管理机制有待进一步完善。而对于新的经济形势下地方高校产、学、研合作的组织管理机制，需要从以下方面努力，从而为健全地方高校产、学、研合作的组织管理机制开辟新路：一是建立地方高校产学研合作的专门组织机构。对于高校，要成立地方高校产学研合作的指导和管理机构，在校级层面管理和指导高校与地方的合作，与地方协调做好产学研合作的整体规划与科技资源的优化，统一协调解决在产学研合作过程中出现的问题。对于地方政府，要逐步健全产学研合作的领导协调机构，各相关部门要明确责任，切实加强对产学研合作的监督与指导，贯彻落实促进产学研合作的政策措施。二是建立有利于促进产学研合作的激励和考核制度。对科技成果评价和激励机制进行改革，多举并措鼓励高校与地方开展广泛的合作，并将校地合作纳入年度考核中，推动技术的产业化，同时，改革科技工作人员的评价制度，建立以市场为导向的科技人才评价体系，鼓励与地方企业开展应用研究与技术开发，转化科技成果。三是建立合作项目管理制度。为地方高校产学研合作制定具体的合作目标和实施细则，对产学研合作过程进行有效的监督控制和绩效评估。

## 第四节　对接机制

"发展高科技，实现产业化，科学研究为经济社会发展服务"，这是党和国家对高校的基本要求。高校作为专业人才、科技资源的集聚地，应积极为地方经济的发展做出贡献，地方经济发展的全面进步需要各大高校提供更多的智力支持，反之，各大高校自身的发展也需要高校在服务地方经济社会发展中获得更大的发展空间。高校只有积极探索既符合本校和地方实际又有利于发挥自身服务潜能的地方高校产学研合作对接新途径，才能更好地帮助和融入地方经济的发展，实现共赢。

## 一　供需信息的有效对接

地方高校产学研合作是促进科技创新与转化的重要途径之一，并受到社会各界的广泛关注和认同，但目前地方高校产学研合作过程中存在的信息不对称已逐渐成为制约产学研合作顺利推进的重要因素。高校不能准确根据地方经济发展以及一些地方企业的发展需要来制订教学方案，难以培养出地方发展所需要的专业技术人才。因此，地方高校产学研合作双方需要通过建立一个共同的公共服务网络信息平台，有计划地将双方信息进行有效对接，并通过科学管理公共服务网络信息平台，有效提高高校的教学效果，增强地方对高等教育的关注，从而促进地方高校产学研合作和谐发展。① 一方面，完善地方高校科技成果库、科技项目库和科研专家人才库的建设，建立以地方高校产学研合作对接为核心的科技创新一站式综合服务体系，推进政策、科技、人才、环境、资金和产业等各类科研创新要素的优化集成和协同。充分发挥地方政府的导向作用，通过举办地方高校产学研合作洽谈会、地方需求对接会、科技成果信息发布会等活动，架起地方高校产学研合作双方信息沟通、传递的桥梁。另一方面，抓好地方高校产学研合作和科技成果转化基地建设，研发建设"地方高校产学研合作网站"，将各大高校科技成果和各地方中小企业、农村科技大户的技术需求分别在网上在线发布，建立长期、实时的网上地方高校产学研合作对接机制。同时，每年尽量争取选择一个地级市，组织高校相关专家教授与当地中小企业和农户开展面对面的大规模地方高校产学研合作，进一步建设和发展高校科技园，集中研发地方企业的农民最迫切需要的技术，着眼于孵化高素质、高成长的高新技术产业，培育当地新的经济增长点。此外，还要加强对地方高校产学研公共服务网络信息平台的管理与维护，通过一定时期的试用阶段，进行调查，收集不同用户的使用意见，对相关功能进行完善，同时，加强对平台

---

① 　徐崴：《关于构建校企合作信息平台的思考》，《科技信息》2012 年第 19 期。

的科学管理，使平台有序正常地运行。

## 二 人才的有效对接

进一步推动校地、校企产学研合作，是各地区打造创新型城市、促进经济发展的重要途径，是各地区企业推进产业转型升级，加快当地发展的客观要求，是高校立足地方实际、服务地方发展的必然要求。因此，各大高校要立足地方实际，不断增强高校服务地方经济社会发展的能力，加快人才培养、专业设置与地方需求的对接；要不断寻找地方高校产学研合作对接的新途径，实现高校与地方企业的零距离接触，同时积极借助高校专业人才科技资源的优势助力当地经济的新发展。要实现地方高校产学研合作人才的有效对接，一是高校人才培养目标、方案与地方的有效对接。高校人才培养的目标应该根据地方经济发展需要培养一批专业技术应用型人才，既具备扎实的理论基础，又能熟悉实际操作。要达到这一目标，高校应做好地方经济与社会发展对相关专业技术人才的需求调查，然后根据调查结果制订较为合理的理论和实践教育相结合的专业技术人才培养方案。二是教学方法与地方的有效对接。相关的专业技术课程既具有一定的理论性，同时又特别注重实践性，怎样通过灵活多变的教学方法调动学生的创造性和主动性，一直是高校老师们努力追求的目标。一方面，理论教学，我们可以采取案例式、讨论式等能提高学生自己发现、分析、解决问题能力的教学方法，在教学中给学生留有思考空间，激发学生的求知欲；另一方面，实践教学，我们可以通过和校外的实训基地合作，培养学生的实际操作能力。三是课堂教学内容与地方的有效对接。课堂的教学内容是培养相关专业技术人才的基础，可通过高校、地方企业与政府的联动，相关专业教师与地方人才需求方共同进行课堂教学内容的编排，同时选取一些实践中的典型案例纳入教材进行分析讲解，将理论和实践环节进行有效结合，真正做到高校人才培养与地方人才需求的"零距离"。

### 三　科研成果的有效对接

众所周知，在地方高校产学研合作日益受到关注的今天，产学研合作过程中科技成果的转化和推广对一个地区的经济社会发展有着不可忽视的影响，但事实上，目前我国各地区普遍存在着产学研合作创新科技成果转化率过低的问题，导致这种现象出现的重要原因之一就是科技成果的供给①与地方经济发展的实际需求相脱节。因此，我们要提高地方高校产学研合作中科研成果的有效供给，实现科研成果与地方实际需要的有效对接，促进科研成果向现实生产力转化①。一是改变传统观念。一方面，高校必须端正态度，正确认识到促进产学研合作中科研成果的转化与学校教学和科研同等重要，做好科研成果的转化工作也是高校在产学研合作中的重要职责。长期活动在相对封闭环境的高校科研人员，应该不断创新思路，改进旧的科研模式，加强对当前形势下地方高校产学研合作重要性的认识，不仅要重视科研成果的创新，也要重视科研成果的转化。另一方面，地方政府和企业以及相关科技成果需求者要积极主动地加强与各高校的联系，努力寻找适合自身发展的科技成果，并营造有利于促进科研成果有效对接的良好工作环境。二是建立科技联络员机制，鼓励地方政府、企业与高校共建研发平台，把地方、企业以及其他参与主体的需求和各大高校的科研成果进行深入对接，同时政府要发挥组织推动协调作用，各级有关部门要加强与高校、企业的全面战略合作，与它们建立起定期及不定期的常态沟通机制，为科研成果就地转化积极搭建平台、提供支持、促进合作。三是推动相关技术项目合作。目前，大多数高校还没有理清楚高校科研和转化应用实施的关系，而推动地方高校产学研相关项目的合作对实现科研成果有效供给和需求的有效对接、促进科研成果的转化不失为一种良好的合作方式。合作之前，双方进行充分的沟通，统一目标，有针对性地开展研究，合作中，加强对科研进度与

---

① 肖鹏、刘莉、杜鹏程：《校企联合研发模式推动科技成果转化的问题及对策研究》，《科技进步与对策》2012 年第 13 期。

质量进行有效监督；项目介绍后，进行相关利益的分配并加强合作双方的信息反馈，实现有效对接，促进科技成果转化。

## 第五节　共享机制

高校和地方拥有不同的科研环境和科技资源，地方高校产学研合作就是要整合不同的科技资源，促进地方高校人力、物力、财力以及文化等资源的互动与渗透，为地方经济社会发展培养一批高素质、高技能的应用型人才。因此，高校与地方要密切开展在资源共享、人才培养、技术开发与应用实施等方面的合作，建立基于优势互补的共享机制，通过共编教学课程、共建共享实践基地、共建科研平台、共享校地人才资源等，使高校在分享地方资源优势时，实现其人才培养、服务社会、科学研究的职能，同时，使地方在分享高校优势资源、实现其经济效益时，参与高校的改革与发展，从而真正使校地合作达到产学研结合、互利双赢的目的。①

### 一　人力资源共享

实施校地人力资源互通共享，不仅有利于加速地方高校产学研合作过程中技术和知识的流动和集成，也有利于科技资源的整合和配置。与此同时，地方高校产学研合作是整合"双师型"科研教师队伍的纽带，通过实训师资实现高校科研教师和地方专业技术人员人力资源的共享，这也是解决部分高校教师缺乏生产实践经验和地方科研技术人员课堂经验不足的关键。在高校从事职业教育的教师不仅具有扎实的理论基础和教育教学管理的基本能力，具有较高的科研能力和学术水平，能独立承担相关科研项目，其科研成果能对相关领域提供具有针对性的建议，解决实际中的某些问题，还应具备与实际生产相关的技术研发与技术服务能力、一定的生产操作能力和专业实践经

---

① 于忠军：《区域高校科技资源共享的系统设计及机制研究》，《科技进步与对策》2010 年第 7 期。

验。但目前，高校职业教师的专业实践能力还是普遍欠缺。通过积极引进地方相关行业中具有丰富实践经验和一定教学能力的专业技术人员来高校做兼职教师，他们不仅具有丰富的理论知识和生产应用知识，还能熟练掌握相关技术的操作技能和技巧，熟悉对应的生产工艺流程和操作规则，能够熟练使用有关技术生产设备和工艺设备，同时，还具有丰富的管理经验和较强的组织、领导以及管理能力。引进这些具有丰富实践操作经验的专业技术人员进校兼职教学，可以把地方经济社会发展对相关技术和技术从业人员素质的新要求以及地方生产、科研第一线的新技术带给学校，有利于高校了解和把握地方经济技术发展的最新动态，获得地方企业和市场需求方面的第一手资料，以更好地对高校科研活动进行指导。同时，高等院校有关专家教授采取定期不定期到合作地方进行交流锻炼的方式，与地方有关工程技术人员共同进行培训指导活动，优势互补，互相学习，不仅可以提高地方有关工程技术人员的教学和科研能力，也可以加强高校教师的专业实践能力，加速地方专业技术人员和高校教师的"双师型"转化。

### 二　物力资源共享

一是通过共建产学研一体化发展平台实现物力资源的共享。首先，鼓励、支持、引导地方高校合作整合资源共建科技研发平台，高校和地方各自拥有一定的科技资源，通过整合逐步形成面向地方企业或个体开放的技术创新服务平台，实施相关重大科研项目攻关，帮助地方经济发展调整产业结构、开发新产品、提高市场竞争力。同时，推进地方和高校共建科研基地、实验室等创新平台，充分利用各自的资源平台，建立紧密型、战略性的全面合作关系，形成地方高校人才、技术、资源的共享和互动，并采取专业化的管理，把地方的技术难题和战略新技术放到共建的创新平台上合作努力研发，从而取长补短，实现资源共享。其次，校地合作以产业科技研究为主要手段、实施集成为主要方式、以学科为交叉，注入地方相对有效的行政资源，引导各高校创新合作机制、释放优势资源，建设重大产学研合作平台，进行关键性技术的研发、技术的产业化以及技术人才的培养，通过共建产学研一体化发展平台实现物力资源的共享。二是通过实训教学实现物力资源的共享。地方高校产学研合作是强化社会实践环节的立足点，从实训教学实现先进工艺、生产环境、科研设备和创新机制等科技物力资源的共享，是解决实训教学设备不足、实现学生角色从学生向学徒转变的关键。高等院校借助地方企业设备优势和最新生产技术优势，以弥补高校学生过多而实践科研设备紧张的不足和缺陷。高校学生在地方企业或基层实习，可以贴近相关产业生产的一线实际，直接进入生产实践环节，提高动手能力，在一定程度上缩短了实习、上岗周期，而从另一角度看也能降低了高校实践设备、场地等的耗费，节约了实习成本。地方政府和企业则利用高校的科研和人才优势，定向委托高校为其培养所急需的各类专业技术人才。

### 三　财力资源共享

一是通过获得地方政府资助实现财力资源的共享。地方高校产学研合作是集结教育科研经费的渠道，搞好地方高校产学研合作的目的之一在于为地方培养更多的技能型人才，与此同时，高校通过校地产学研合作可获得更多地方政府的资助，使高校的教学科研团体得到更大的发展。国家计划在"十三五"时期继续加大对技术研发的投资来支持高校科研的发展，各大高校如若抓好这一发展机遇，用好这一财力资源，则可以使高校在外延发展的同时，强化内涵的发展。二是通过获得地方企业资助实现财力资源的共享。高等院校为地方经济发展培训有关专业技术人员，与地方企业和其他技术需求者共同商讨培训目标、培训计划等，并根据地方实际需要设置教学课程。这不仅可以提高地方企业和其他技术需求者参与产学研合作的积极性，也可以使高校获得地方企业和其他技术需求者对高校科研的资助。此外，如果各级政府能够给参与产学研合作的地方企业和其他技术需求者一定的财政补贴或适当的税收优惠政策，而地方企业负担部分高校实训学生适当的生活补贴等，对地方高校产学研合作双方均有利。三是通过科研成果产业化利益的合理分配实现财力资源的共享。地方高校产学研合作，其实质是一种新技术成果研发的过程，也是一种科研成果转化的过程。在这过程中，高校通过科研成果的交易转化可回收相应的研发成本和一部分预期收益，而地方则通过实施应用科研成果，可提高地方劳动生产率，促进地方经济的发展，获得相应的经济利益，从而实现对财力资源的共享，提高地方高校参与产学研合作的积极性。①

## 四　文化资源共享

校园文化是一种教育文化，它的目标是利用各种教育资源为社会经济发展培养各种专业人才；地方文化是一种传统文化，其目标是对优秀传统文化的继承和传播；而地方企业文化是一种经营文化，它的目标是在为地方发展提供服务的同时追求利益的最大化。地方和高校文化的融合和情感的交流是保证校地产学研合作持续稳定的润滑剂。如在地方高校产学研合作中，地方政府和企业选择技术人才时，不仅看中技术人员的学历和技能证书，更看中其综合素养，而综合素养的提升仅仅通过高校理论知识和技能的学习是不够的，必须"接地气"，了解当地的经济、历史和文化，这样才能与当地的风俗习惯融合，以更好地为地方经济发展服务。而高校和地方的文化背景、运行机制和价值观念等不尽相同，甚至存在较大差异，因此，要实现地方与高校之间的深度合作以及受教育者从"学生、学徒到职业人，再到社会人"的角色转化，就有必要消除合作主体间的各种障碍和隔膜，而要消除合作双方的这些障碍和隔膜，最为有效的方式就是建立基于文化融合和情感交流的沟通机制。一是在地方高校产学研合作中树立以服务地方经济发展为中心的服务意识，建立地方与高校之间的情感联系，将彼此共同关心的技术难题和技术需求提升到战略层面上进行协商沟通统筹；二是加强校园文化和地方文化的融合，促进合作主体双方的沟通和理解，形成共同发展愿景，并在产学研合作中吸收地方在技术、组织管理、企业文化等方面的优点和长处；三是定期开展地方与高校的研讨交流，积极推进相关技术服务与科技成果转化，充分

---

① 孔凡成：《校企合作教育资源的共享途径、方式探讨》，《宁波职业技术学院学报》2007 年第 4 期。

发挥高校优势，为地方在人员培训、文化学术交流等方面提供支持。

# 第六节　长效合作机制

地方高校产学研长效合作机制是高等院校和地方能够长久合作的保障。构建长效合作机制，一方面，有利于促进高素质专业技能型人才的培养，校地合作能够让高校很好地了解目前社会经济发展对各类人才的需求，不断地促进教学的改革，使培养出来的人才能够主动适应社会的需要；另一方面，有利于促进地方经济的发展，通过地方高校产学研合作可以为地方储备优秀的可用之才，可以为地方提供有效的技术支持，从而带动地方经济的快速发展。众所周知，只有激发地方政府、地方企业与行业组织等多元主体共同发展的需求，才能形成地方高校产学研合作的动力源，地方高校产学研合作才会更有活力、更具有长期性。因此，应逐步建立"地方政府引导、高校主导、地方企业指导、社会力量推进"的多元主体联动模式下的地方高校产学研长效合作机制。①

## 一　政策引导的制度保障机制

地方高校产学研合作，不仅仅是高等院校与地方政府、地方企业以及地方行业组织的合作、高校教学科研与社会生产实践的合作，而且是一种高新技术与地方经济密切结合的合作行为，国家相关部门如果能从法律层面出台一些政策作为地方高校产学研合作的保障条件，将对地方高校产学研合作长效机制的构建起到不可忽视的作用。一是通过国家立法的形式，明确地方高校产学研合作中合作双方的权利和义务，并结合运用鼓励、支持、引导以及惩罚和保障制度等，针对地方高校产学研合作过程中出现的行为制定专门的法律法规，在真正意义上将地方高校产学研合作纳入国家的法律保障体系内，使地方高校

---

① 吴慧萍：《紧密型深层次校企合作长效机制建设研究》，《职教通讯》2011年第8期。

产学研合作逐步驶入法制化轨道，从而从法律层面上保障地方高校产学研合作的顺利进行；二是政府相关部门根据地方实际制定某些领域的税收优惠政策和专项补助政策，进一步加强对地方高校产学研合作的政策导向，提高相关政府部门、地方企业以及地方行业组织参与地方高校产学研合作的积极性，让参与地方高校产学研合作的主体能够在合作中获得直接的经济利益，从而吸引更多的地方企业、地方行业组织等主体积极主动地加强与高校的合作；三是加强知识产权保护、权益保障等法律的建设，规范地方高校产学研合作中的各种行为，明确产学研合作双方的利益关系，保障地方高校产学研合作参与主体的合法权益，降低产学研合作的交易成本，实现整体利益的最大化；四是建立社会化的服务体系，地方政府相关部门要制定优惠政策，支持有条件的地方单位和个人投入到科技中介行业中，加快培育地方高校产学研合作过程中所涉及的相关市场，包括技术产权交易市场、人才市场、资金市场以及科技中介市场，为地方高校产学研合作建立相适应的配套体系，使地方高校产学研合作在一个规范有序的制度框架中进行。

## 二 实体性质的项目运行机制

要想实现地方高校产学研长效合作机制，就必须以具体的合作项目为抓手，把各类产学研合作做实、做细、做成亮点。可以考虑进行一些专项项目的合作，如地方人才培养项目、高校师资队伍项目、服务地方经济项目、技术难题攻关项目、技术指导服务项目等，在政府的鼓励支持下达成地方高校产学研合作相对较容易。但要使这种产学研合作具有生命力，具有可持续性，形成地方高校产学研长效合作机制，就有必要加强对各类产学研合作项目的管理，使之合理化、规范化。而激励和约束机制是做好合作项目管理的"油门"和"刹车"，只有对地方高校产学研合作中的各类合作项目进行全面有效的激励和约束，才能保证产学研合作的可持续性和长期性。一要充分发挥激励机制的作用，激励机制有多种形式，结合地方高校产学研各类合作项目的特点和项目管理的薄弱环节。首先要突出分配激励的作用，要着重强调地方高校产学研合作项目的严肃性，做到产权清晰、交易保障、资金到位等，避免将合作当政治目的、走过场、形式化，影响合作项目人员的积极性；其次要进行思想激励，加强对产学研合作项目人员的思想教育，提高认识，最后要进行评价激励，在一定范围内对合作项目情况进行总结，给出一个客观公正的评价，并给予相应的奖励。二要硬化约束机制，制定相应的约束考核指标和措施，在什么样的情况下，采取什么样的措施，做到有理有据、规范化、制度化，充分发挥约束机制的教育作用和威慑作用。三要健全项目管理制度，加大工作执行力度，做好地方高校产学研各类合作项目的反腐倡廉工作，防止合作效益流失，及时发现合作项目管理中存在的问题，促进地方高校产学研合作项目的健康有序发展。四要加强对地方高校产学研合作的规划和协调，对地方有较大影响的产学研合作项目进行适当协调，把创新资源进行有效整合，实现信息交流和资源共享，同时地方政府通过出资、提供优惠条件等多种形式加强与高校的合作，参与合作项目的管理和协调，形成地方高校产学研合作项目的合理布局。

### 三　灵活多变的多元化投入机制

产学研合作所面向的不仅是技术密集型产业，还是资金密集型产业，其合作需要大量的资金作为保障，而且有一定的研发风险。地方高校产学研长效合作机制的实现，必须建立在一定的资金基础上，否则地方高校的产学研合作也只能是"纸上谈兵"。地方高校产学研合作的资金投入包括地方政府、地方企业（或地方行业组织）、高校等合作主体的共同投入等。要寻求多元化的投资主体，拓宽融资渠道，并逐步形成以政府财政投入为引导、以企业资金投入为主体、以金融机构贷款为支撑、以引进社会集资为补充的多样化投资体系。一是地方政府在财政拨款中要设立地方高校产学研合作的专项经费，采取各种措施鼓励、支持、引导地方企业对地方高校产学研合作的专项投入，通过政府直接投入、财政补贴、税收优惠等措施引导资金流动，调动投资者从事风险投资，逐步形成以地方政府投入为引导、地方企业投入为主体、金融贷款为支撑、社会集资为补充的灵活多变的多元化投资体系。与此同时，建立风险投资的综合评价机制，制定科学合理的评估程序以更好地识别风险、控制风险和规避风险，通过建立多渠道的投资融资体系，灵活运用联合投资和组合投资的形式，分散资金投放风险。二是高校设立地方高校产学研合作专项资金，始终遵循"谁投入谁受益"的原则，坚持以地方政府投入为引导、地方企业投入为主体的原则，吸引社会各界的资金支持，设立地方高校产学研合作专项资金，高校的产学研合作专项资金要占到当年经费总支出的一定比例，并根据实际发展需要逐年增加，其主要用于地方高校产学研合作的科研创新项目、科技成果转移和产业化、知识产权保护、地方高校合作创新体制建设等。三是地方银行的金融支持，为地方高校产学研合作项目提供低息专项贷款，提供较为宽松的贷款环境，支持地方高校产学研合作的顺利开展。四是引导地方企业内部设立技术研发保障资金，支持地方企业与高校积极开展产学研合作技术创新，重点要完善地方中小企业金融服务体系，帮助地方中小企业解决资金困难问题，同时设立用于孵化器发展的专项基金，降低地方高校产学研合作的投资风险。

## 四 规范有序的诚信约束机制

"信用"和"利益"是建立地方和高校产学研合作机制的重要因素。一般而言，技术创新活动周期较长，在地方和高校的产学研合作过程中需要地方和高校持续稳定的合作诚信和信用，需要各得其所的利益保障。在计划经济中，诚信可以借助行政体系的强制作用来维护，但在市场经济中，我们应该采用其常用的合同契约方式，也就是在合作双方自愿的基础上，构建地方高校产学研合作的长期的诚信约束机制，明确双方的责任、权利和义务，保障其合法利益，从而实现技术创新活动的风险共担、利益共享。有合作就有约束，有约束才会有规范，才会有地方高校产学研合作的长期可持续发展。具有长效合作机制的地方高校产学研合作不是简单的一方对另一方的帮助和支持，而是产学研合作主体方共同承担责任和履行义务。基于此，地方高校产学研合作主体就必须要受到法律和道德的约束。法律层次的约束一般情况下是通过产学研合作双方签订具有法律效力的协议来实现的，在协议中往往会明确规定合作双方所拥有的权利、所要履行的义务以及违约的相关责任等，没有具有法律效力的协议约束，地方高校产学研的合作就很难实现长期可持续性。在合作协议的法律框架下，地方和高校都要不断完善相应的管理制度，强化制度约束的力度，而要促进地方高校产学研的长期有效合作，仅仅依靠制度的约束还是不够的，我们还要强化道德的约束，地方高校产学研合作双方都要按照共同发展、合作互利的原则加强道德教育，满足地方高校产学研合作双方在合作过程中的制度要求、利益要求以及道德要求，特别是高校要把地方作为友好的合作伙伴，形成利益共同体，竭力帮助解决地方经济社会发展中的技术难题，维护地方的利益和形象，使其成为高校发展中的一部分，要鼓励到地方实习实训的学生融入到地方文化之中，成为当地的一员，按照相关规定和职业道德要求认真履行好自身的职责。任何把自己置身于职责之外或者把实习当成儿戏的行为都会给地方带来损失，都是一种不道德的行为，如有些学生到地方实习，工作马虎、行为随便，既损害高校形象，又容易导致地方高校产学研合作意愿下降。

## 五　绩效评价的反馈监督机制

作为科技创新的重要组织形式，地方高校产学研合作受到越来越多的关注和重视，但其绩效评价工作和反馈监督工作目前依然十分薄弱，对地方高校产学研的长期合作不利。因此，必须加强地方高校产学研合作绩效评价的反馈监督机制建设。一是国家、地方政府和地方行业主管部门应加强对地方高校产学研合作的绩效评价和监督，及时发现合作中出现的问题并解决，提高地方高校产学研合作评价机制的可操作性和科学合理性，以进一步加强地方和高校、高校和地方的双向合作驱动力。高校和地方自身也要通过各上级主管部门的监督和评价，及时发现问题、分析问题、解决问题。二是建立地方高校互访制度，加强地方与高校之间的互访，增加相互之间的信任，学校了解地方政府的政策导向和经济发展重点，地方了解学校的发展情况、专业建设情况、技术研发情况、校地合作情况以及发展中主要存在的问题和急需解决的问题，双方紧密联合解决在地方高校产学研合作过程中政策层面上的问题，鼓励、支持、引导高校拓展其发展空间，进一步提高高校为地方经济社会发展的服务能力。三是加强民众监督与绩效评价，加大地方高校产学研合作的宣传力度，鼓励民众对整个产学研合作活动进行监督，防止腐败的滋生，同时，开放民众意见箱，定期调查和收集公众对地方高校产学研合作活动的意见和看法，对活动效果做出客观评价，帮助解决地方高校产学研合作过程中出现的问题或提出需要解决的问题等，促进地方高校产学合作的长期进行。

### 六　专业有效的中介服务机制

科技中介机构是为科技创新主体提供专业化、社会化服务，促进技术创新活动的机构，在地方高校产学研合作中起着非常重要的桥梁作用，强大的中介信息科技网络能够很好地解决地方高校产学研合作过程中涉及的各种技术信息咨询、法律问题、技术产权交易、技术服务等问题。但目前，我国科技中介市场发展还比较落后，中介机构进入门槛低，专业化服务程度较低，从业人员整体素质、能力和经验还不足，缺乏及时、有效、全面的信息资源，难以为地方高校产学研合作双方提供专业性强的、及时的、与科研成果转化相关的资产评估、技术产权交易合同谈判、信息咨询、法律、金融服务等深层次的中介服务。因此，要构建专业有效的科技中介服务机制，使科技中介服务机构能够在技术经济与推广、技术开发与应用、技术产权转让等方面充分发挥作用，在地方科技需求与高校科技成果转化之间真正架起桥梁。构建专业有效的中介服务机制需要从以下几个方面入手：一是政府层面的促进措施，大力推进行政体制改革，厘清政府和科技中介组织的关系，鼓励民间科技中介组织机构的发展，同时，完善相关法律法规体系，创造科技中介组织机构发展的良好环境。二是市场运作的促进措施，加强行业自律，建立行业规范、成立行业协会，通过协会加强对科技中介服务组织的引导和管理，与此同时，根据地方经济发展特点，提高科技中介服务组织的专业化水平和服务能力，如建立专业化的技术服务平台、专业化的生产力促进中心等。三是自身完善的保障措施，制定科学合理的科技中介服务人才政策，建立起良性的科技中介人才的选拔、培养、使用、激励机制，加速科技中介人才的流动，促进科技中介人才的合理使用和人才结构调整；同时，深入市场进行调查研究，准确预测市场技术需求的变化走势，找准定位，结合自身条件慎重选择技术创新方向，提高科技中介服务的效益。①

---

① 谭伟平：《新建地方本科院校构建校地、校企合作长效机制的实践与思考》，《怀化学院学报》2013 年第 4 期。

# 第五章

# 湖南农业大学产学研合作个案分析

高等院校不仅是创新人才的聚集地，还是各类创新成果的策源地。如何实现以高素质的各类创新人才和高水平的技术创新成果来服务社会经济的发展？最重要的就是始终坚持科学发展，促进高校产学研合作。一方面，推动高校产学研合作是各类高等院校服务经济社会发展的重要途径。高等院校是推动技术创新和科技进步的重要生力军，是推动战略性新型产业发展的重要源头。建设创新型国家、实现科学发展、转变经济发展方式等，都需要各类高等院校积极参与、勇于担当。在"十一五"期间，我国国家级的国家科技奖中的三大奖项获得者50%出自高等院校。而在2013年度的国家科学技术奖中，全国各类高等院校获得各类奖项超过了70%。放眼世界近代史的发展历程，各发达国家的重要技术创新和重大科学发现大多出自各类高等院校和科研院所。1946年，第一台电子计算机在美国宾夕法尼亚大学诞生；1969年，互联网在加州大学洛杉矶分校、斯坦福研究院、加州大学圣巴巴拉分校和犹州大学最先使用；英国剑桥大学提出的DNA双螺旋结构模型，使生物学进入了崭新的分子生物学时代，催生出全新的基因工程产业。另一方面，推进高校产学研合作也是推动高校自身发展的内在要求。高校的科技进步和技术创新成果始终都要服务于社会经济的发展。而各类科研成果成功转化为现实的生产力，转化为我国富国强民的科学技术支撑，转化为服务于民的实际应用，则是各类地方高校技术创新工作者和广大技术服务者奋斗的共同目标。高校产学研合作是各类地方高校落实社会责任、检验创新成果的重要抓手。在高校的产学研合作过程中，不可避免地会强化各地方高校加强自身建设的动力，激励高校采用各种方法促进技术创新研究、科研成果推广、服务社会经济发展、培养专业技术人才等各项事业的良性循环，促进地方高校办学机制和办学理念的改革和创新，进而实现高等教育的科学发展。

# 第一节　湖南农业大学产学研合作模式概述

## 一　湖南农业大学"双百"科技富民工程模式

### (一)"双百"科技富民工程的内涵

为了提升高等农业院校服务"三农"的能力和高效自身发展的需要。2007年3月，教育部正式颁发了《关于推进高等农林教育服务社会主义新农村建设的若干意见的通知》，明确指出要进一步深化高等农林院校的教学改革，全面推进各类高等农林院校服务社会主义新农村建设。湖南作为传统农业大省，解决"三农"问题不仅是全省的重中之重，也是实现社会主义新农村的重点。为了促进农业科技成果的转化，真正实现科技服务于民，在湖南省科技厅的大力支持下，湖南重点农业地方高校湖南农业大学在2005年7月正式启动了为农民服务的"双百"科技富民工程。所谓"双百"科技富民工程是指在湖南省不同的经济发展区域，选择100个种、养、加大户、涉农企业以及农民专业技术合作组织为示范基地，由学校组织100个由专家教授牵头、中青年教师为主、相关专业的研究生和高年级的大学生共同参与的科技服务小组。这些小组与示范基地一一对接（简称"双百"工程），制订3—5年的科技服务计划，以对动植物优良品种和先进实用的新型技术进行推广和示范，组织农民培训等方式开展科技服务，在促进示范基地做大做强的同时，带动周边农户共同发展，以促进农村区域经济的发展和农民增收。"双百"科技富民工程的内涵主要包括三个方面：一是通过与基地对接，引导教师、科研人员和学生深入农村第一线，将一大批科技成果带向农村，实现科研与推广、教学与服务、专家与农民的紧密结合，达到转化一批成果，建设一批基地，培育一批人才，带动一方百姓致富的目的。二是通过与基地对接，引导学校科技创新面向市场、面向企业和面向农村，探索建立以产学研紧密结合为核心的新型科技创新体系，全面提升自主创新能力和服务新农村建设的能力。三是通过与基地对接，创新服务模式，探索建立适应市场经济要求的以农业大学为主导的新型农村科技推广服务体系，填补过去政府主导型的传统农业科技推广体系，形成农业高校服务"三农"的长期稳定高效体制。

（二）"双百"科技富民工程的主要服务模式

湖南农业大学推行的"双百"科技富民工程，根据不同农村地区的经济发展水平和基地的实际需求状况，在推行过程中进行了相应的创新，形成了不同的服务模式①，主要存在以下几种：

1. "项目引导＋基地"模式。根据基地的基础和产业发展情况，选择一批具有一定实力和创新能力的企业，通过协商共同开发一些项目，依托重大、关键性项目，高校与地方大型企业联盟，优势互补，共建研发中心、技术转移中心等，形成完整的技术链、人才链、资金链等，从而进一步提升企业的品牌竞争力。这种模式能够有效提高高校科研成果的转化率，带动当地农业科技的发展，从而提升农民的生活水平。如 2006 年，湖南农业大学与耒阳长大黄姜实业签订了"黄姜皂素提取工艺改进及废水处理"的产学研合作项目，共建研发中心，帮助企业改进黄姜皂素加工工艺，从源头上减少黄姜废水中的有害成分，使之达到国家允许的排放标准。2014 年湖南农业大学与常宁市签订现代农业共建合作框架协议，开展校地合作，依托湖南农业大学的技术支撑，并结合当地现代农业发展实际，共同开发一系列的技术合作项目，与常宁市新农村建设、油茶、茶叶、烟叶等经济作物种植、土壤重金属污染防治、城市绿化等 13 个方面的农业技术知识进行对接，提供相应的技术培训指导，促进了常宁市现代农业产业的规模发展和科技提质。

2. "科技特派员＋基地"模式。科技特派员，是指经地方党委和

---

① 高秀君：《我国高等农业院校农业科技推广模式研究——以湖南农业大学"双百"工程为例》，湖南农业大学学位论文，2013 年。

政府按照一定程序选派，围绕解决"三农"问题和农民看病难问题，按照市场需求和农民实际需要，从事科技成果转化、优势特色产业开发、农业科技园区和产业化基地建设以及医疗卫生服务的专业技术人员。自湖南农业大学推行"双百"科技富民工程开始，其科技服务小组陆续在隆回县的烟草基地、桑植县的魔芋基地、古丈县的茶叶发展研究公司、石门县的茶叶基地等建立了特派员的驻点，促进了"双百"科技富民工程的持续发展。这种模式不仅能够有效宣传"双百"科技富民工程，还能及时发现科技示范基地中出现的问题，并及时提出解决方案，以提高农业科技成果的推广实施效率。如 2010 年开始在隆回县湖南湘丽食品有限公司派驻科技特派员以来，通过基地示范带动、技术培训推动，科技特派员成为食用菌科技的代表者，促进了科学技术与农村经济的紧密结合，初步形成了政府推动、企业配合、科技人员积极参与的格局，通过开展食用菌技术服务等工作，食用菌科技成果在农民群众脱贫致富的实践中得到了有效的转化，推进了当地农村经济的发展，促进了农业增产和农民增收，对隆回县食用菌产业的发展起到了积极的推动作用。

　　3. "技术中心＋基地"模式。这种模式能够有效地把地方企业的产业优势、资金优势与地方高校的科研优势、技术人才优势等结合起来，推进"双百"工程的持续健康发展。一方面，地方高校在农业新技术、新产品的科技创新方面可以充分利用自己的科技人才优势，同时，可以对基地的相关企业和种养大户等进行相关的实用技术培训，提高当地农民科技素养；另一方面，地方和企业可以为高校科技人员培养提供实训基地，提高科技人员的动手实践能力。技术中心和基地之间的相互合作，能为"双百"科技富民工程的顺利开展提供有利条件，从而促进基地的农村经济发展。如 2008 年永兴冰糖橙种苗有限责任公司利用其资金优势，投入资金 780 万元，在湖南农业大学教授、国家柑橘改良中心长沙分中心主任邓子牛的指导下建设了永兴冰糖橙无病毒良种繁育中心，并聘请邓子牛为技术顾问，长期与湖南农业大学国家柑橘改良中心长沙分中心进行技术合作。2010 年由中心与国家柑橘改良中心合作开发的"无病毒冰糖橙优系的繁殖技术"经湖南省科技厅鉴定，整体技术水平达到国内同类研究领先水平，大大提高了永兴冰糖橙种苗有限责任公司的科技竞争力，进一步促进了当地农村经济的快速发展。

（三）"双百"科技富民工程的实践成效

"双百"科技富民工程项目在湖南省农村地区产生了广泛影响，给湖南省各农村地区带来了广泛的经济和社会效益，受到了广大农户和基层干部的热烈欢迎。经过近十年的实践发展，湖南农业大学"双百"科技富民工程在促进农业科技进步和农村区域经济发展方面都取得了一定的成绩。[1]

1. 创新了农业科技推广模式。随着农村经济的不断发展，农民对科技服务的需求与日俱增，而以前由政府主导的农业推广体系发挥的作用却逐渐弱化，无法满足农民的科技需求，在这种背景下，各类农业地方高校如何利用自己的科技和人才资源优势，进一步推动产学研的密切结合，把农业地方高校打造成真正意义上的农业科技创新的主力军，成为亟待解决的重要问题。湖南农业大学推行的"双百"科技富民工程在高校科研成果的推广模式上具有较大的创新性，如运作机制的创新，湖南农业大学"双百"科技富民工程是以学校为主体，构建"高校＋基地＋农户"的新型农业科技服务模式，与传统的科技服务模式相比更具系统性和保障性，同时，在地方高校与地方基地之间打破了以往以单项技术、短期培训服务为纽带开展的传统，在高校与基地之间建立了长期的合作机制，以"双百"科技富民工程为纽带，开创了高校产学研合作的新局面，从而拓宽了农业地方高校科技服务的内涵[2]；又如管理体制上的创新，学校为了加强对"双百"科技富民工程的协调和指导，成立了专门的"双百"科技富民工程领导小组，设立科技处，并制定了专门的《"双百"工程实施管

---

①　祖智波、莫鸣、张黔珍：《高等院校农业科技推广模式的创新——湖南农业大学"双百"工程的实践》，《高等农业教育》2008 年第 5 期。

②　刘纯阳等：《农业高校为新农村建设服务的一种模式——来自湖南农业大学"双百"工程的启示》，《中国农村科技》2006 年第 9 期。

理办法》和《湖南农业大学"双百"科技富民工程科技服务小组工作方案》，通过整合全校的优秀科技人才资源，组建科技服务团队，打破了以往以个人或院系为单位下乡进行科技服务的传统，使农业地方高校科技服务于农走向了优势互补、院系联合的良性发展道路。

2. 农业科技推广实效较为显著。自 2005 年正式启动"双百"科技富民工程开始，湖南农业大学各类科技服务小组每年都会组织一批专家教授下到基地，走进农村，推进农业科技成果的转化，提高农业劳动生产率，为促进地方经济特别是农村经济的发展做出了较大贡献。近十年来，湖南农业大学科技服务小组成员累计下乡次数达1300 多次，农业新技术、新产品的推广达 120 多个，定期下乡帮助解决农业技术问题，为地方直接创造的经济效益过亿元，大大提高了当地农民的生活水平。邓子牛教授带领的科技服务小组，专门向农民讲授先进适用的"无病毒冰糖橙优系的繁育技术"，定期帮助湖南永兴县农民种植冰糖橙并发展冰糖橙产业，依托湖南农业大学的技术支撑，示范园内全部实施了"三挂一种"的生物防治技术，并结合永兴县"中央财政支农整合资金支持冰糖橙产业建设项目"，投资 300万元用于建设核心区水、电、路等基础设施建设，目前示范园年产冰糖橙 1.6 万余吨，产值逾 1.6 亿元，其经济效益、生态效益和社会效益显著，为永兴县冰糖橙产业的快速发展起到了明显的示范带动作用，促进了永兴县农民的大幅增收。此外，石雪晖教授带领的科技服务小组，也长期帮助湖南省澧县的农民种植葡萄并带动当地葡萄产业的发展，使当地葡萄产业年收入超过 1.0 亿元，成为远近闻名的"南方吐鲁番"。

3. 增强了农民的科技文化素质。"三农"问题的核心就是农民的增收问题，"授人以鱼不如授人以渔"，通过提高农民自身的素质以提高其增收的能力，具有更为长远的意义。随着知识经济的到来，农业科技不断发展，农民致富的手段也需要逐步朝着农业科技致富的方向转变，以提高农民增收的能力。但目前，我国农民的科技文化水平普遍偏低，思想观念较为落后，不愿变革接受新事物，严重制约了社会主义新农村的建设，阻碍了农业现代化的发展。湖南农业大学在

"双百"科技富民工程的实行过程中，把对农民的科技教育培训放在了重中之重，希望以此来提高农民的科技文化素质，并通过基地示范，鼓励带动广大农民自觉参与地方高校产学研活动和农业科技推广活动，这即使农民开拓了思想，学到了相应的农业实用技术，提高了农业生产率，还全面提升了农民的科技文化素养，增强其增收能力，带动了地方经济的发展①。如湖南农业大学科技服务小组于 2010 年 1 月 5—7 日在沅陵举办的"茶园种植与树体修剪技术"培训班，以及同年 3 月 20—27 日在沅陵举办的"茶叶采摘与名优茶手工加工技术"培训班，以理论讲授与现场操作示范相结合的培训班方式，针对沅陵县产茶大户基地的茶树定型修剪不到位、不规范的现象加以纠正，对茶园种植不科学提出了改进措施，并传授了"高标准生态有机茶园种植方式"技术，大大提高了当地茶农的科技水平，促进了当地茶产业的增量提质。

## 二 湖南农业大学"校地合作"模式

### （一）湖南农业大学"校地合作"的发展

高校和地方拥有两种不同的资源，这两种资源具有相当的互补性，若将这两种资源有效地整合起来，既可以帮助各类地方高校科技人员走向实践，又可以帮助地方更好地进行队伍建设，解决实际困难，是一条既促进地方经济发展，又提升地方高校竞争力的双赢之路。加强校地合作是实施"科教兴国"的重要内容，是创建"和谐社会"的重要途径，是对国外先进经验的借鉴和未来发展的趋势。随着 2005 年 7 月开始正式启动的"双百"科技富民工程的快速推动，为了进一步有效整合资源、加强高校与地方的优势互补，湖南农业大学与地方的产学研合作也陆续发展起来。较早的有 2007 年 11 月，湖南农业大学与株洲市签署农业科技合作协议，双方建立科技合作战略伙伴关系，根据协议，双方将重点围绕株洲市农业和农村经济发展的

---

① 吴玉堂：《浅谈农民科技文化素质的现状及解决对策》，《现代企业文化》2008 年第 15 期。

需要，以市场为导向，以农业科技成果的开发、引进、组装集成和转化示范为核心，立足品种优质化、农产品标准化和农业产业化，来选择和实施合作项目。2009 年 6 月，攸县人民政府与湖南农业大学签订科技合作协议，双方商定将采取技术转让、技术服务与咨询、技术培训、技术入股经营、接收委托研发、合作研发、人才培训和人才交流等多种形式进行全面的科技合作。2011 年 5 月，湖南农业大学与望城县人民政府签订校地合作协议，通过搭建现代农业科技信息服务和"大学生创新创业基地"平台，充分发挥了农业科技的支撑作用，促进了政府部门、地方高校和农村基层三方优势的强强联合。2014 年 6 月，湖南农业大学与衡阳常宁市签署现代农业合作共建框架协议，开展校地合作，围绕油茶、烟叶、茶叶等产业和美丽乡村建设，汇聚全校优势资源，组织强有力的专家团队，通过开展关键技术研发示范、产业发展战略研究、信息化服务站点建设和人才培养培训等，实现政、产、学、研深度融合，努力探索学校服务区域经济社会发展的新机制、新模式。这样的战略合作不胜枚举，地方与湖南农业大学的科技合作可以实现优势互补，互相促进，共同发展，能有效地促进双方加强产学研建设，推进湖南农业大学的科研成果在各地的转化应用，实现高新技术改造和提升地方传统产业发展水平，大力引进人才、培育人才，提高各地农业企业的科技创新能力，为地方经济和社会又好又快地发展提供强有力的科技支撑，能够收到"1 + 1 > 2"的理想效果。

（二）湖南农业大学开展"校地合作"的主要举措

1. 领导重视，加强宣传。近年来，湖南农业大学各级领导高度重视校地合作，将地方与高校的合作放在学校发展中的重要地位，并将其列入重要议事日程，进行全局统筹，扎实稳步推进。随着湖南省科技厅对高校产学研合作的日益重视，学校各级领导也深刻认识到，科技服务于社会、服务于农是作为湖南省重点农业地方高校的主要办学职能之一。加强高校与地方合作，既是实现高校服务社会职能，提高经济社会贡献率的根本途径，也是高校主动了解地方社会经济发展需求，促进自身教学改革，提高学校学科建设水平、学校科研管理效益的重要方式。学校对各下属单位提出了一些具体的要求：树立开放的办学意识，把科技创新、农业技术人才培养、农业服务工作以及学校学科建设有机结合起来，把科技服务农业纳入全校和各部门的工作规划中；树立主动服务意识，定期下乡走访农村，密切关注地方经济发展需求，积极主动提供各类技术服务项目，提高科技人才培养质量，增强学校的科技竞争力；树立合作办学意识，通过服务社会经济，广泛吸收各类优势资源，以更好地促进高校的专业技术人才培养和学科建设。同时，通过校园网、宣传报、校报、校园广播等媒体，进一步加大对校地合作的宣传力度，营造良好的氛围，提高全校师生员工参与校地合作的积极性。

2. 成立机构，搭建合作平台。按照校地合作的要求，需要组建多个科技服务小组，各小组成员均来自不同院系和不同专业领域，而如何协调各小组成员之间的关系成为推进校地合作有效推行的关键。为此，湖南农业大学各级领导要求各级职能部门和各院系要统筹协调，特别是研究生处、团委、教务处等部门要主动与科技服务小组配合。此外，为了确保高校与地方合作工作的顺利进行，湖南农业大学成立了专门的校地合作领导小组，组建了科技服务团队，并明确了各小组负责人，每个小组均由5—7人不同专业背景的专家教授组成，并以导师推荐的形式吸纳数名硕士、博士研究生参加，同时，为了克服各小组各自为政、管理无序的缺陷，在学校还成立了协调机构，以促进校地产学研合作的顺利推行。

3. 出台管理办法，规范运作。为了使地方与高校之间的合作工作做到有章可循、规范运作，湖南农业大学先后出台了一系列的规章制度和工作方案，《湖南农业大学关于加强校地合作促进地方发展的若干意见》作为湖南农业大学开展校地合作的指导性文件，从加强领导重视、提高认识、搭建合作平台、创新科研体制、加强教学改革等方面，对校地合作的指导思想、工作思路和具体措施等进行了全面的阐述。学校校地合作的相关部门也根据对学校发展现状和办学优势的深入剖析，进一步明确了学校为地方经济社会发展服务的目标、主要任务和步骤，并提出了做好校地合作工作的保障措施。另外，学校也

出台了《湖南农业大学校地合作项目管理办法》，以进一步规范高校
与地方的合作项目管理，充分调动广大科技工作者参与校地合作的积
极性。

（三）湖南农业大学"校地合作"取得的成就

1. 推动了地方经济的发展。近年来，湖南省部分地区先后与湖
南农业大学签署战略合作协议，以期用现代农业科学技术改造传统
农业，用现代先进技术设备提升农业，用现代科技发展理念培养新
型农民发展科技农业①。一是借力高校人才优势。湖南农业大学与
各地开展校地合作以来，各地会定期派员前往湖南农业大学进行专
业培训，改善地方农业科技人才队伍，甚至有些地方会与高校签订
人才培养和引进战略协议。如2010年，益阳大通湖区就先后从湖
南农业大学引进农学硕士2名，向高校定向输送高中毕业生30名，
同时，积极创造条件，定期邀请相关专家教授对当地农村经济发展
现状进行"会诊"。二是积极利用高校现代农业科学技术改造传统
农业。在开展校地合作后，湖南农业大学科技处积极组织协调高校
科技工作者，根据地方农业发展实际，为地方农业现代化提供高新
农业技术、农业集成技术、生物工程技术等，并鼓励、支持、引导
科研人员对农产品优良品种繁殖、培育的研究和开发。如益阳千山
红镇的"洞庭有机蔬菜专业合作社"在原来品种的基础上引进了美
国的"圣地"西红柿、泰国的"绿丰"苦瓜等农业新品种，并参照
湖南农业大学相关专家教授给出的技术方案，采用绿色环保生产技
术进行生产，最终实现了产品的产销两旺。三是强化了技术培训，
助推农民致富。开展高校与地方的合作，不仅仅为高校的科研成果
转化拓宽了渠道，也为进一步推动科技强农、增强农民增收致富的
能力提供了强有力的科技支撑。在地方与高校的合作过程中，很多
地区都会与湖南农业大学签订人才培养协议，大力培养农业专业技
术人才，定期派一批年轻科技人员到湖南农业大学进行短期学习培
训，同时湖南农业大学也会定期派相关专家教授去实地考察。通过

---

① 龚政军：《校区合作创共赢》，《中国农垦》2011年第7期。

这一系列的措施，各地的农村科技队伍不断得到改善，农民的创业能力和致富能力也得到明显增强。

2. 加快了高校科研成果的推广转化。随着知识经济和现代高新技术的迅速发展，各类高校已经成为我国技术创新、知识创新、发展高新技术产业的重要力量，但是各大高校科研成果对社会经济发展的作用与否在于各项科研成果能否成功地转化为现实生产力。目前，由于湖南省内各大高校之间的科研资源配置不合理，很多高端、先进的高新技术都掌握在一些重点专业院校或科研院所手中，湖南农业大学在科研成果的推广转化上还存在很多不足，如成果转化意识不强、成果转化率低等，造成这种情况的原因之一就是脱离实际。早期湖南农业大学的科学研究由于与市场和地方经济的联系较为松散，高校在进行科研探索时缺乏必要的市场调研、信息收集，不能及时、准确地了解市场和地方经济发展的技术需求，导致高校一些科研成果的适用性不强。再加上高校教师主要从事的是理论教学，其科学研究也是以理论研究为主，大多停留在实验室，造成了高校大多数科研成果的不成熟，可转化性不强。而校地合作是高校将理论与实践相联系的重要途径，地方高校是技术创新的重要基地，而地方企业则是实现科研成果向现实生产力转化的主要场所。通过校地合作的展开，湖南省各地区陆续与湖南农业大学签订了全面战略合作协议，根据各地区社会经济发展的实际技术需求，寻求适合各地区开发应用的科研成果和项目，推广新技术，转化新成果，实现双方资源共享、优势互补、共同发展。双方通过技术服务、合作开发、人才培训、建立科研实践基地等多种合作方式，进一步深化高校与地方的合作，促进地方技术创新能力的提升，并共建科研成果转化平台，使一批优秀的科研成果实现了就地转化，促进了高校科研成果的推广转化。

## 三　湖南农业大学产学研合作其他模式

### （一）技术入股模式

技术入股模式是指湖南农业大学以专利技术、实施许可、技术秘密等无形资产出资，技术入股后，取得股东地位，企业以现金作为出资，共同成立有限责任公司或者股份有限公司，并由共同组建的公司去实现科研技术的转化，推进其商业化和产业化的产学研合作创新模式。技术入股模式在西方发达国家采用得较为普遍，近年来湖南农业大学也逐渐推广该模式，其具有的优点：一是企业不需要为各种新技术的实施应用支付技术转让费用，有效降低了推动新技术商品化和产业化的门槛和风险，提高了各企业为实现新技术商品化和产业化行为的积极性；二是该创新模式使产学研合作的各主体成为利益共同体，有助于各合作方在实施过程中的自觉有效合作，有利于产学研合作的长期性；三是利用该模式进行产学研合作创新，一旦取得成功，则可以为湖南农业大学带来可持续增长的收益。这种产学研合作创新模式，投资者不仅带来了技术产业化所需的资金，还引进了懂得市场化、产业化运作的管理团队，以及丰富的行业经验和资源，有力地推动了科研成果的产业进程。如 2007 年临武县汾市乡白石村农民黄康国创办养殖场，开始以每月 1200 元的报酬聘请湖南农业大学畜牧系毕业的陈均为技术员，2013 年黄康国力邀陈均以技术入股，当年养殖场出栏生猪 900 多头，纯收入达 36 万元。2002 年彭凤祥先生与湖南农业大学共同出资创办了长沙坛坛香调料食品有限公司，2004 年 4 月，公司与湖南农业大学食品科技学院共同研究完成的"双乳酸菌发酵碎鲜辣椒制品工业化生产工艺技术"通过省级成果鉴定，达到国内领先水平；同年该项目获得国家科技部立项支持，公司同时成为农业部"948"项目成员单位，参与辣椒制品引进项目的应用研究和开发。在双方共同努力的带领下成为一个有实力、有发展、有潜力的新一代食品加工企业。2009 年攸县人民政府与湖南农业大学签订科技合作协议，双方商定将采取技术转让、技术入股经营、接收委托研发、合作研发、人才培训等多种形式进行全面的科技合作。湖南农业大学以技术入股方式与各企业合作，促进了产学研的紧密结合，依靠高校，科技兴农，提高了农业的综合效益。

（二）人才培养模式——"百村百名大学生培养计划"

2004 年，教育部启动了"一村一名大学生计划"的农民大学生培养项目，通过利用全国广播电视大学系统，将高等职业教育延伸至农村。2007 年，在长沙市科技局的大力支持下，湖南农业大学推出"百村百名大学生"的人才培育工程。利用现代远程教育手段将高等教育送到农村，为农村培养能够适应社会主义市场经济发展需要的科技人才和管理人才，使他们成为发展农村经济和农业生产的带头人、农村科技致富带头人和发展农村先进文化的带头人。在长沙市的实践中，挑选热爱农村工作，综合素质较好，在新农村建设一线的农业科技示范户、龙头企业、特色基地、村支两委以及返乡创业农民工中的青年农民代表。学员在校学习期间的学杂费由长沙市科技局承担，课程实践费用由湖南农业大学承担，学校还提供各类奖学金，学员只需要自理生活费等个人开销。培训时间为两年，学员们每年在湖南农业大学脱产学习 4 个月，学习期满后参加专科层次的全日制自学考试，成绩合格者颁发专科文凭，国家承认学历。学校针对农村最迫切需求的大规模种植、养殖技术，食品加工等知识和技术，开设了园艺、畜牧兽医、食品工艺等专业。同时开设多门实验课，增开生产实践，法律基础，计算机在农业中的应用等课程。学校还定期组织有关农业发展前沿的拓展讲座，提高学员的实践操作能力和致富带动能力。"一村一名大学生计划"的实施，推动了现代农业建设，促进了农民增收。如第二届学员浏阳市达峰村王升华，回村后任达峰村党支部书记，成立浏阳市鑫潇湘农牧科技专业合作社，繁育养殖黑豚，年收入过百万元，带领村民共同致富。来自长沙县江背镇印山村的肉牛养殖科技示范大户郭为波，培训期间学会了细管冻胚技术，并运用所学技术使自己的肉牛品种得到改良，在 2008 年 8 月成立了肉牛养殖专业合作社，带领村民合作养殖。来自长沙县黄兴镇光达村的谢虎军，总结出种菜致富的"三部曲"，2008 年他种植的蔬菜实现了优质、高产、高效目标，亩产量达 3 万斤，亩收入达 1.2 万元，全年仅蔬菜收入近 6 万元，被村委推选为"远程教育蔬菜种植"学用典型。

## 第二节　湖南农业大学产学研合作的
## 现状及问题分析

### 一　湖南农业大学产学研合作的现状

产学研合作是地方高校培养专业创新人才的重要举措，也逐渐成为地方高校服务地方社会经济发展和开展科研创新的重要途径。据2011年的初步统计，湖南省内的本科院校与省内100%的市州和超过60%的县（区）先后建立了长期的合作关系。而经过多年的发展以及高校产学研各方的共同努力，湖南农业大学的产学研合作工作开展得也十分顺利。目前，湖南农业大学产学研合作日益呈现出立体化、市场化、多元化以及区域化的发展特征①。

（一）湖南农业大学产学研合作的立体化

在湖南，大多数高校均或多或少地参与了产学研合作，作为湖南省重点农林院校的湖南农业大学，随着"双百"科技富民工程的迅速展开，到后来越来越广泛的"校地合作"，其产学研合作规模日益扩大、合作领域不断扩张，合作的层次也不断深化。首先，湖南农业大学获得相关企事业单位委托科研经费的规模不断加大。从2007年开始，湖南省内各大高校获得企事业单位委托科研资金的比例从2000年的5%上升到了37%。就湖南农业大学来说，2012年，全校共获得企事业单位科研委托资金8116万元，2013年全校获得企事业单位委托科研资金9677.5万元，同比增长16.13%，科技活动机构数量也明显增加。其次，湖南农业大学与各企事业单位以及地方产学研合作的领域不断扩大、层次不断深化，一方面，逐步向高新技术产业和传统产业并轨前进的方向发展，如在湖南农业大学推行的"双百"科技富民工程中，既有对传统农业技术的研发推广，也有对先进

①　钱敏、芮振：《高校产学研合作现状与发展对策——以江苏省为例》，《中国高校科技》2013年第8期。

信息科学技术的传播应用等；另一方面，逐步向全产业链领域集成拓展，推进地方产业化的发展，如以湖南农业大学官春云院士带领的油菜科技创新服务团队，根据长江流域的自然特征和实际发展情况选育"双低"油菜品种系列进行推广应用，并以优良品种为核心，与当地企业共建湖南省春云高科公司，对当地油菜的产业化起到了很好的促进作用。湖南农业大学在结合自身农业科研优势为湖南地方产业发展提供技术创新服务的同时，也正在成为整个湖南省支柱产业发展的重要技术动力源。

（二）湖南农业大学产学研合作的市场化

简而言之，高校产学研合作就是合作参与主体针对某种专业技术不断进行改进、完善以及不断沟通的过程。因此，在整个产学研合作过程中，技术市场的需求信息是指导高校产学研合作的首要因素，技术市场需求信息的时效性则是影响高校产学研合作效率的直接因素。自湖南农业大学推行"双百"科技富民工程和"校地合作"以来，在高校产学研合作过程中很好地利用了定期调研、实地访问、面对面进行技术沟通等方式及时、准确地获取了相关技术市场的需求信息，同时进一步强调了高校科研成果的市场价值取向，满足地方经济发展所需的切实技术需求，并以灵活多变的技术市场机制不断推动高校的技术科研创新，加速高校科研成果的市场化进程。高校在充分利用地方政府和企事业单位资金优势的基础上，往往会根据市场需求，在自身科研优势与地方生产第一线存在的技术难题的交点上确定高校以后的科研创新方向和重点，以增强高校服务地方经济建设的能力和高校自身科研创新的能力。在湖南农业大学与地方政府和企业的产学研合作中，湖南农业大学充分利用在农业新技术研发、农业新品种培育繁殖和动植物新品种养殖等方面的科研优势，结合湖南省各地在水稻、油菜、麻花、马铃薯、淡水鱼、柑橘等的优势和特色产业，根据各地技术市场需求，整合各方面的资源，正确引导在校科技工作者围绕这些优势特色产业确定科研方向，开展专项研究，充分契合了企业市场对科研技术的发展需求，不仅创造了一定的市场经济效益，而且使科研成果在转化过程中可以有效地应用市场要素，实现技术的普及和发展。

（三）湖南农业大学产学研合作的多样化

随着近些年来湖南农业大学"双百"科技富民工程的开展和"校地合作"的推进，湖南农业大学产学研合作的模式逐渐呈现出多样化的趋势。在不同的地区开展着不同形式的产、学、研合作，这些不同的合作形式中既包括委托研发、技术转让等较低层次的合作模式，也包括校地校企共建科研中心、产学研基地、技术培训中心等较高层次的合作模式。虽然这些模式在影响力度和辐射范围上存在一定差异，但大多都有效地契合了地方经济社会发展的实际技术需求，促进了地方经济的发展。在湖南农业大学与地方政府和企事业单位的产学研合作中，湖南农业大学会有选择性地在部分企业和地方建立实习实践基地，定期派出硕士、博士研究生前往开展技术服务，推动在校学生直接参与高校产学研合作和科研成果的转化工作，一方面，丰富了学校的教学内容，另一方面，又让一部分在校学生带着理论知识直接面向市场进行具体实践，提高其动手实践能力，打破了以往传统的人才培养模式，逐步向校企校地共建人才培养基地、共同对学生进行指导的创新模式转变。此外，湖南农业大学在利用自身教育资源优势的基础上，往往通过校企校地联合办学、技术指导、技术培训、学术交流等形式，帮助地方和企业培养一些管理和专业技术人才。目前，湖南农业大学已与部分企业共建了一些研发中心，并吸引了大批博士、硕士进入地方和企业开展技术研究和科技服务，不仅仅在一定程度上强化了湖南农业大学产学研合作的广度和深度，也进一步增强了地方和企业技术科研中心的研发实力。

（四）湖南农业大学产学研合作的成果显著化

湖南农业大学成立了专门的"双百"科技富民工程领导小组、产学研合作科技处、科技服务小组等组织机构，进一步加强了湖南农业大学与地方政府和企事业单位的联系，促进了地方经济与科技的有机结合，促进了高校科研成果的转化，同时也提高了湖南农业大学自身的科研创新能力和对地方农村经济发展的贡献率，增强了湖南农业大学科研创新的动力。如围绕湖南建设"创新型农村"和农业现代化的目标，湖南农业大学加强与湖南省内各地的合作，在现代农业技术、农作物新品种、新型农业机械、农业环保技术等方面取得了一批突出的成果，在澧县葡萄基地、永州柑橘基地、常宁中药材基地、隆回烟草基地以及古丈县茶叶发展研究公司、湖南东方锰业集团等地方企业得到了广泛应用，大力推动了地方经济的发展。目前，湖南农业大学已经和一些地方政府或企事业单位建成数十家技术研发中心和工程中心，一大批地方政府和企业陆续与湖南农业大学建立起了全面合作的技术战略联盟，成立了多个开发区、科研成果孵化器、农业科技园等，集聚了一大批专业技术人才。同时，通过与省内各地的产学研合作，湖南农业大学自身的科研创新能力也不断得到提升，2012年，承担的科研课题达1334项，成果授奖16项，其中国家级奖1项，技术转让签订合同47项，技术转让收入达565.5万元。2013年，承担的科研课题1449项，成果授奖19项，其中国家级奖2项，技术转让签订合同49项，技术转让收入达583万元。此外，通过产学研合作促进了湖南农业大学教学质量的提高，在产学研合作过程中，湖南农业大学将科研成果和地方的先进技术有选择、有计划地引入课堂教学，使学生无论是在理论和实践、技术创新能力和工作适应能力等方面，还是责任心、事业心等方面都获得很大的收获，从而促进了在校学生综合素质的提高。

## 二　湖南农业大学产学研合作存在的问题

高校产学研合作的根本目的在于有效整合地方企业与地方高校的教育资源、人才资源、科技资源、资本资源等，提高各大地方高校的科研创新水平和教学质量，为社会经济的发展培养高素质专业人才。尽管近年来湖南农业大学在高校产学研合作方面取得了一定的成绩，但整体而言，合作水平还有待提高，合作的效果还有待改善。

### （一）合作各方认识不到位，合作意识不强

加强高校产学研合作，企业是龙头，高校科研是支撑，运行机制是关键。但是，在湖南农业大学产学研合作的过程中，合作各方对产学研的认识还不到位，合作意识还不强。首先，在湖南农业大学产学

研合作过程中，其合作的重心还没有落实到地方企业，地方企业还暂未参与技术研发的决策和投入，也不是联合创新的利益主体和风险承担主体。其次，政府相关管理部门对高校产学研合作的认识也还不到位，对高校产学研合作的政策引导和支持不够，为高校产学研合作提供的合作平台也较为匮乏，只注重表面形式而忽略实质效果，总而言之，其在高校产学研合作方面的支持和鼓励还有待进一步加强。最后，湖南农业大学作为高校产学研合作过程中的技术支撑，理应是技术创新的策源地、专业技术人才培养的基地，为地方和企业提供智力和技术支撑，但在实际的产学研合作过程中，湖南农业大学往往处于被动地位，主动性和积极性不够。此外，对于地方高校来说，高校产学研合作理应是促进理论科研和实践生产合作的一种有效手段和办学方式，它的最后落脚点应该是教育，应该是专业技术人才的培养，也就是通过高校与地方和企业的产学研合作创新人才培养模式，提高人才培养的质量，但是，就目前而言，大多数地方高校与地方和企业产学研合作的重点似乎有点偏离，其重心更多的是放在技术研究的合作上，而没有将理论教学与技术研究有效地结合起来，没有将产学研合作的优势转化为专业人才培养的优势。

（二）应用研究基础薄弱，科研成果转化率较低

高校与地方和企业进行产学研合作的目的是使高校与地方和企业之间架起科技的桥梁，以期用高校的科学技术为地方经济的发展服务，但是，长久以来，受办学理念和教育机制等因素的影响，很多高校把主要精力都放在了本科教学上，湖南农业大学也不例外，在基础研究和应用研究等方面基础比较薄弱，起步较晚，很难为科研成果的转化提供强有力的技术支撑，加之目前大多数地方高校的教师功利思想过于严重，做科研的目的往往只是发文章、评职称，对科研成果的转化不够重视。而且满足地方经济发展实际技术需求的应用型科研成果数量较少、成熟度较低，就现阶段而言，湖南农业大学很多科研并没有面向地方经济发展的实际需求，与地方企业的经营和生产实践相脱节，也就无法过多考虑其转化问题，大多数的科研成果只是处在实验室阶段，没有进行装备、工艺等配套技术

的研究，与实际应用还有一定的距离。此外，高校的科研人员往往只是围绕着某些科技核心问题、前沿问题进行适当的修修补补，无法展开实质性的创新活动，原始创新能力不足，即使有些成果在一定程度上具有原始创新性，也会因技术成熟度不高、生产成本较高、生产工艺较复杂等原因难以真正被地方企业所吸收消化①。除了理念的作用影响外，在实际操作过程中，由于科研与实际存在差别，会出现在科研阶段无法有效预期的一些问题，而且企业和农户对于新技术的信心相对较差，又缺乏有效的指导和研究改进，使有些科研成果在实施过程中由于缺乏相应的传播基础而被搁浅，使学术研究的积极性受到打击。

（三）利益分配不合理，合作各方积极性不够

产学研合作是一种经济效益与科技力量相结合的行为，也就必须要有相关的政策法规制度来进行合理调节、推动和规范，也就必须制定合理的利益分配机制来激励地方高校和企业的产学研合作。根据对湖南农业大学所进行的调查发现，在影响其产学研合作的主要影响因素中，利益分配不当占49%，人际关系不协调占19%，其他因素占25%。由此可知，利益分配问题在高校产学研合作中起着举足轻重的作用。而湖南农业大学产学研合作中的利益分配可分为外部分配和内部分配两个层次。所谓外部分配是湖南农业大学与生产机构（也就是地方企业或其他经济实体）、服务机构（如政府和相关中介机构）之间的分配，这种分配一般是经过双方协商一致通过合同约定，在这类分配中，湖南农业大学往往只能得到前期的技术研发性收入，对于后期技术产业化的经营性收益，湖南农业大学基本上无法获得。内部分配则是指湖南农业大学与进行科研工作的教授专家之间的分配，他们的合作经费大部分由科研团队支配，学校只提取其中一部分的管理费。此外，还存在部分专家教授私下以其个人名义携带科研成果参与地方企业经营的情况。除高校与企业，政府在产学研合作过程中也起着举足轻重的作用，在政府及各方

---

① 季庆庆：《高校产学研合作平台建设现状、问题与对策分析》，《常州大学学报》（社会科学版）2013 年第 5 期。

的参与下制定较为完善的运行、管理机制。在成熟期政府应逐步退出主动地位，实现高校、企业和科研机构共建的自我运行和管理机构的共建局面，并形成一定的良性循环局面，最终实现高校、企业、科研机构和地方政府经济发展的共赢。这是能做到的，因为机制的建立是产学研合作的重要保障。但就目前来看，我国高校产学研合作在这三个时期的实践往往是混淆的，各方没有明确自身的实践界限，使在整个产学研合作过程中，学校、从事科研工作的专家教授、地方企业等参与主体之间还没有形成明确的利益分配机制，从而导致利益分配的不合理，影响了各参与主体的积极性。

（四）合作动力不足，活力不够

一般而言，地方高校、科研院所、地方政府和企事业单位等普遍认同高校产学研合作的必要性和重要性，但是由于各方面的原因，高校的产学研合作并不够深入，合作主体之间也不够紧密。造成这种局面的原因，既有外部社会环境、政策法规环境等的完善问题，也有地方高校自身因素的影响。如还有相当多的地方政府和企事业单位对依靠科技进步促进生产发展进而促进地方经济快速发展的紧迫性和重要性认识不足，总是寄希望于依靠政府的保护网、关系网等获得一定的垄断地位和利润，对能获得超额利润的非正常经营手段存在很强的依赖性；又如高校自身的科研管理体制还不够完善等。就深层次的原因来说，主要是地方高校与地方和企事业单位在产学研合作过程中存在文化上的认同差异。地方文化是采取各种方式促进地方经济发展的文化，企业文化是以获得利润最大化为目标的文化，二者在先进技术的需求方面主要表现为见效快、效益高、成本低、风险小；而地方高校的学术文化则是以追求真理为内涵的文化，在先进技术的研究生产方面主要表现为研究周期长、研究精确度高、利益观念弱等。同时，地方高校加强产学研合作，归根到底在于为社会经济发展培养更多的创新人才，而地方企业更多考量的是技术创新所带来的直观效益。[①] 因

---

① 蒋华林、张新平：《重庆市高校产学研合作的现状与问题研究》，《重庆教育学院学报》2011 年第 2 期。

此，合理协调地方高校产学研合作过程中各参与主体的利益诉求是高校产学研合作持续发展的关键。

（五）科研经费投入不足，缺少资金支持

众所周知，高校科研成果的转化需要大量资金和资源的投入且风险高。地方高校的一项科研成果要转化为现实生产力，必须经过实验室的成果研究、一定规模的中间放大试验和最终的产业化行为实施三个阶段，其中，无论是哪个阶段都不可避免地需要大量资金的投入，同时还要有承担失败风险的损失准备。目前，湖南农业大学用于科研的资金额度虽然逐年上升，但还是存在科研资金紧缺的情况。湖南省财政科技经费投入不足，使湖南农业大学产学研合作缺乏稳定的资金支持，从而增大了高校产学研合作的结合难度。一是初期科研经费较少，如一项国家级的农业高新技术攻关项目，其经费只有 200 万—300 万元，底下一个分支项目的科研经费多则 10 多万元，少则 3 万—5 万元；一项省部级的农业科研项目，其科研经费更少，多则 10 万元，少则 2 万—5 万元。这些科研经费在扣除项目申报、论证、验收、鉴定以及一些日常开支后，真正能用在技术研究上的可能还不足 40%。二是中期试验环节和科研成果转化所需的经费缺乏支持。科研成果的中间试验环节往往是投入大、风险高、收益低、成功率低，因此，在这个环节很少有企业会冒风险投入大量资金，而在各项研究经费的计划中也没有把科研成果在中间试验环节所需的经费包括在内，这样就很容易造成高校研究出的新技术、新品种无法顺利实现转化，而地方企业的实际生产又缺乏技术的矛盾局面。在湖南农业大学科研成果的转化方面，尽管近年来随着"双百"科技富民工程如火如荼地展开，政府设立了多项政策计划予以支持，但总的来说还是缺乏统一的部署，科研成果转化资金的投入比较分散，成效也不显著。三是后期科研成果的产业化经费使用不合理，虽然近年来湖南省政府以地方企业为主要对象针对农业产业化设立了多项专项计划给予资助，但这些项目的实行缺乏有效的监督管理，存在着资金使用不合理的现象。

（六）外部环境不容乐观，相关法律法规不完善

湖南农业大学的产学研合作是一项创新系统工程，仅仅只是依靠湖南农业大学自身和地方企业是远远不够的，其对政府部门的依赖性较强，对相关政策的依赖性较高，外部环境至关重要。而目前，湖南农业大学与地方和企业的产学研合作所处的外部环境不容乐观，从湖南农业大学陆续与湖南省各地地方政府签订全面战略合作协议可以看出，政府的主导是其一个鲜明的特色，大多数产学研合作依托名校，而湖南农业大学与地方之间的校地合作是依托政府引进地方高校，再整合优势资源，进行科研成果的转化和技术的产业化。此外，长期以来，在传统计划经济体制的影响下，政府相关部门的职能转变还不到位，对高校产学研合作的相关政策和法律法规不尽完善，现行的关于产学研合作的各项规定大多根据其他方面的法规制定。目前，湖南省还没有形成一部具有针对性的关于产学研合作的法规，这些因素都阻碍了产学研合作的进一步发展，因此，在高校产学研合作过程中发生的纠纷，难以得到有效解决，这在一定程度上影响了湖南农业大学产学研合作的顺利进行。虽然也出台了一些相关的政策文件，但由于各部门的衔接不当和可操作性不强等，使相关政策文件难以有效落实。国内外学者都对产学研合作中法律法规的制定作为合作的保障，英国著名学者弗里曼在其《技术和经济运行：来自日本的经验》一书中大量研究了日本的"技术立国"政策，他认为："创新不仅是产学研三方合作的一种行为，更是一种国家行为，这种国家行为对一国经济发展和竞争力的提高显示出了巨大的作用。"在某种程度上来说，政府在产学研合作的原动力上要有所作为，这种作为存在的原因在于产学研合作仅靠市场经济的自发性与产学研合作的自为性是远远不够的，因为企业与高校的能力毕竟有限，在资金上不能得到有效的供给，因此必须要得到政府的政策干预和制度支持，以此促进国家在科技发展过程中的动力。

（七）融资渠道不畅，中介服务有待加强

高校作为研发主体，在研发过程中只关注科技、人工、物的投入，而对资本融入问题不重视，因此企业就成为产学研合作中资本融

通的主体，通过银行、创业投资引导基金、担保体系、集合债券与信托、资本市场、科技金融机构、知识产权证券化等拓宽融资渠道进行转移，使社会资本成为科技园区金融体系的主体力量，为入驻科技园区的单位进行技术转移提供银行、保险、信托投资、证券等现代金融服务。通过整合社会资源，致力于寻求与专业投资公司、担保公司、租赁公司、银行系统的进一步合作。为解决中小微企业融资难问题，银行应与园区展开积极的合作，提供给需求企业小额贷款。在物理空间得到拓宽后，尝试进一步打通园区内企业的投融资渠道，例如信用担保等，未来会对园区内有发展前景的项目进行投资。但产学研合作的整体投融资环境较差，银行贷款力度有限，特别是企业的小额信贷缺乏，因此产学研合作后期的资本投入受阻，无法有效促进科技研发成果的大面积转化，打击了企业参与产学研合作的积极性。除此之外，高校一般以转化成果的形式与企业展开合作，企业得到科研成果之后，由于没有高校科研的可持续化支持，因此企业只是复制了高校的科研成果，并没有进行下一步开发的技术支持，因而影响了企业对利润的索取。高校与企业科技成果的转让以至于影响了产学研合作的进一步开展，原因就在于这种转让是一次性的，并没有后续的技术支持，也不能产生有影响的社会效益和价值。同时由于法律法规的不完善，在高校与企业的合作过程中，知识产权的界定和产品的利益分配等问题上的分歧也是制约进一步合作的重要因素。

（八）高校科研评价体系滞后，科研观念与企业创新不符

现行高校科研评价体系比较僵化，多以论文的数量及出版著作的数量或者课题的级别来对高校的科研人员进行评价。在这种机制的影响下，容易导致高校科研人员从事科研工作仅仅只是出于个人需求的考虑而忽略了科研效果的实际应用，而且研究的创新点也相对较为缺乏，因此对于企业来说，成果的转化存在现实的困难，无法有效契合企业的发展要求。而且高校与企业理念存在分歧，对于高校而言，学而优则仕的观念深深地影响着科研人员的研究，同时认为学校是"象牙塔"，不能唯利是图，科研成果是推动科技进步，常常不屑于与企业展开合作；但对于企业来说，参与校企合作多数是想利用高校的最

新科技成果为公司创造收益，以期用比之前更少的投入获得较大产出，功利化思想较为严重，由以上两点可以看出，高校评价体系滞后，科研观念存在差异，导致高校与企业合作的窘态，同时这种态势往往得不到政府的重视，更缺少中介机构提供的平台，高校产学研仅停留在对认识物与人工物的研究层面上，没有转化为制造物。由于企业R&D投入受自身条件的限制，往往在引进科技成果的过程中只是单纯的复制，没有进行再次创新，因此企业的利润非常有限，企业的这种科研转化为制造物的能力明显不足，实际上无法满足企业使用新科研技术的预期，而且一项新技术投入使用要花费巨大的前期成本，这对企业来说都希望在后期的技术成果中得到弥补，使高校和科研单位对与企业的合作也并不明显。

（九）人才培养与需求脱节，培养质量有待提高

当前湖南农业大学在产学研合作中人才培养机制存在的主要问题是，人才培养机制与社会需求脱节，人才培养规格与社会需求不尽相符；高校毕业生素质、能力与社会发展要求不相符合的现象较为普遍；高校的专业设置、招生规模、人才培养的主要依据是教育行政主管部门的计划和规定，未能直接从社会的发展和需求出发，致使专业设置不尽合理，有些就业面狭窄的专业招生规模过大，课程设置与现实脱节，轻视了实践能力的培养等。如学生用于理论基础知识学习的比重较大，缺乏必要的锻炼与实践，致使学生走上工作岗位后，实际操作能力不强。此外，学校所教授的理论课程不能很好地反映实际工作，学校重视理论课程，生产实践和动手能力的培养则十分欠缺，这就导致了毕业生在正式步出学校走向工作岗位时"高分低能，眼高手低"问题的出现，学校付出努力辛苦培育的毕业生并不能满足生产实践的需要，更难进行具有开拓性、创造性的工作。另外，在产学研合作企业参与产学研合作人才培养积极性并不高的情况下，湖南农业大学没有充分发挥其在产学研合作人才培养中的优势以提高其服务实效性，同时，湖南农业大学对产学研合作人才培养的认识不到位，学生参与产学研合作人才培养的主动性和教师的积极性没有得到有效发挥。

（十）政府引领作用不强，支撑力度不够

一是政府欠缺对高校产学研合作的计划引导。产学研合作作为促进高校科技成果转化、提升地方和企业科创能力、建立创新型国家的重要途径，在西方发达国家得到了高度重视。如美国为了加强高校技术创新与工业的联系，先后制订了 7 个产学研联合计划；英国为了促进产学研合作也推出关于高校与企业的多个合作计划，充分发挥了政府对产学研合作的引导作用。而在湖南明确推出支持产学研合作项目的只有"产学研联合工程"，政府对产学研合作的引导作用未能充分发挥。二是政府往往会忽视产学研合作活动的实际成效和对合作项目的跟踪管理。湖南省政府组织了各式各样的科技成果交流会、项目对接会、战略合作交流会等，发布了不少科研成果，邀请了各种政府官员、科研院所和地方企业参与，并举行隆重的签约仪式，但在这种活动中湖南农业大学和企业能真正实现合作的项目却并不多。政府更为关注的往往是对产学研合作的声势营造和签约项目的数量，而忽视活动的实际效果，在产学研的合作过程中往往会出现"政府搭台、政府唱戏"的局面。三是政府对产学研合作项目的管理不完善。政府对产学研合作专项资金资助确实调动了产学研合作各方的积极性，对产学研的发展发挥了重要的推动作用。但在实际的运行过程中，出现的情况往往是企业为了得到政府的资助资金与湖南农业大学联合申报项目，而一旦争取到项目资金便将资金挪作他用，甚至有些企业利用已经完成的项目骗取政府资金等。政府对产学研合作项目的管理制度不完善，造成了人力、物力、财力的浪费，不利于产学研合作的健康发展。

# 第三节　湖南农业大学产学研合作的实证分析

## 一　数据来源

本节研究数据来源于 2014 年 6 月在湖南省常宁市、慈利县、永兴县、澧县四个地区的实地调查。常宁市作为湖南农业大学产学研合作项目的主要地区之一，依托湖南农业大学的技术支撑，并结合当地现代农业发展实际，共同开发一系列的技术合作项目，学校与常宁市新农村建设、油茶、茶叶、烟叶等经济作物种植、土壤重金属污染防治、城市绿化等 13 个方面的农业技术知识进行对接，提供相应的技术培训指导，促进了常宁市现代农业产业的规模发展和科技提质；澧县的农民在湖南农业大学教授石雪晖的带领下，大量种植葡萄并带动当地葡萄产业的发展，使当地葡萄产业年收入超过 1 亿元，成为远近闻名的"南方吐鲁番"；慈利县基地以"科技兴企、服务三农"为发展宗旨，依托湖南农业大学等科研院所的科技资源，把"产学研"紧密结合，形成了鳜鱼苗种繁育、网箱养殖、产品加工、市场销售的产业链雏形；永兴县冰糖橙产业发展依托湖南农业大学，以国家柑橘改良中心长沙分中心作为科技支撑，校方深入指导永兴县建设了冰糖橙无病毒良种繁育中心、冰糖橙标准化示范基地、冰糖橙商品化处理中心，并在永兴县设立了国家柑橘改良中心长沙分中心永兴冰糖橙试验站和湖南农业大学"双百工程"柑橘重点基地①。因此，选择这四个地区作为湖南农业大学产学研项目实施的效果检验地区具有一定的代表性。

调查主要围绕农户参与产学研合作项目意愿和满意度展开。关于农户参与产学研合作项目意愿及其影响因素涉及四个方面：一是农民的个人特征，包括性别、年龄、文化水平、健康状况、是否纯农户等；二是农户家庭特征，包括家庭从事农业生产的劳动力数、家庭实际耕种的耕地数、家庭年收入等；三是农民心理认知情况，包括农民对产学研合作项目是否了解、对产学研合作项目技术指导员整体素质的评价、项目新品种能否符合农户发展农业的实际需要、项目所带来的增产增收效果是否显著等；四是外部影响因素，包括自然灾害发生频率、项目新技术的推广程度、技术指导是否具有及时性和准确性等。关于农户参与产学研合作项目满意度及其影响因素，主要从以下三方面进行探究：一是农户的基本特征，包括性别、是否纯农户、务

---

① 王歆雅、张艳荣：《甘肃农业大学产学研合作模式研究》，《农村经济与科技》2011年第 10 期。

农收入在家庭收入中的比重、对产学研合作项目的了解程度、农业生产受自然灾害的影响程度;二是合作项目的服务体系,包括农户对项目服务人员的服务态度是否满意、技术指导是否具有及时性和准确性、项目新技术的推广程度;三是合作项目的绩效成果,包括产学研合作项目对农户生产生活的改变程度、项目新品种能否符合农户对农业发展的实际需要、项目所带来的增产增收效果是否显著等。

本次调查采取发放农户问卷、实地走访座谈等多种方式相结合的形式,共发放问卷380份,经过进一步的甄别和筛选,回收有效问卷360份,有效问卷回收率为94.7%。

## 二  农户参与产学研合作项目意愿及其影响因素分析

### (一)样本农户基本特征

调查样本农户的性别多为男性,男性占有效样本的74.2%,女性占25.8%;年龄方面,调查样本以中年人为主,年龄均值为49.61岁,其中50岁以下的人数占56.1%;文化水平总体偏低,大多数集中在小学和初中,高中以上的仅占样本总数的4.4%,这与农村人口文化素质相对较低的预计是一致的;受调查农户的身体健康状况较好,认为自身健康无病的占样本总体的87.7%,仅有11.2%的人认为自身健康状况较差或者有病在身;接受调查的农户中大部分农户为纯农户,所占比例为83.6%。由于产学研合作项目主要的服务对象为种、养、加大户、涉农企业以及农民专业技术合作组织,基本都为纯农户,因此样本基本在纯农户中展开具有一定的代表性。调查样本农户中,家庭从事农业生产的劳动力数两个及以下的占有效样本的36.9%,四个及以上的占47.2%;样本农户家庭实际拥有的耕地数主要集中在0—5亩,占有效样本总数的58.6%,6—10亩的占19.4%,11—15亩的占9.4%,10—20亩的占11.7%,拥有20亩以上的农户仅占0.8%;家庭年收入普遍较低,年收入在6万元以下的农户占79.2%,大部分地区产学研合作项目刚实行不久,且调查样本大多为纯农户,因此符合地区发展实际。如表5-1所示。

| 表 5 - 1 | | 调查对象的基本情况 | |
|---|---|---|---|
| 文化水平 | 小学及以下 | 119 | 33.1 |
| | 初中 | 166 | 46.1 |
| | 高中或中专 | 59 | 16.4 |
| | 大专 | 9 | 2.5 |
| | 本科及以上 | 7 | 1.9 |
| 健康状况 | 有病在身 | 23 | 6.5 |
| | 较弱 | 21 | 5.8 |
| | 无病一般 | 165 | 45.8 |
| | 很好 | 151 | 41.9 |
| 是否纯农户 | 是 | 307 | 85.3 |
| | 否 | 53 | 14.7 |
| 从事农业生产的劳动力数 | 1 个 | 46 | 12.8 |
| | 2 个 | 87 | 24.2 |
| | 3 个 | 57 | 15.8 |
| | 4 个 | 122 | 33.9 |
| | 5 个及以上 | 48 | 13.3 |
| 家庭拥有的耕地数 | 0—5 亩 | 211 | 58.6 |
| | 6—10 亩 | 70 | 19.4 |
| | 11—15 亩 | 34 | 9.4 |
| | 16—20 亩 | 42 | 11.8 |
| | 20 亩及以上 | 3 | 0.8 |
| 家庭年收入 | 3 万元以下 | 130 | 36.1 |
| | 3 万—6 万元 | 155 | 43.1 |
| | 6 万—9 万元 | 53 | 14.7 |
| | 9 万—12 万元 | 21 | 6.0 |
| | 12 万以上 | 1 | 0.1 |

资料来源：根据调查问卷统计整理。

（二）模型的设定、变量测量及描述性统计分析

1. 模型的设定

为了分析农户参与产学研合作项目意愿及其影响因素，本节将农户是否愿意参与产学研合作项目作为被解释变量，由于被解释变量是一个0—1型的二值因变量，即"Y = 0"表示农民不愿意参与产学研

合作项目，"Y = 1"表示农民愿意参与产学研合作项目，因而选用二元 Logistic 回归模型最为合适。其模型形式是：

$$p_i = F\left(\alpha + \sum_{j=1}^{n} \beta_j \chi_{ij}\right) = 1 / \left\{1 + \exp\left[-\left(\alpha + \sum_{j=1}^{n} \beta_j \chi_{ij}\right)\right]\right\} \qquad (1)$$

对（1）取对数，得到 Logistic 回归模型的线性表达式为：

$$\ln\left(\frac{p_i}{1 - p_i}\right) = \beta_0 + \beta_1 \chi_{i1} + \beta_2 \chi_{i2} + \cdots + \beta_j \chi_{ij} + \cdots + \beta_m \chi_{im} \qquad (2)$$

（1）式和（2）式中，$p_i$ 为某件事发生的概率，m 为自变量的个数，$\chi_{ij}$ 表示影响农户参与产学研合作项目的第 j 个解释变量，$\beta_0$ 为常数，$\beta_j (j = 1,2,3,\cdots,m)$ 为自变量回归系数[①]。在 Logistic 模型中，一般通过最大似然估计法来说明自变量对因变量具有解释意义，此检验的基本假设就是"除常数项以外的所有系数等于 0"的无关假设，此检验方法可以说明 Logistic 回归模型的统计性是否显著。

2. 变量选取

本节从农民的个人特征、农户的家庭特征、农民的心理认知状况和外部环境四个方面选取了 15 个解释变量。相关变量的含义、赋值与描述性统计分析结果见表 5 - 2。

第一，农民的个人特征方面。本节选取农民的性别、年龄、文化水平、健康状况、是否纯农户五个变量来反映其个人特征。农村女性接触外界的机会少，农村的传统思想已经根深蒂固，男性作为农业生产的主要经营者，对于农业生产新政策及技术较女性有着更强的接受能力，因而预期更愿意参与产学研合作项目。预期农民年龄越大，越倾向于不参与产学研合作项目，产学研合作项目无论是以哪种服务模式为农民提供服务都具有较高的专业性和技术性，这就要求农民在合作过程中能表现出较强的接受能力和理解能力，但农民年龄越大，由于思想固化、缺乏技能、接受能力和体力下降等原因，越不能有效理解项目新技术及新理念而无法有效参与到产学研合作项目当中去。农

---

① 周婧：《高等农林院校推进产学研结合问题研究》，湖南农业大学学位论文，2012年。

民文化程度越高，其科技文化素质也可能越高，越能充分认识到国家农业政策的倾向性及校地合作项目的重要性，在校地合作项目中更能有效充当合作主体，提高项目运行的经济效益及社会效益，也易于满足自身的目标，从而更愿意参与到产学研合作项目中。不过，农民文化程度越高，也越可能进行兼业或从事其他非农经营活动，因而他们参与产学研合作项目的意愿也可能越低。因此，文化程度的影响方向不确定。农民身体健康状况越差，其对产学研中的项目新技术及新品种就越依赖，因为新品种及新技术的使用往往能有效提高农业生产效率，获得较好的农业生产效果，因而他们越愿意参与产学研合作项目。纯农户是指专业从事农业生产的农民，不存在兼业及辅业的现象，纯农户相较于非纯农户，其收入都来源于农业生产，对农业生产的预期更高，因而他们更愿意通过参与产学研合作项目来增加从事农业生产的收益。

第二，农户的家庭特征方面。本节选取家庭从事农业生产的劳动力数、家庭拥有的耕地数、家庭年收入等三个变量来反映农户的家庭特征。预期家庭从事农业生产劳动力越充足，农户越愿意参与产学研合作项目，产学研的科技成果在农户家庭中转化需要家庭劳动力的积极配合和有效管理，家庭从事农业生产的劳动力越多，另一方面也说明该农户具有较大的农业生产增收潜力，配合新技术新品种的使用将更进一步发挥农业资源优势。家庭拥有的耕地数量越多越愿意参与产学研合作项目，项目科技成果大部分适用于农业经营大户及农业专业合作组织，耕地规模越大，成果转化效果越明显，因而预期农户家庭经营面积越大，越愿意参与产学研合作项目。调查样本大多为纯农户，家庭年收入越高的农户拥有的可供农业生产的资金越多，能为产学研项目新品种及新技术在农业生产中的实践提供可靠的保障，而且对新事物实行过程中产生的各项风险的承担能力也更强，因此预期家庭收入越高的农户越愿意参与产学研合作项目。

第三，农民心理认知方面。本节选取对产学研合作项目是否了解、农户认为技术指导员的整体素质如何、项目新品种是否符合农户农业发展实际、项目所带来的增产增收效果是否显著四个变量来反映农民的心理认知。一个人对事物的预期和了解程度直接或间接地决定了他对事物的评判和行为，农民只有对产学研合作项目有所了解，并且认为能够达到自己的预期时，他们才会决定是否参与其中，因而预期农户对产学研合作项目越了解，越愿意参与其中。项目技术指导员作为农户与高校的中介，负责信息的传递、成果转化等重要工作，在一些地区，农户直接与项目指导员进行沟通而了解项目的新品种、新技术，但如果指导员素质无法达标，那么将直接影响高校科研成果的转化，而且会使农户对项目科研成果丧失信心，严重影响农户参与合作项目的意愿，因此可以预期农户认为技术指导员整体素质越高，对合作项目开展的信心越足，越愿意参与其中。项目新品种越能满足农户农业发展的需要，农户越愿意参与合作项目。众所周知，农业是低回报率行业，农业生产的品种直接影响农业生产的收入效益，合作项目的优势就在于研发的新品种都源于高校，具有较高的科学技术含量，如果研发的新品种能有效符合农户农业生产发展需要，创造较高的农业收入效益，那么农户必然都愿意参与到项目之中[①]。

第四，外部影响因素方面。本节选取项目技术指导的及时性及准确性、自然灾害对农业生产的影响程度、项目新技术的推广程度三个变量来反映外部因素对农户参与产学研合作项目的影响。可以预期项目技术指导的及时性、准确性越高，农户越愿意参与产学研合作项目。高校科技成果转化的效率将直接影响到成果的效用，产学研的研究成果都是高校通过实地调研产生的适合当地农业发展实际情况及需求的成果，针对当地农业实际发展较为迫切的技术需求。科研成果如果无法快速转化为实际生产力，那么将落后于其生产发展的实际而无法显现出其科技效用。自然灾害的影响是当前中国农业生产面临的最主要的困难，可以预期自然灾害影响越严重，农业生产的效益越差，农户农业生产的积极性越低，而不愿意参与到大规模种植的产学研合作项目当中来。不过，农

---

① 肖海云：《以高校为主体的产学研合作模式研究》，湖南农业大学学位论文，2013年。张倩：《高校产学研协同绩效创新评价——以燕山大学为例》，北京燕山大学学位论文，2012年。

业生产的自然灾害影响越严重，农户通过新技术新品种新方式生产的意愿越强，特别是对于纯农户而言，无论是自然条件好坏，他们都会进行农业生产，此时产学研合作项目产生的科研成果就恰到好处满足了他们对于农业生产的动机，因而更愿意参与到产学研合作项目当中来，因此自然因素对农户参与意愿的影响方向不确定。项目新技术的推广程度越广，农户越愿意参与到产学研合作项目。农村的基本单位为村落，村落内部整体成员的认同感对于当中的成员来说有着重大的影响，可以预见一项技术的推广程度越广，参与到其中的人越多，对于没有参与到其中的人来说就形成了示范效应，通过口口相传也更容易判别这项技术的好坏，能否符合自身农业发展预期，因而新技术推广程度越高，农户越愿意参与产学研合作项目。

表 5 – 2　　　　　　　模型解释变量选择及描述性统计分析

| 变量名称 | 含义及赋值 | 平均值 | 标准差 | 预期方向 |
|---|---|---|---|---|
| 农民个人特征 | | | | |
| 性别（X1） | 女 = 0；男 = 1 | 0.74 | 0.438 | + |
| 年龄（X2） | 序列数据 | 49.61 | 9.855 | — |
| 文化水平（X3） | 小学及以下 = 1；初中 = 2；高中 = 3；大专 = 4；本科及以上 = 5 | 1.94 | 0.876 | 不确定 |
| 健康状况（X4） | 有病在身 = 1；较弱 = 2；无病一般 = 3；很好 = 4 | 3.23 | 0.825 | — |
| 是否纯农户（X5） | 0 = 否；1 = 是 | 0.87 | 0.384 | + |
| 农户家庭特征 | | | | |
| 家庭从事农业生产的劳动力数（X6） | 1 个 = 1；2 个 = 2；3 个 = 3；4 个 = 4；5 个及以上 = 5 | 3.11 | 1.272 | + |
| 家庭拥有的耕地数（X7） | 0—5 亩 = 1；6—10 亩 = 2；11—15 亩 = 3；16—20 亩 = 4；20 亩以上 = 5 | 1.77 | 1.082 | + |
| 家庭年收入（X8） | 3 万以下 = 1；3 万—6 万 = 2；6 万—9 万 = 3；9 万—12 万 = 4；12 万以上 = 5 | 1.91 | 0.864 | + |
| 心理认知 | | | | |
| 对项目是否了解（X9） | 不了解 = 0；了解 = 1 | 0.70 | 0.460 | + |

续表

| 变量名称 | 含义及赋值 | 平均值 | 标准差 | 预期方向 |
|---|---|---|---|---|
| 认为技术指导员的整体素质如何（X10） | 很好＝1；一般＝2；不好＝3 | 2.47 | 0.582 | ＋ |
| 项目新品种能否符合农户发展农业需求（X11） | 不符合＝1；不太符合＝2；基本符合＝3；符合＝4 | 3.06 | 0.612 | ＋ |
| 项目支持下增产增收效果是否显著（X12） | 不显著＝1；不太显著＝2；较显著＝3；显著＝4 | 2.68 | 0.716 | ＋ |
| 外部影响因素 | | | | |
| 技术指导的及时性和准确性（X13） | 不及时准确＝1；及时准确性一般＝2；及时准确性高＝3 | 2.46 | 0.610 | ＋ |
| 项目新技术的推广程度（X14） | 推广程度差＝1；一般＝2；推广程度高＝3 | 2.12 | 0.555 | ＋ |
| 自然灾害对农业生产的影响程度（X15） | 没有影响＝1；一般＝2　自然灾害严重不适合农业生产＝3 | 2.99 | 0.903 | 不确定 |

（三）模型估计结果分析

利用调查数据，本节采用 SPSS20.0 软件对模型进行了回归和检验，回归结果见表 5－3。在模型的建立过程中，首先把所有可能影响农民参与产学研合作项目意愿的因素引入模型（1），再根据 Wald 检验结果，逐步提出 Wald 值的最小解释变量，再重新拟合回归方程得到模型（2），从两个模型的回归结果来看，两个模型的卡方检验值分别是 87.771 和 84.444，Nagelkerke $R^2$ 分别是 0.620 和 0.599，表明模型整体拟合效果良好，回归分析所得结果可以作为分析和判断各影响因素作用方向和大小的依据（见表 5－3）。

表 5－3　　　　　　　　　　模型估计结果

| 变量名称 | 模型一 | | | 模型二 | | |
|---|---|---|---|---|---|---|
| | 估计系数 | Wald 值 | 发生比例 | 估计系数 | Wald 值 | 发生比例 |
| 农民的个人特征 | | | | | | |
| 性别（X1） | 0.557 | 0.214 | 1.745 | — | — | — |

| 变量名称 | 模型一 | | | 模型二 | | |
|---|---|---|---|---|---|---|
| | 估计系数 | Wald 值 | 发生比例 | 估计系数 | Wald 值 | 发生比例 |
| 年龄（X2） | 0.148 ** | 6.077 | 1.160 | 0.166 *** | 11.196 | 1.181 |
| 健康程度（X3） | 1.091 ** | 5.795 | 2.976 | 1.206 *** | 9.296 | 3.340 |
| 文化水平（X4） | 2.511 ** | 5.164 | 12.315 | 1.665 ** | 6.402 | 5.285 |
| 是否纯农户（X5） | 1.602 | 1.426 | 4.965 | — | — | — |
| 农户的家庭特征 | | | | | | |
| 家庭从事农业生产劳动力人数（X6） | 0.760 | 1.184 | 2.137 | — | — | — |
| 家庭拥有的耕地数（X7） | 0.355 | 0.167 | 1.427 | — | — | — |
| 家庭年收入（X8） | 0.662 | 0.805 | 1.938 | — | — | — |
| 农民的心理认知状况 | | | | | | |
| 对项目是否了解（X9） | 3.937 ** | 5.696 | 51.239 | 3.232 *** | 8.820 | 25.326 |
| 对技术指导员整体素质的评价（X10） | -2.314 * | 3.209 | 0.099 | -1.608 ** | 4.879 | 0.200 |
| 项目新品种能否符合农户发展农业需求（X11） | 3.181 *** | 7.125 | 24.068 | 2.391 *** | 12.175 | 10.926 |
| 项目支持下增产增收效果是否显著（X12） | -0.258 | 0.088 | 0.773 | — | — | — |
| 外部影响因素 | | | | | | |
| 技术指导的及时性和准确性（X13） | 2.372 *** | 8.087 | 10.724 | 2.117 *** | 11.084 | 8.303 |
| 项目新技术的推广程度（X14） | 1.678 ** | 4.796 | 5.354 | 1.456 ** | 6.544 | 0.011 |
| 自然灾害对农业生产的影响程度（X15） | 2.153 ** | 4.853 | 8.614 | 1.285 *** | 7.854 | 0.005 |
| 常数项 | -35.116 | 10.825 | 0.000 | -26.043 | 15.651 | 0.000 |
| 极大似然值 | 66.712 | | | 301.4 | | |
| Cox & Snell R | 0.216 | | | 0.24 | | |
| Nagelkerke R2 | 0.620 | | | 0.368 | | |

说明：*** 、** 、* 分别表示在 1%、5%、10% 的水平下显著。"—"表变量不存在。

1. 农民的个人特征对农户参与产学研合作项目意愿的影响

（1）农民的年龄、文化水平、健康状况对农户参与产学研合作项目有显著的正向影响，在两个模型中都通过了5％统计水平的显著性检验。表明农民年龄越大、文化水平越高、健康状况越好，农户越愿意参与产学研合作项目。年龄因素的实证结果与预期相反，可能的原因是农村青壮年劳动力由于自身条件较为优秀，参与非农生产的机会远远大于年老的农户，且随着近年来国家城镇化进程的不断加快，具有较强接受能力及理解能力的农民都投入到城市化建设当中而脱离了农业生产，无法及时有效了解新农村建设的新政策法规。相反，年老的农民由于传统观念较强，家乡情怀更为浓厚，不愿外出务工，希望通过从事农业生产以获取经济收益，对产学研合作项目的了解程度比外出务工人员相对较深，且参与项目与否直接关系到自身经济收益，因而更愿意参与校地合作项目，从数据中也可以看出，年龄30岁以下愿意参与校地合作项目的仅占9.8％，30—50岁愿意参加的占36.8％，50—60岁的人当中有42％，60岁以上愿意参与校地合作项目的占11.4％。由此也可以看出，农户年龄越大，越愿意参与校地合作项目。健康状况的影响方向与预期相反，可能的原因是农业生产属于劳力生产，虽然校地合作项目产生的新品种、新技术有助于提高劳动者的边际劳动报酬，但是仍需耗费较大的体力，且新品种的管理和新技术的应用在使用初期由于缺乏相应的经验积累，易产生事倍功半的后果，这对于身体较弱、精力较差的劳动力来说无疑会造成一定的负担，从而使身体较弱者不敢贸然参与到校地合作项目当中。文化水平的影响方向与预期相符，虽然样本总体的文化水平偏低，文化水平为"小学""初中""高中"，愿意参与校地合作项目的农民分别占90.7％、94.5％、98.6％，呈逐渐上升趋势。

（2）性别和是否纯农户对农户参与产学研合作项目无显著影响。在模型（1）中这两个变量都没有通过显著性检验，性别因素没有通过显著性检验的原因可能是：现在农村大多数男性都选择外出务工，农业生产的重担多由女性承担，而且现在女性地位越来越高，她们的知识文化水平也有所提高，对新事物有自己的见解，也可能愿意参与产学研合作项目。是否纯农户没有通过显著性检验，其可能的原因是：在受调查的样本中非纯农户仅占样本总数的14.7％，样本偏差较大，从而影响实证对于该因素的检验。

2. 农户的家庭特征对农户参与产学研合作项目意愿的影响

家庭从事农业生产的劳动力数、家庭拥有的耕地数及家庭年收入都没有通过显著性检验，对农户参与产学研合作项目的影响不显著。家庭从事农业生产的劳动力数没有通过显著性检验，可能的原因是从事农业生产的劳动力数没有清晰的界定，由于农业生产具有季节性和周期性的特点，所以大部分农村劳动力都选择农忙时从事农业生产，农闲时外出务工（包括到邻近城镇打工），这样就使从事农业生产劳动力的概念变得模糊，而无法有效对实证结果产生影响。家庭拥有的耕地数对参与意愿影响不显著的原因可能是，产学研校地合作的模式主要有三种："项目引导＋基地"模式、"科技特派员＋基地"模式、"技术中心＋基地"模式，所谓的基地既可以指企业、种业大户、农村合作组织，也可以是分散的农户，这样无论耕种面积多少，都能参与到产学研合作项目当中，因此耕地数作为影响因素无法对意愿结果产生实际影响。

3. 农民的心理认知对农户参与产学研合作项目意愿的影响

（1）农民对产学研合作项目的了解程度和项目新品种是否符合农户发展农业需求显著正向影响农户的参与意愿。表明农民对产学研合作项目越了解，项目研发的新品种越符合农户发展农业的需求，农户越愿意参与到项目合作当中。根据理性经济人假说，人们追求一项事物的动机，源于其经济利益，农户是否愿意参与产学研合作项目，则取决于参与之前农户对其成本和效益的预估，了解的信息越多，出现逆向选择和道德风险的可能性就越小，受到损失的可能性也就越小，或者根据掌握的信息能事先制定出应对策略，这样也可以将参与项目的成本变得更低而愿意参与其中。从调查结果来看，了解产学研合作项目的农户占样本总数的 68.8%，其中愿意参与其中的占 98.8%，认为项目新品种符合其农业发展需求的占样本总数的 85.83%，其中愿意参与其中的占 96.7%。

（2）农户对产学研合作项目中技术指导员素质的评价显著负向影响农户的参与意愿。在模型（1）中，该变量通过了 10% 统计水平的显著性检验，在模型（2）中，经过筛选显著性有所提升。数据显示，调查农户对技术指导员整体素质水平基本满意，认为技术指导员整体素质一般及很好的样本数占了总样本数的95.6%。技术指导员有些是高校的科技特派员，有些是乡镇农机推广队伍中的工作人员，有些是企业的技术负责人，也有些来自素质较高的农户。农户属于社会弱势群体，整体文化素质较低，对于高新科技成果的自我吸收能力有限，因此在校地合作项目成果转化过程中，就需要技术指导员将最新的科技成果有效地传递给农户。可以设想项目技术指导员如果素质不高，容易导致自身对科技成果的认知有偏差，且不能有效地与农户进行沟通使农户清楚地了解校地合作项目的内容及成果，一方面会使项目成果转化出现偏差，造成农户不必要的损失；另一方面也会使农户不能充分理解校地合作项目的益处而不愿参与其中。

（3）项目支持下农业增产增收效果是否显著对农户参与产学研合作项目意愿的影响不显著，在两个模型中都没有通过显著性检验。调查数据显示，认为在项目支持下增产增收不显著及不太显著的农户占样本数的38.3%，认为增产增收效果较显著的占51.1%，认为增产增收效果很显著的占10.6%，由此可以看出样本分布具有一定的代表性，可以排除样本分布不均带来的实证误差，固可以推断该因素对参与意愿作用不显著的原因可能是：常宁市校地合作项目的推广范围较广，参与其中的农户数量较多，而且常宁市是衡阳市新农村建设的重点区域，投入的资本相对较多，因此即使有农户认为校地合作项目对农业增产增收效果不是很明显，但为了响应政策号召及村集体团结协作乡风影响也表现出愿意参与到校地合作项目当中。我们调查数据显示，在认为增产增收不太显著的农户中，有意愿参与到项目当中的人数占87.6%，这更进一步说明了农户参与意愿不受项目成果是否带来增产增收效果的影响。

4. 外部影响因素对农户参与产学研合作项目意愿的影响

（1）项目技术指导的及时性及准确性显著正向影响农户参与产学研合作项目意愿，在两个模型中都通过了1%的显著性水平检验，影响方向与预期相符。由调查数据可以看出，对项目技术指导的及时性及准确性满意的样本数占总数的 52.2%，对其不满意的人数仅占样本总数的 6.1%，由此可以看出常宁市在校地合作项目当中很好地发挥了技术指导作用，有效地贯彻了项目的实施细则，让农户能有效参与进来并使其对项目运行的整体宏观环境保持积极乐观的态度，有效地推进了产学研合作项目在农户整体中的实行。

（2）项目推广程度对农户参与产学研合作项目意愿有显著影响且系数为正，说明项目推广程度越广，农户越愿意参与到项目中去，与预期相符。我们调查数据显示，在认为推广程度很广的 80 个样本农户都愿意参与到校地合作项目当中，认为推广程度一般的 244 个样本农户中有 94.6% 的农户愿意参与校地合作项目。

（3）农业生产受自然灾害的影响程度显著影响农户参与产学研合作项目意愿，在第一个模型中通过了 5% 的显著性水平检验，在第二个模型中通过了 1% 的显著性水平检验，影响方向为正，说明自然生产条件越恶劣，农户越愿意参与产学研合作项目。产学研的科技成果是因地制宜研发出来的新成果，在一定程度上可以克服当地自然灾害的影响。如自然条件较干旱的地区，研发的新品种、新技术必然具有抗干旱的特征；土壤营养较缺乏的地区，研发的新品种、新技术必然具有有效利用现行较低营养值的特征。这样项目可以在一定程度上提高农户的相对收益，从而使农户愿意参与到项目当中。

（四）结论

本节以湖南省常宁市的 360 户农户作为调查样本，通过建立二阶段二元 Logistic 模型实证，分析了农户参与产学研合作项目意愿及其影响因素，得出了以下结论：从整体来看，农户参与产学研合作项目的意愿很强，愿意参与其中的农户占样本总数的 94.4%，在模型（1）中，农民的年龄、农民的文化水平、农民的健康状况、农户是否了解校地合作项目、项目新品种是否符合农户发展需求、技术指导的及时性及准确性、项目新技术的推广程度、自然灾害对农业生产的影响程度显著正向影响农户参与产学研合作项目意愿；对项目技术指导员整体素质评价显著负向影响农户参与产学研合作项目意愿；农民的性别、是否纯农户、家庭从事农业生产的劳动力数、家庭实际拥有的耕地数、家庭年收入、项目对农业增产增收效果是否显著对农户参与产学研合作项目意愿的影响不显著。在模型（2）中，受访农民年龄越大、文化程度越高、健康程度越好、对产学研合作项目越了解、项目新品种越能符合农户的农业发展要求、项目技术指导的及时性及准确性越高、项目新技术的推广程度越广，自然灾害对农业生产的影响程度越大、项目技术指导员素质越高，农户越愿意参与产学研合作项目。基于上述研究结论，结合各地区与湖南农业大学产学研合作项目的现状，可以得出以下几点政策启示：第一，加大宣传教育工作力度，扩大产学研合作项目的推广面积。第二，大力推行激励政策，鼓励农民积极主动参与湖南农业大学产学研合作项目。第三，加大项目主体科研力度，确保项目成果能有效转化为农户切实生产成果。第四，对农民进行教育培训，提高农民对产学研合作项目的深层次认识，学习先进的技术及方法。第五，全面提升项目技术指导人员的素质及服务意识，以民为本，使农户可以切实融入项目当中来。

### 三 农户参与产学研合作项目满意度及其影响因素分析

#### （一）样本农户的基本特征

受调查农户的性别多为男性，男性占总体的 74.2%，女性占25.8%，在调查总体中，是纯农户的人数为 307 人，占总体的85.3%，说明产学研合作项目实行区域农户多以务农为主，没有从事其他副业，符合产学研合作项目开展实际。农户的家庭特征方面，受调查地区农户的务农收入相对较低，20% 以下的占 51.1%，务农收入在 60% 以上的仅占 2.8%。由于产学研合作项目服务的主要对象都为涉农企业，企业需要雇用农户或者租种农户土地进行密集化的农业类生产，农户受雇于涉农企业从事农业生产，却一般是以工资或分红的形式进行支付，因此受访农户大都认为务农收入较少，导致比重较低。除此之外，受访农户大都对产学研合作项目有一定的了解，达到了 69.7%。自然灾害的影响程度在受调查地区的影响较为显著，认为自然灾害经常发生的农户占了样本农户的 34.4%。

**表 5 - 4**　　　　　　　　　　　　**调查对象的基本情况**

| 变量 | 变量特征 | 频数 | 百分比（%） |
|---|---|---|---|
| 性别 | 男 | 267 | 74.2 |
|  | 女 | 93 | 25.8 |
| 是否纯农户 | 是 | 307 | 85.3 |
|  | 否 | 53 | 14.7 |
| 务农收入所占比重 | 20%以下 | 184 | 51.1 |
|  | 21%—40% | 96 | 26.7 |
|  | 41%—60% | 70 | 19.4 |
|  | 61%—80% | 9 | 2.5 |
|  | 80%以上 | 1 | 0.3 |
| 对项目是否了解 | 是 | 251 | 69.7 |
|  | 否 | 109 | 30.3 |
| 自然灾害影响程度 | 没有 | 21 | 5.8 |
|  | 基本没有 | 85 | 23.6 |
|  | 偶尔 | 130 | 36.1 |
|  | 经常 | 124 | 34.4 |

资料来源：根据调查问卷统计整理。

（二）模型的设定、变量测量及描述性统计分析

1. 模型的设定

模型的选取及设定与探究农户参与产学研项目的意愿影响模型一样，参照模型（1）和（2），为了分析农户参与产学研合作项目的满意度及其影响因素，本节将农户对产学研合作项目是否满意作为被解释变量，由于被解释变量是一个 0—1 型的二值因变量，即 "Y = 0" 表示农民对产学研合作项目不满意，"Y = 1" 表示民对产学研合作项目满意。在 Logistic 模型中，一般通过最大似然估计法来说明自变量对因变量具有解释意义，此检验的基本假设就是除常数项以外的所有系数等于 "0" 的无关假设，此检验方法可以说明 Logistic 回归模型的统计性是否显著。

2. 变量选取

本节从农户的基本特征、合作项目的服务体系及合作项目的绩效

成果三个方面着手，共选取了 11 个解释变量。相关变量的含义、赋值与描述性统计分析结果见表 5 - 5。

第一，农户的基本特征方面。本节选取农民的性别、是否纯农户、务农收入在家庭收入中的比重、对产学研合作项目是否了解、农业生产受自然灾害的影响程度来反映其基本特征。男性是农业生产的主要经营者，女性由于其自身体力及耕作经验方面不如男性，对产学研合作项目的效果评价不如男性客观，因此可以预期男性相较于女性对产学研项目的实施更加满意；预期纯农户对产学研合作项目的满意度要高于非纯农户，纯农户的全部收入都来自于农业生产经营，获得更高的农业生产回报率是纯农户进行农业生产的目标，产学研合作项目就为农户增产增收提供了一个切实可行的平台，易激发起农户对项目的认同感及满意度，且非纯农户对农业生产的依赖性要远远小于纯农户，他们大多在外务工，不能有效参与到项目当中，进而无法有效对产学研项目实施的满意度做出评价[①]；务农收入占家庭收入的比重越高，可以认为农户的经济收入越来自于农业生产，因此对旨在增加农户收入的产学研合作项目的满意度应比务农收入所占比重较小的家庭农户更高；湖南农业大学产学研合作项目旨在促进农业科技成果的转化，真正实现科技服务于民，核心是以动植物优良品种和先进实用的新型技术进行示范和推广，组织农民培训等方式开展科技服务，在促进示范基地做大做强的同时，带动周边农户共同发展，以促进农村区域经济的发展和农民增收，因此农户对产学研合作项目越了解，对项目的实施应该更加满意；自然灾害的影响程度作为家庭生产特征将直接影响农户的生产积极性，可以预期自然灾害对农户农业生产影响越大，农户对产学研项目应更满意，因为项目采用的新技术新方法都是符合当地农业生产特性的，对自然灾害的防范及防治能够起到一定的积极作用，因而增加农户对项目的满意度。

第二，合作项目的服务体系。本节选取农户对项目技术人员的服

---

① 刘芳、李欣、王浩：《农业高校产学研合作机制研究》，《科技进步与对策》（24）：123—128。

务态度的评价、技术指导的及时性和准确性、项目新技术的推广程度三个变量来反映合作项目服务体系。农户对项目新技术的运用,项目新品种的培育首先都是来自于项目技术指导员,项目技术指导员的服务态度直接影响到农户的参与满意度,项目技术指导员服务态度好,答疑解惑,勤勤恳恳为农户解决项目成果运用过程中的各种困难,有利于农户的积极反馈及成果转化;项目技术指导员的服务态度不好,农户作为弱势群体,无法有效获取成果转化过程中困难的解决方法,因此项目成果的转化可能受阻而无法达到预期效果,增产增收效果也可能不显著,从而降低农户对项目的满意度。预期技术指导的及时性、准确性正向影响农户对项目的满意度,因为项目所传播的技术和品种越能及时满足农户对农业生产的要求,其满意度会越高。项目新技术的推广程度越广,农户对项目越满意,生活在村落的居民会产生一种群聚效应,如果一项事物能得到这个群体中大部分人的认可,那么人们对其实行的满意度也会提高。

第三,合作项目的绩效成果。本节选取产学研合作项目对农户生产生活的改变程度、项目新品种能否符合农户对农业发展的实际要求、项目所带来的增产增收效果是否显著三个变量来反映项目绩效成果。总体而言项目的绩效成果越高,农户对项目越满意,人们参与一项事物都会有预期效应,如若事物的结果能符合人们最开始设定的预期,那么其对这个事物的发生产生一种认同感或满意感。从这三个变量来看,可以预期项目对农户生产生活的改变程度越大、项目新品种越能符合农户对农业生产的预期、项目带来的增产增收效果越显著,说明项目实行的绩效越高,农户对项目就越满意。

表 5-5                            模型解释变量选择及描述性统计分析

| 变量名称 | 含义及赋值 | 平均值 | 标准差 | 预期方向 |
|---|---|---|---|---|
| 农户的基本特征 | | | | |
| 性别(X1) | 女=0;男=1 | 0.74 | 0.438 | + |
| 是否纯农户(X2) | 否=0;是=1 | 0.87 | 0.384 | + |

续表

| 变量名称 | 含义及赋值 | 平均值 | 标准差 | 预期方向 |
|---|---|---|---|---|
| 务农收入所占比重 (X3) | 20% = 1；21%—40% = 241%— 60% = 3；61%—80% = 4；81% 以上 = 5 | 1.74 | 0.875 | + |
| 对项目是否了解 (X4) | 不了解 = 0；了解 = 1 | 0.70 | 0.460 | + |
| 自然灾害的影响程度 (X5) | 没有影响 = 1；基本没有影响 = 2；偶尔影响 = 3；经常 = 4 | 2.99 | 0.903 | + |
| 合作项目的服务体系 | | | | |
| 对项目技术指导员的服务态度评价 (X6) | 服务态度较差 = 1；服务态度一般 = 2；服务态度好 = 3 | 2.48 | 0.578 | + |
| 项目技术指导的及时性和准确性 (X8) | 不及时准确 = 1；及时准确性一般 = 2；及时准确性高 = 3 | 2.46 | 0.610 | + |
| 项目新技术的推广程度 | 推广程度差 = 1；一般 = 2；推广程度高 = 3 | 2.12 | 0.555 | + |
| 合作项目的绩效成果 | | | | |
| 项目对农户生活的改变程度 (X9) | 没有改变 = 1；有一定改变 = 2；有较大改变 | 1.91 | 0.513 | + |
| 项目新品种能否符合农户对农业发展的实际 (X10) | 不符合 = 1；不太符合 = 2；基本符合 = 3；符合 = 4 | 3.06 | 0.612 | + |
| 项目所带来的增产增收效果是否显著 (X11) | 不显著 = 1；不太显著 = 2；较显著 = 3；显著 = 4 | 2.68 | 0.716 | + |

（三）模型估计结果分析

利用调查数据，本节采用 SPSS20.0 软件对模型进行了回归和检验，回归结果见表5-6。在模型的建立过程中，首先把所有可能影响农民产学研合作项目满意度的因素引入模型，从模型的回归结果来看，模型的卡方检验值分别是101.376，Nagelkerke $R^2$ 分别是0.749，表明模型整体拟合效果良好，回归分析所得结果可以作为分析和判断各影响因素作用方向和大小的依据（见表 5 - 6）。

表 5 - 6　　　　　　　　　　模型估计结果

| 变量名称 | 估计系数 | Wald 值 | 发生比例 |
|---|---|---|---|
| 农户的基本特征 | | | |
| 性别（X1） | 1.919 | 1.620 | 6.813 |
| 是否纯农户（X2） | 2.826 | 1.525 | 16.875 |
| 务农收入所占比重（X3） | - 2.401 *** | 6.798 | 0.091 |
| 对项目是否了解（X4） | 4.018 * | 3.597 | 55.602 |
| 自然灾害影响程度（X5） | 7.44 ** | 5.044 | 1702.505 |
| 合作项目的服务体系 | | | |
| 对项目技术指导员的服务态度的评价（X6） | 7.405 ** | 4.017 | 1643.978 |
| 项目技术指导的及时性和准确性（X7） | 10.025 ** | 4.940 | 22.375 |
| 项目新技术的推广程度（X8） | 11.621 ** | 5.730 | 11.511 |
| 合作项目的绩效成果 | | | |
| 项目对农户生产生活的改变程度（X9） | 0.034 | 0.025 | 1.034 |
| 项目新品种能否符合农户对农业发展的实际（X10） | - 4.23 | 2.179 | 0.015 |
| 项目所带来的增产增收效果是否显著（X11） | - 6.928 ** | 4.399 | 0.001 |
| 常量 | - 39.885 | 4.960 | 0.000 |
| 极大似然值 | 41.555 | | |
| Cox & Snell R | 0.254 | | |
| Nagelkerke $R^2$ | 0.749 | | |

说明：*** 、** 、* 分别表示在 1%、5%、10% 的水平下显著。"—"表变量不存在。

1. 农户的基本特征对农户参与产学研合作项目满意度的影响

（1）农户务农收入占家庭收入比重显著负向影响农户对产学研合作项目的满意度，其通过了 1% 统计水平的显著性检验，表明农户务农收入占家庭收入比重越低，农户对产学研合作项目越满意。近年来，农民的收入主要来自四大块：一是务农收入，二是务工收入，三是财政转移收入，四是各种农业补贴。随着工业化的不断发展，务农收入在家庭收入中的比重逐渐呈下降趋势，人们脱离农业生产主要是由于农业生产的收益回报率低。产学研合作项目的推行能有效弥补新形势下农业生产的不足，合理配置资源，提高农业的收益回报率，增强农民从事农业生产的信心。因此，务农收入较低的农户越能在心理上认同产学研合作项目，其满意度相较于从事农业生产的纯农户而言会相对较高。纯农户由于自身经验的影响，对于新技术新品种并不能有效地接受及理解，在项目推行过程中易产生自身经验和新产品技术的冲突而影响其满意度。数据显示，务农收入所占比重在20%以下农民有184人，对项目满意的占98%，务农收入在21%—40%之间的农民有96人，对项目满意的占93%，之后满意度依次递减。

（2）对项目是否了解、对自然灾害影响程度的认知显著正向影响农户对产学研合作项目的满意度，说明对项目了解的人较不了解的人越满意产学研合作项目的推行，与预期相符。认为自然灾害的影响程度越严重的农户对项目的满意度越高。有效规避农业生产的自然风险是农户进行农业生产的原则之一，在干旱地区的农户会选择抗旱性较高的农作物进行耕作。风沙较严重区域的农户会选择抗倒伏性较好的农作物进行耕作，产学研项目的特点和优势也在于有效利用当地原有的自然特征扩大农业生产的经济效益，这符合农户的农业生产原则，且自然灾害较严重的区域更需要新技术新品种的施行，以抵消农业生产自然因素的负面影响。在调查农户中，认为当地自然灾害严重的农户占样本总数的34.5%，其中对项目满意的农户占100%；认为当地自然灾害偶尔影响的农户占36.1%，其中认为项目满意的占93%。

（3）性别、是否纯农户对农户参与产学研合作项目满意度的影响没有通过显著性检验。其可能的原因是，从调查结果来看，样本中男性样本占74.2%，女性样本仅占25.8%，纯农户占83.6%，非纯农户仅占14.7%，样本倾向性较大，无法有效分析相关部分对结果的作用效果而影响实证结果。

2. 合作项目的服务体系对农户参与产学研合作项目满意度的影响

三个分变量都通过了5%统计水平下显著性检验，且正向影响农户参与项目的满意度，说明技术指导员服务态度越好、技术指导越及时和准确、项目新技术的推广程度越广，农户对参与产学研合作项目越满意。调查数据显示，对技术指导员服务态度差的仅占样本总数的4.2%，认为技术指导员服务态度一般的农户占44.2%，认为技术指导员服务态度好的占51.7%。产学研合作项目的技术指导员根据服务模式不同会有一定的差别，对于"项目引导＋基地"模式，技术指导员多为高校研究型教师，"科技特派员＋基地"模式的技术指导员一般为地方党委和政府按照一定程序选派专业技术人员，"技术中心＋基地"模式的技术指导员多为高校科技人员[①]，由此可以看出技术服务人员大多为高校和政府选拔，相对而言素质较高，在项目服务过程中能较为有效的发挥服务功能。这一显著变量明确了农户对于技术指导员服务态度的看重，对今后产学研合作项目有一定的政策指导意义；技术指导的及时性及准确性和项目新技术的推广程度的作用方向与预期相符，符合预期假设。

3. 合作项目的绩效成果对农户参与产学研合作项目满意度的影响

（1）项目所带来的增产增收效果显著正向影响农户对合作项目的满意度，表明项目所带来的增产增收效果越显著，农户对项目的满意度越高。调查数据显示，大部分受调查农户认为产学研合作项目带来的增产增收效果较为显著，占了样本总量的51.1%，不过也有38.4%的农户认为增产增收效果不尽如人意。在认为增产增收显著的样本农户中对项目实行满意的占98%，但认为增产增收效果不尽如人意的样本中对合作项目的满意度仅为32.3%。因此可以看出增产增收效果对农户满意度有较为显著的影响。

（2）产学研合作项目对农户生产生活的改变程度、项目新品种能否符合农户对农业发展的实际要求没有通过显著性检验。在接受调查的农户中，认为产学研合作项目对生活收入改变较大的农户仅占9.2%，大部分农户认为改变程度一般，但有一定进步，占样本总数

---

① 韩艳玲：《湖南农业大学葡萄种植技术推广服务研究》，湖南农业大学学位论文，2012年。

的 71.1%，因此农户对合作项目对生产生活改变程度并不是特别满意，而使该因素影响弱化，不足以对农户满意度产生影响。项目新品种能否符合农户对农业发展实际没有通过显著性检验，原因可能是地方高校对项目新品种进行推行的目标和农户的需求存在差异，农户对新品种的期许多为使农业生产见效快、效益高、成本低、风险小，而高校及科研机构实行新品种的目标则多表现为追求科研成果的实现而使利益观念弱，无法有效满足农户对新品种的需求。

（四）结论

本节以湖南省常宁市、慈利县、澧县、永兴县的 360 户农户作为调查样本，通过建立二元 Logistic 模型实证，分析了农户参与合作项目的满意度及其影响因素，实证结果显示：从整体来看，农户对产学研合作项目的满意度达到了 95%，充分肯定了产学研合作项目的实施效果。从模型中可以看出：务农收入占家庭收入的比重、对产学研合作项目是否了解、自然灾害对家庭生产的影响程度、对技术指导员的服务态度评价、技术指导的及时性及准确性、项目新技术的推广程度、项目对农业增产增收效果是否显著七个变量显著正向影响项目农民参与产学研合作项目的满意度；是否纯农户、性别、对农户生产生活的改变程度、新品种是否符合农户发展需求对农民参与产学研合作项目的满意度的影响不显著。由此可以推出以下结论：第一，加强合作项目服务体系建设。合作项目服务体系建设的三个指标都通过了显著性检验，而合作项目的绩效成果指标仅有一个通过显著性检验，排除调查随机干扰，我们可以认为农户更关注产学研合作项目的服务体系是否完善。虽然调查显示农户对现行服务体制的满意程度较高，但是在进一步发展过程中，随着参与主体的不断增多，如何有效服务于民就显得尤为重要，这关乎农户参与项目的积极性和主动性，因此健全的服务机制必不可少。第二，加快合作项目成果转化，提高项目农业生产绩效。实证结果显示，整体而言，农户对现行项目成果的生产绩效并不是特别满意，这与高校新产品、新技术研发区域较窄、研发项目有限、成果转化较慢有直接关系。因此，加强科研力度，加快科研成果转化、提高项目生产绩效是高校提高农户参与合作项目满意度的可靠举措之一。

# 第四节　湖南农业大学产学研合作的启示

## 一　充分发挥高校的智力优势，完善科学技术的孵化器功能

孵化器理论是指为发展初期或者发育不成熟的企业提供一个适宜的成长空间，为企业的发展提供技术支持及发展机遇，在一定程度上降低企业发展过程中面对的机会成本和相关风险，从而使企业逐步做强做大。高校作为国家科研创新的重要场所，在很大程度上承担了科研创新的主体，特别是农业院校，其科学技术的创新直接关系到我国农业的现代化发展。但总体而言我国的科技成果转化率较低，智力优势无法有效发挥出来。出现这样的情况存在两部分原因：一是现行高校创新力度不够，所研究的成果无法有效与实践相结合；二是科技成果转化的外部环境不甚乐观，缺乏有效的成果转化机制。因此高校在科研过程中，须更注重创新，发挥高校的智力优势，集聚现代科技的智力支持对是企业发展的重要发展动力，也是企业孵化器得以产生功用的重要服务支持。科技园区企业化管理和运营的能力是科技园区能否实现孵化高科技企业功能的关键因素。由于科技园区与高校具良好的互动关系，科技园区依托于高校的学科建设和科技实力，同时高校也为科技园区输送高科技研究成果、科高科技人才，使科技园区有着独特的科技优势。尤其是在"2011 计划"开启的新阶段，更加促进了科技园区与高校的紧密联系。因此，如何充分整合高校和科技园区之间的资源，加速科技园区高科技企业的快速孵化和成长，实现其高科技技术转移的优势，成为科技园区产业化发展的持久动力。

## 二　转变观念，加强合作意识

高校产学研合作从本质上来讲，是一项综合性的经济活动与科技力量相结合的组织工作，是一项高新技术研发及转化为现实生产力的

活动，是整合合作各方资源、实现资源的优化配置、把地方高校的科研教学优势转化为经济优势的一种重要途径，同时也是贯彻落实科学发展观、建设创新型农村的重要举措。因此，一方面，从高校的角度，湖南农业大学相关科研管理部门应当转变观念，从更高的高度来理解认识高校产学研合作的重要性和高校科研成果转化对高校教学科研的积极促进作用，从教学体制上和政策支持上要大胆突破，进行改革，不为创新而创新，也不过分以追求自身学术成就为目标，而是切入实际，通过调查研究及相关资料研究发现现行企业和农户迫切需要的技术方法，旨在为我国农业现代化发展贡献力量，而且能够强化合作意识，努力营造一个由政府部门主导、企事业单位主动、高校积极参与的良好环境。另一方面，湖南省各级政府和党委也应加强领导，充分利用各种宣传教育手段和政策奖励等措施，加大对湖南农业大学与地方企业进行产学研合作的宣传力度，通过组织企业进行产学研合作项目的相关学习和在村镇级宣传栏中多张贴校企合作的典型成功案例，潜移默化改变企业和农户思维，让农户和企业真切感受到校企合作是具有进步意义的科技创新，而不是面子工程、绩效工程，在各地形成促进湖南农业大学产学研合作、推动技术创新发展的良好氛围。各地政府应该提高对产学研合作重要性的认识，加强合作意识，把湖南农业大学的科研成果转化放在重要位置，集中力量帮助解决湖南农业大学的现实问题，力争在地方社会形成政府重视高校科研创新、积极推进科研成果转化的共识，全力营造一个地方政府要求、地方企业需求、地方高校获益的共赢局面。

### 三　建立交流沟通机制，满足社会需求

湖南农业大学产学研合作交流沟通机制，不仅仅包括湖南农业大学派遣科技特派员、科技服务小组、企业工程师、专家教授进入地方企业等各类派驻活动，也包括建立从地方企业邀请或特聘企业导师、技术工程师、产业教授等进入学校实践教学的双向沟通渠道。一方面，湖南农业大学在产学研合作过程中的派驻人员一般都比较熟悉本校的科研资源，通过在地方的挂职又可以对地方经济发

展过程出现的技术需求有较为直接的了解，容易快速找到湖南农业大学与地方或企事业单位产学研合作的契合点，成为湖南农业大学与地方或企事业单位产学研合作的纽带。另一方面，湖南农业大学通过邀请或特聘的地方产业教授、企业导师均来自于生产一线，能够及时地根据地方社会经济发展需求和产业动态准确地把握科研项目方向和地方行业的共性技术需求，推动地方或企事业单位与湖南农业大学联合开展科研项目的研究，推动地方或企事业单位承担湖南农业大学的科研成果在中期放大试验和后期技术产业化基地的建设，从而使湖南农业大学与地方或企事业单位的产学研合作少走一些弯路。此外，要加强高校与地方或企事业单位人才资源和技术资源的共享，可设立专业教授担当"实地访问工程师"制度，派遣一批专家教授到设计、生产的第一线进行实践、兼职，成为地方或企事业单位的技术顾问，提高"双师"综合素质。而地方企业技术人员也可参与高校专业建设，制订实践教学计划，成为高校兼职实践导师。同时，充分利用各种交流活动开展双方科技资源的共享，拓展高校产学研合作的科技视野，实现技术供给方和技术需求方的有效对接，促进高校科研成果的快速转化。

## 四　完善激励管理机制，调动合作各方积极性

一是制定完善推进湖南农业大学产学研合作的相关政策，充分发挥政策的引导、激励作用，调动湖南农业大学产学研合作各方的积极性、主动性。如加大各级政府对湖南农业大学与地方或企事业单位产学研合作的投入力度；从湖南农业大学与地方或企事业单位产学研合作过程所获的利益中抽取一定比例奖励有杰出贡献的科技人员；允许湖南农业大学相关专家教授采取兼职等方式到地方企业搞开发；对适用于企业的科技创新成果给予一定的政府奖励或者补助，创建完善的外部激励机制。二是建立完善促进湖南农业大学与地方或企事业单位产学研合作的内部管理制度。如建立能够充分调动产学研合作各方积极性、主动性的内部激励制度，对在湖南农业大学与地方或企事业单位产学研合作中的相关人员在利益分配与职称评审上，按照其所创造

的社会与经济效益，给予一定的倾斜；对于科技成效发挥显著的公司可以给予一定的政府奖励，提高企业发展科技创新成果的积极性。三是建立统一的湖南农业大学与各地产学研合作的专门管理机构，有效协调湖南农业大学与各地产学研合作各方利益与社会利益的关系，规范、监督产学研合作专门管理组织及合作各方的行为；针对直接对接地方农户的项目，地方政府机构可以给予参与合作农户一定的补贴，同时提供及时的技术支持，解决农户在推进科技成果转化过程中碰到的一系列问题。四是政府相关部门要为产学研合作专门组织及合作各方主体提供各类技术市场需求信息或技术信息，提供服务渠道，提供咨询服务及典型推介。

## 五　加大科研资金投入力度，构建稳定的资金环境

资金是推进创新的一个重要支持，人们面对新事物常常会采用风险规避的态度，估量其存在的隐形风险而常常畏缩不前。在推进高校科技成果的创新和实施过程中，需打通资金供应渠道，发挥资金在推进新事物中的引导作用，让企业和农民能够有效地参与到校地合作中来。在实际中，一是充分发挥各级政府部门在湖南农业大学与各地产学研合作过程中的主导和引领作用，逐年提高政府在高校产学研合作方面的科研资金投入，各级政府在原有的基础上进一步加大对产学研合作研发资金的支持力度，安排高校与地方的产学研合作项目。创新是现代中国的主流，国家不遗余力推进创新，为创新打造一个良好的外部环境，资金的支持必不可少，但关键也要将资金合理地利用，不能盲目投入，要有效地分配到具有实际意义和长远功用的科技创新研究中来。二是设立高校产学研合作专项基金，进一步完善以政府财政投入为主导、地方高校产学研合作各方投入为主体的科研资金投入体系，充分发挥政府财政投资的导向作用。参与产学研合作的各地科技局利用政府财政投入资金设立产学研合作专项基金，并组建相应的管理机构专门负责产学研合作基金的管理和使用，并以此带动地方企业、高校以及其他技术需求者进一步加大对科研资金的投入力度，推动湖南农业大学产学研合作的健康稳定发展，以实现高校产学研合作

各方的共赢①。三是通过政府拨款等方式，多渠道筹集湖南农业大学与地方产学研合作的专用资金，组织实施高校与地方的产学研合作研究项目。四是商业银行优先安排信贷，支持高校产学研合作科研项目的开发资金和流动资金，并实行专项管理，确保专款专用。五是优先推荐和支持产学研科研工贸企业的示范企业上市融资，构建稳定的科研资金环境。

## 六 健全项目服务推广机制，提高项目参与满意度

服务推广体系的建立作为联系高校与企业或者农户的重要一环，直接关系到科技成果转化的效率及效果，目前湖南农业大学在项目服务方面虽然取得了一定的成绩，但是完善的服务推广体系尚未完全建成，这在一定程度上将影响今后项目推广的效率。在社会分工日益扩大的今天，广大农户在参与产学研合作项目的过程中都面临着信息不对称、科技知识缺乏等问题，这就需要湖南农业大学在项目实施过程中提供优质、高效的技术服务。首先搭建培训平台，利用现代网络传媒优势，实现便捷、全面的服务和推广，可以通过制作项目技术服务光碟或者网络等工具随时满足农户在新品种及新技术使用过程中的疑难问题，而且能够有效地进行推广，方式简单，易于被农户接受。同时也要加强科技推广队伍的建设。现行科技推广队伍缺乏有效的规法，推广人员的技术水平和知识水平相对较低，推广人员自身对新的科研成果认知有限，将直接影响到企业和农户对科技成果的认知，因此也可以多加强科技推广队伍的建设，聘请高素质人才参与连接高校和企业的最后一环，使科技成果转化之路环环相扣，一气呵成。其次要因地制宜，根据各地区合作项目的差异及农户特征选择服务和推广的内容及方式。服务和推广的方式方法不能固定刻板，应根据当地农户的个体偏好进行项目服务或推广，能有效把握农户心理，提高其参与的积极性。最后，湖南农业大学在合作项目技术研发过程中，应充

① 马卫华、许治：《我国高校产学研合作现状与特点》，《科技管理研究》2010 年第 23 期。

分关注合作地区的农户需求，确保新成果与农户的需求相适应，尽量降低技术带来的风险性，提高技术的成熟度和适应性，从而在实质层面增加服务及推广的意义。

### 七　完善政策法规，构建和谐外部环境

首先，在湖南农业大学与地方和企事业单位的产学研合作问题上，湖南省各级政府应当给予湖南农业大学和地方企事业单位一定的政策保护，逐步完善产学研合作的相关法律法规，建立良性运行机制和有效的监督保障机制，保障产学研合作各方的合法权益，为产学研合作创造良好的环境和条件。同时，湖南农业大学要充分发挥自身的科研优势和人才优势，积极主动地承担地方在经济发展过程中遇到的技术难题攻关项目，为地方乃至整个社会培养出更多高素质人才。正因如此，湖南农业大学在产学研合作过程中要给予相关科技工作者一定的政策优惠和奖励，建立合理长效的利益分配机制，调动科研人员的积极性，从而推动湖南农业大学产学研合作的协调发展。其次，着力构建有利于湖南农业大学产学研合作的外部环境，主要包括：政策环境，湖南省政府要制定一系列关于高校产学研合作的相关优惠政策，以促进湖南农业大学产学研合作工作的顺利展开，其中包括税收、财政以及知识产权等方面的政策；法制环境，高校产学研合作涉及合作主体方方面面的利益，因此，要在实践中不断探索总结，逐步建立相应的法规条例，把高校产学研合作逐步纳入法制化轨道；改善风险投资环境，由于湖南农业大学缺乏稳定科研资金的支持，部分科研成果成熟度不高，风险性较大，地方企业在接产失败后就不愿再冒风险进行投资，从而在一定程度上阻碍了湖南农业大学产学研合作工作的进行。为减低双方的投资风险，应健全相关的风险投资机制，合作双方共设风险基金，密切合作以降低投资风险。①

---

① 张经强：《我国高校产学研合作现状及对策》，《中国乡镇企业技术市场》2005年第8期。

## 八　加大项目科研力度，提高项目成果绩效转化

科学研发的成果是创新的成果，创新是否具有实践意义、是否能有效推进我国农业的发展，这都与科研项目的质量有关。缺乏创新，仅仅总结前人观点的科研成果不是创新。因此需加强科研项目的研究力度，提高创新成果的质量及可实用性，真正为企业和农户发展现代农业提供智力支持。实际中，首先，湖南农业大学应积极契合从项目层次的合作到组建研发联盟的产学研合作发展大趋势，在省内有组织地选择相关重点行业和关键技术领域进行试点，再以行业龙头企业为导向，联合科研能力雄厚的其他高校或者科研机构，组织多种形式的项目研发联盟，集结各方面的研发资源，准确高效地进行项目科技的研发，以有效提高相关领域科研力度。其次，科研过程中要注重基础研究与应用研究相结合，要将基础研究延伸到产业发展上，从农户的实际需求中凝练并提出关键的基础科学问题，作为应用研究的主攻方向，面向项目的主导产业开发组建多学科领域的创新团队，加强原始创新和集成创新能力，确保科研创新研发力度，为项目实行提供更高的科技创新水平及更具效益的技术支持。再次，提高项目技术的实用性、便捷性、可实践性。湖南省农业人口众多，随着城市化的推进，农村青壮年劳动力出现跨区域转移，从事农业生产的劳动力老龄化现象不断加剧，使农村地区的知识技术结构不能满足现代农业发展的需求。因此，根据现行农村实际，湖南农业大学在推行产学研合作项目时，提供的技术源头必须要突出简洁性和实用性，以节约劳动力、节约成本为导向，提供具有显著增长效益的技术或者新品种，促进项目技术成果的有效转化。①

## 九　重视科技中介组织内部建设，发挥其桥梁作用

产学研合作中介机构作为高校和企业联动作用的信息平台，承担

---

① 杨胜良：《基于 Malmquist 指数的农林院校产学研结合绩效研究——以西北农林科技大学为例》，《西安电子科技大学》（社科版）2012 年第 3 期。

着科技成果转化中介和服务社会企业的责任。国外产学研模式的发展就更注重组织机构的创新和人才的交流，它通过松散联盟和动态开放的模式实现企业和高校的共存共赢，在这个过程中，对科技中介服务组织的内部构建就起到了较为显著的作用。中介机构的发展有利于企业和高校形成合作默契，有效地将科技成果与实践相结合①。地方高校的职能由科研、教学逐步向科研、教学和社会服务三个方面转化，社会服务功能的不断增强，教育体制的改革使高等教育脱离政府，并开始以独立法人的形式向政府以外的社会主体服务。但由于供求双方的信息不对称，在市场作用下，科技中介服务组织应运而生，它的作用是高校坚持市场导向的结果，在实际中也承担着重要的沟通桥梁作用。因此，加强科技中介组织机构的内部建设，适应社会发展变化的多种需求，实地满足企业和农户的农业科技要求。科技中介组织的内部建设最关键的就是人才的建设，需要服务人员具有各种服务能力，除了具备科技研发能力以外，还应该具有相关的营销知识和良好的团队精神，每一个人都应该具有独当一面的力量，完成企业的项目咨询工作。因此，在培养中介服务性人才时，需重视从业人员的教育、服务意识和个人能力，提高其整体素质，如此才能有效提高中介服务组织的运行效率。

## 十　完善地方高校产学研合作教育管理体制，提高人才培养质量

从产学研合作人才培养的需要来看，目前地方高校的管理体制并不能很好地适应社会主义市场经济的快速发展，这在一定程度上阻碍了产学研合作教育的快速发展。随着市场经济的快速发展，人们已经逐渐将接受高等教育与实现就业紧密地联系在一起，而近年来地方高校招生规模的扩大和大众化则进一步加强了教育与就业紧密结合的趋势。社会经济发展对人才的需求使教育者对高校的专业设置、实践操作能力的培养、课程设置和教学方法等均提出了新的要求。而高校在

---

① 李保会、任士福、郑洁：《河北农业大学：产学研合作的实践与探索》，《中国高校科技与产业化》2009 年第 6 期。

这一问题上往往处理不好的根本原因在于高校中传统的管理体制缺乏对社会经济发展的人才需求做出快速反应的合理的教育管理机制。因此，加快对高校传统管理体制的深化改革显得尤为迫切，而改革所围绕的最终目标就是采取各种措施提高高校对社会经济发展对人才需求变化的反应能力和自我调节能力，以逐步清除地方高校各职能部门之间的功能性障碍，使产学研合作的人才培养模式与教学管理和就业指导有机结合，从而使地方高校能根据市场经济发展对人才的需求进行有针对性的培养，提高人才培养的质量。

# 第六章

# 国外地方高校产学研合作的经验借鉴

地方高校产学研合作已经成为世界各国发展高等教育和服务社会生产领域的重要途径，产学研合作教育也被普遍认为是有效培养应用型创新型人才的机制。世界各国的产学研合作体系各具特色，虽然社会制度不同，各国国情也不相同，但是国外的产学研合作模式中还是有许多值得借鉴的地方，这对于推动我国地方高校产学研合作的持续健康发展有着重要的作用。

## 第一节　国外地方高校产学研合作模式概述

### 一　国外高校产学研合作的一般方式

一些西方发达国家关于产学研合作的研究在理论和实践上相对我国要先进很多，而且这些国家在产学研合作中积累了许多成功的做法和经验，比如通过立法，在财政、金融和税收政策、建立产学研合作协调机构等为产学研合作创造良好的宏观政策环境，从而促进产学研合作的进一步发展。从实践层面上进行分析，这些国家在创建产学研合作机制和人才互补模式方面也取得了较好的成就。根据经济合作与发展组织的报告，国外高校参与产学研合作的方式大致可以分为七类[①]：

（1）一般性研究支持。这种合作方式的表现形式是：企业界以捐款、成立基金、捐赠设备与其他研究设施等方式，协助高校进行各项

---

① 朱建设：《海峡两岸产学研合作的方式比较》，《中国科技成果》2003 年第 19 期。

研究。采用这种形式的企业主要是为了优化企业形象，提高知名度，为企业增加无形资产价值，或者是为了与高校建立一种亲密的关系，为未来的长期合作奠定基础。

（2）非正式的合作研究。这种合作方式的表现形式是：高校研究人员以非正式的形式与企业进行合作，通常是由高校研究人员以个人身份且多数利用业务时间就个别课题与企业进行合作研究。制药、航空与环境科技等领域采用这种形式较多。

（3）契约型研究。这种合作方式的表现形式是：根据企业发展的需要，企业为了减轻研发经费的负担，将部分研发活动委托高校进行，以契约方式与高校进行特定项目的合作研究。这种正式合同方式建立的产学研合作可以动用更多的正式和非正式资源进行研究开发，有助于获得目标明确的成果。

（4）知识转移与训练计划。这种合作方式的表现形式是：高校与企业界进行知识与人员的合作交流，如大学教授担任企业的顾问，为企业的研发计划或技术瓶颈提供咨询意见。同样的，企业也通过合作计划、大学的课程设计、人才培养方向以及研究计划提供建议。高校为企业定向培养人才，提供在职人员培训等。采用这种产学研合作方式，可以通过这种人员和知识的交流，使双方的研发更具效率。

（5）参与政府资助的共同研究计划。这种合作方式的表现形式是：政府编列专项预算，资助企业和高校共同进行研发，特别是鼓励资金较不充裕而研发能力又较弱的中小企业参与。这种合作的目的主要在于通过政府的引导，强化企业与高校的合作网络关系，使企业界能更有效地利用大学的研究资源，并让大学的研究更具经济性特征。这种方式带有一定程度的政府扶持性质。

（6）研发联盟。这种合作方式的表现形式是：各国政府针对特殊领域的大型研发计划提供资金补助，由企业、高校或研究机构组成规模较大的研发联盟，共同申请赞助进行合作研究。这种合作方式一般是政府通过资金杠杆促进产学研合作，以强化本国产业在新兴科技领域方面的竞争力。

（7）共同研究中心。这种合作方式的表现形式是：在高校设立共同研究中心，高校与企业共同参与合作研究。企业对共同研究中心的研究方向也具有发言权。目前，这种方式是经济合作与发展组织成员国促进产学研合作的主要策略。

以上七种模式是各国产学研合作中采用的主要模式，不过由于每个国家的国情不同，所采用的方式又各不相同，各种模式所发挥的效用也是不同的。下面就当前世界上开展产学研合作较为成熟的几个国家进行分析，在此基础上提炼其产学研合作的成功经验，以期为我国地方高校产学研合作的开展提供有益的建议。

## 二　美国地方高校产学研合作模式与特点

美国产学研合作的兴起始于 1862 年美国国会颁布的《莫雷尔赠地法案》，这部法案规定："联邦提供给各州一定的土地，将这些土地的收益用于建立一批州立大学，要求这些大学开设有关农业和机械技艺方面的实用性学科。"[①] 可见，政府参与在美国产学研合作的萌芽时期就起到了拉动的作用。但是，这一时期的产学研合作还停留在对学生的联合培养上，与现在的产学研合作在内涵上有着质的区别。20 世纪 50 年代，斯坦福大学科技园诞生，该科技园由斯坦福大学建设并由产学研相关人员推广。斯坦福模式成为人们效仿的成功模式，并被认为是现代意义上的产学研合作的开端。

（一）美国地方高校产学研合作模式

美国高校与产业界的联合，使产学研合作具有了强大的科研功能、教育功能和社会功能。美国高校产学研合作模式主要有以下六种：

1. 科技工业园区

根据美国相关组织规定：科技工业园首先必须具备私立或公立的研究开发设施、高技术或科学技术导向型企业、以支持性服务为目的而开辟的土地或建筑物；拥有大学及其他高等教育、研究机构，或是

---

① 霍红豆：《美国高等学校"产学研合作教育"研究》，辽宁师范大学学位论文，2010 年。

在大学及其他研究机构的正式协作下运营；必须能够促进企业与大学之间的共同研究开发，能够支持新型风险企业的成长；具有支持大学与入驻企业间技术和经营方法转移的作用。1951年，美国最早的硅谷科技园在加利福尼亚州建立，斯坦福大学就坐落在园区的中心。硅谷科技园是在政府的支持之下，积极宣传大学在人才、科研、设备等方面的优势，通过招商引资的方式吸引社会资源兴建服务设施，最后以高校为中心形成的产业经济园区。硅谷科技园建立的主要目的是技术创新，在创新的过程中将创新成果逐步地转化为现实生产力，从而为经济发展增添活力。通过高校与企业实体之间的相互联合，硅谷科技园发展迅速。在硅谷科学园区的影响带动下，美国很快就建立起了上百个科学园区，其中较著名的有波士顿128号公路高技术园区、北卡罗来纳州立大学和杜克大学共同组建的"三角研究园"和奥斯丁高技术园，这些园区对美国的经济和教育发展均产生了深远的影响。

2. 企业孵化器

企业孵化器最初是由美国政府牵头组建的，后来也开始在高校建立，其宗旨是为刚起步的新建企业提供诸如资金、信息、技术等方面的帮助。企业孵化器除了向新建小企业提供场地、资金、市场等，还为企业提供科研设备、律师、会计、员工培训、后勤等服务，并且帮助企业制定经营规划、创业管理技能等训练；企业孵化器同时为已经成长起来的企业提供管理咨询服务。孵化器的诞生顺应了企业创办高新技术产业的需要，也为高校服务企业找准了切入点，能够显著提升新建企业的成功率。企业孵化器是扶植新建企业的一种有效模式，弥补了科技工业园区的不足。

3. 合作研究中心

合作研究中心于1990年正式实施，是由美国国家科学基金会资助，高校和企业共同投资、共同管理的组织，合作研究中心主要根据企业的要求在高校支持下开展课题研究。1972年，美国国家科学基金会提出"工业—大学合作研究计划"，计划对合作研究中心提供资助，这项决定对合作研究中心的发展提供了宽广的空间。合作研究中心最早在卡内基—梅隆大学、麻省理工学院、北卡罗来纳州立大学、俄勒冈大学和犹他州立大学出现，随后数量不断增加，如今的合作研究中心都是由一所大学和多家企业联合组成。合作研究中心有力地推动了政府、企业和高校的合作，并使各方达到共赢的目的。

4. 高新技术转让服务中心

美国政府对高科技成果的社会应用是非常重视的。在美国的一些州，政府会通过制定相关的法律法规来帮助新兴企业，地方高校也会在企业发展的过程中为其提供技术支持。例如佐治亚理工学院就成立了高新技术转让服务中心，该中心为企业提供相关的业务咨询，以讲座或培训的形式来帮助提高企业员工的技术能力，以此来解决企业的人才和技术难题，并且高校会向企业转让高新技术成果。美国政府为了提高大学、国家实验室和私人研究机构的科研成果转让比例，建立了全国性的技术转让网络，一些具有工业应用前景的技术成果可以通过该网络向企业界转让。先进的科技成果转化之后发挥的社会功能是巨大的，在相关政策的引导之下，以高新技术转让服务中心这一模式为主的产学研合作发展势头良好，使当地在美国处于领先地位。

5. 高新技术咨询中心

高新技术咨询中心是美国高校的常设机构，几乎每所高校都有这种咨询中心。高校在为社会服务的宗旨下积极地为企业提供相关的咨询服务，美国高校鼓励教师为企业提供各种技术咨询服务，这种咨询服务促进了高校产学研合作的进一步良性发展，这是一种非常有效的产学研合作途径。通过提供技术咨询服务，高校不仅可以将理论知识应用于社会生产实践中，还能够为企业节约一定的研发投资成本。不过高校为了保证教师的教学质量，会对咨询服务的时间做出硬性的规定，如有的美国高校规定教师用于咨询服务的时间不能超过其全部工作时间的20%。

6. 工程研究中心

很多美国高校以自身的优势或专业为核心，吸收若干实力雄厚的企业参与，围绕产学研合作成立了相关的工程研究中心；其基本单位是课题组，由大学教师、博士后、研究生、大学生以及企业界的科学家参与共同完成研究与教学的任务；其主要任务是针对工业生产的需要开展跨学科研究，同时着力培养工业生产所需的工程技术人员，它以工业界面临的主要任务为动力，所研究的课题是高校与企业双方都感兴趣的。例如，1948 年马萨诸塞理工学院成立了产业协作规划组织，其宗旨是加强高校与企业之间的相互合作与交流，建立合作关系，进而达成双方共赢的局面。在这种背景下，该校在短时间内就集合了 300 多家企业，这些企业每年需要向产业协作规划组织缴纳数万美元的参与资金，而产业协作规划组织负责提供情报信息、组织研讨会等一系列的服务，以此来推动企业管理人员与高校研究开发人员之间的有效合作。

（二）美国地方高校产学研合作的特点

1. 美国地方高校与政府合作密切

美国高校不仅承担着传递科学文化理论知识、开展科学研究和服务社会经济的任务，还肩负着科学技术创新的责任。20 世纪 80 年代，美国政府提出"对内振兴经济，对外重振国威"的口号，积极鼓励高校与企业进行产学研合作。美国是世界上针对产学研合作立法最为完善的国家。1980 年的《拜杜法》规定，美国联邦政府资助取得的科研成果归属科研机构所有，科研机构有权力对科研成果专有或以非专有方式转让给企业，进行技术转移；美国企业享有优先选择科研成果的使用权。1986 年的《联邦技术转移法》规定，许可证、专利转让等科研技术的收入，必须将收益的 15% 归发明者，这对于鼓励产学研合作的发展起到了有力的推动作用。自 1971 年开始，美国高校在美国国家科学基金会的资助和规划下还成立了"高校与工业合作研究中心""工程研究中心"和"高新技术转让服务中心"等七项产学研合作计划。

2. 美国地方高校科研资金来源广泛

美国高校拥有强大的资金后盾支持，其科研资金的来源主要有三个渠道：一是美国联邦政府、州政府设立专门的基金，用于支持产学研合作项目开发；二是企业投资或捐赠，企业一般会将产业利润的10% 左右或者定额捐助给高校，以促进产学研合作发展；三是地方政府或社区提供经费支持，用于研究和解决当地社区的人才培养等问题。除了这三个渠道，针对一些投资风险大、投资金额多但是又可能产生重大技术突破的研究项目，政府则会通过"风险基金"给予专项支持。"风险基金"是促进高新技术产业发展的有力工具，更是支持产学研合作发展的一项有效措施。

3. 美国地方高校与企业合作开展科研活动

美国高校产学研合作的研究课题一般由高校和企业共同提出，或者由某一方提出但需要借助双方的力量共同承担研究，这种研究课题往往针对性强，科研成果转化速度快，很快就会被应用于产品开发。这种科研形式一般是直接针对某一行业的普遍性的技术问题，更倾向于应用性研究，这种转化率较高的研究促使高校与企业结成更为紧密的联合体，推进双方进行多方位多角度的产学研合作。

### 三　日本地方高校产学研合作的模式与特点

有学者指出，"第二次世界大战后日本产业的发展史就是一部产学研合作的发展史"①。1956 年，日本经营团体联盟发布《关于适应新时代要求的技术教育的意见》的文件，该文件指出要使具有理工技术的高校与企业密切联合，高校要准确了解产业界的科研技术需求。这一举措有力地推进了日本科技与企业发展的进程，并促进了日本经济的迅猛发展。从此，日本政府把加强产学研合作作为科技振兴与人才培养的重大措施列入国家计划，日本高校与企业自此走上了产学研合作的道路。

（一）日本地方高校产学研合作模式

日本政府通过制定严格的规章制度来规范、支持和引导产学研合作，并于 1981 年确立了"产学官"一体的产学研合作制度，确立了政府在产学研合作中的重要地位。目前，日本地方高校产学研合作主要有以下六种合作模式：

1. 科学园区

20 世纪 80 年代，日本政府决定建立以高校为中心的科学园区。

---

① 朱恪孝、姚聪莉：《西部产学研合作模式的选择研究》，科学出版社 2011 年版，第 45 页。

科学园区以高校为中心，与专门科研机构、生产企业合作兴办高技术密集区，既培养新的科技人才，促进大学教育教学改革，又开发新技术、新产业和新产品。筑波大学作为筑波科技城的核心，是日本高校中产学研合作的典范。筑波大学最引人注目的改革是废除讲座制，建立起新的学群、学系制，使各个学科在一个学群内可以融合，使不同学科领域的教育、研究得以交流与协作，以实现面向国际、面向未来的新型大学的任务，为培养服务现代社会的综合型人才奠定基础。筑波大学的产学研合作制度主要有三种：共同研究制度、委托研究制度和捐赠讲座、研究室制度，筑波大学宽泛的、开放式的大教育课堂为产学研合作提供了良好的教育组织形式，其产学研合作制度也已形成了较好的良性循环机制。

2. 共同研究中心

截至 2000 年，日本全国 43 个都道府县，已经有 52 所国立大学设立共同研究中心①。研究中心除了对企业开放，还对民间企业的技术人员进行继续教育，并且转让研究成果。日本政府还决定为重要的大学研究机构及其附设研究所配备大型研究设备和大量研究资料，建成更适宜综合化研究、面向国内及国际开放的共同研究中心。

3. 共同研究

这是 1983 年建立起的高校与企业之间的产学研合作模式。高校接受企业派出的研究人员和经费，由高校教师和企业研究人员确定共同的课题，以对等的立场进行合作研发活动。研究一般在高校进行，设备由双方提供，成果也由双方共享。

4. 委托研究

委托研究指的是民间企业、地方团体、政府部门、公益性机构等委托高校实施的一种研究活动。委托研究所需的经费由委托人全部承担，其中三成给学校做管理费用，七成给研究员使用。目前，这种产学研合作模式在日本发展很快。

---

① 驻日使馆教育处：《日本大学的产学研合作》，《教育参考资料》2000 年第 3 期。

5. 委托研究员制度

委托研究员制度指的是企业从高校聘请科研人员对企业的技术人员或研究人员进行培训指导，提高企业技术人员或研究人员的科研水平，从而帮助企业提高研究开发能力。

6. 企业捐赠制度

1987 年，日本文部省发布法令：捐赠者将捐款交给国家，国家将同等数额的现金交付给接受捐赠的大学。这条法令足以表明日本政府对企业捐赠的提倡和鼓励。企业捐赠制度是指公办高校可以利用企业捐赠的资金在高校开设"捐赠讲座"或"捐赠研究部门"。日本政府积极鼓励企业、民间团体、个人向高校捐款，以改善高校的教育教学条件，并提高其科研水平。

（二）日本地方高校产学研合作的特点

1. 政府重视，引导合作

1996 年，日本政府制定的《科学技术基本计划》把产学研合作列为国家的一项基本国策，督促高校与企业认真实施该项要求。1997 年，日本政府制定的《教育改革计划》指明了政府大力推进产学研合作教育发展的策略。进入 21 世纪，日本开始实施产业群推荐计划，分别在不同地方成立了 19 个各具地方特色和技术特色的产业群。经济产业省对产业群采取了多种支持措施，主要包括：鼓励企业与研究机构进行技术交流合作，如交流会、研讨会等形式；成立创业孵化环境，培养和鼓励创业者；鼓励和支持带有地方特色和优势的产业进行实体开发研究，并对其提供科研开发补助金等。日本高校的产学研合作是在政府大力推行之下发展起来的，政府在政策规范、制度运行、法律保障以及科研人员的流动与培养等方面给予产学研各方以积极的支持。日本政府不仅是产学研实践的组织者和推进者，还是实际上的指挥者和参与者，它将产学研合作实践作为实现其经济结构改革和经济增长的主要措施之一，并以周密的产业规划指挥产学研实践的内容、方式、重点产业以及相应的促进机制，并运用多项政策鼓励和引导高校与企业进行产学研合作。

### 2. 校企联合，共育英才

日本高校与产业界联系紧密，双方都承担着培养人才的教育责任和义务。在日本，研究生在高校完成基本理论知识的学习之后，就要到与高校有合作关系的企业进行实践实习。企业会为研究生提供实习期间的科研经费和场所，研究生要根据企业的需求选择科研课题，最后在达到一定的标准之后才算完成整个学业。作为对企业参与共同教育培养人才行为的回报，高校会给予合作企业以优先选聘毕业生的权利。此外，日本一大批科技高端企业也在自主创办大学，培养具有专门知识和独特理念的人才。例如，松下公司创办了松下大学，挑选有两至三年工作经验的一线职工进入该校接受教育，成绩合格者可以获得专业技术学位；丰田汽车公司创建了丰田工业大学，该校设立了智能汽车研究中心，以培养汽车工业领域专业性较强的学生；还有索尼、夏普、东芝等公司均创办了自己的大学，这些大学可以为本企业内部或者外部人员进行教学培训，并且和国立大学合作培养某些领域的专门人才。

### 3. 制度规范，保障经费

为了确保高校与企业的产学研合作能够有效地实施并取得成效，日本政府在 20 世纪 80 年代开始建立产学研合作教育制度，目前已经建立了委托研究制度、研究室制度、委托培训制度、经费划拨与使用制度、捐赠奖学金制度、研究权属保障制度、捐赠讲座、人员互派制度等一系列行之有效的制度。这些制度一方面提高了企业向高校提供的课题数量和经费数额，同时也增加了高校向企业提供的研究成果、人才、新生技术力量。日本政府在产学研合作发展的过程中，大幅度增加对高校产业实践课程的拨款，用充足的资金支持高校的科研，同时制定相关法案以推进高校向企业转让技术，并建立新的评价指标来衡量科研人员的业绩，激励高校科研人员将其科技成果进行转化。政府通过这些方面的努力，有效促进了高校科研成果转化为社会生产力，从而提升了高校对社会服务职能履行的程度。

## 四 德国地方高校产学研合作的模式与特点

德国拥有丰富的高校教育资源，在德国高校发展的过程中，政府和相关机构推行的各项鼓励政策对高校的发展起到了有力的推进作用。19世纪初，柏林洪堡大学的创办者威廉·冯·洪堡推行了卓有成效的改革，他积极倡导"学术自由"，将"科学研究"纳入大学的基本职能，并认真探讨教学与研究之间的关系。由此，德国成为最早将"科学研究"纳入大学基本职能的国家之一，这种做法对世界高等教育的发展产生了积极的影响。

（一）德国地方高校产学研合作模式

德国的产学研合作非常注重实效，强调效率的最大化、过程的持久化和目标的恒定化等，高校与企业之间的合作关系一旦确立，就会是长期、稳定和紧密的联系。德国地方高校产学研合作主要有以下几种模式：

1. 双元制职教模式

双元制职教模式指的是以学习理论知识为基础，应用实践为目的，教学活动在企业与高校之间交替进行，双方共同培养应用型人才的一种产学研合作教育模式。双元制职教模式中的学生有着双重身份：既是高校学生又是企业员工。学生要与企业签订培训的相关合同，同时还要去高校登记注册；高校的教学会与企业的培训相配合，学生在企业时接受企业工程师的实践指导，在学校时接受高校教师的理论指导，理论与实践紧密结合成为这种模式的最大特点；而且学生毕业之后，企业和学生之间可以根据自己的兴趣爱好以及企业对人才的需求进行双向选择。这种集科学化、现代化、综合化为一体的完整的教学训练体系已经成为高等职业教育产学研合作的典范，也是德国高校产学研合作的典型模式。

2. 顾问合作制模式

近年来，众多德国企业和高校（尤其是理工类高校）建立了良好的"顾问合作制"产学研合作模式。这种模式要求高校教师要尽量担任各行各业的专家顾问，尤其是工科教师必须担任某类企业的技术顾问，不论这些企业的规模大小、盈利与否。企业一般也都会把企业的顾问权授予与之合作的大学的教授，而且会非常尊重教授的意见和建议，并随时将企业的发展信息向合作顾问交流开放，形成了良好的产学研合作沟通运行机制。

（二）德国地方高校产学研合作的特点

1. 法律体系的完备

德国法律赋予大学生寻求资助和在学习期间实习、工作并获取合法报酬的权利。在相关法律法规作为保障的前提下，德国学生在进入高校之后，根据自己的兴趣爱好纷纷投入相关的企业从事相应的社会实践活动，经济上也趋于独立。另外，法律规定企业如果接收高校学生实习，其在发展过程中可以减免一定的税，因此企业十分乐意接纳高校学生参与其生产及创造活动。大部分企业甚至会根据学生的特点去设置专门的岗位，这些岗位的工作就是由学生员工展开并完成的。而且企业会长期为高校学生提供带薪实习和免费培训的机会。

2. 政府的适度参与

德国的教育行政管理模式属于地方分权制，各州拥有较大的教育自主权，这其中包括教育立法权及行政管理在内的各项权力，地方政府根据当地的实际情况制定相适宜的法律法规，并反对联邦政府的过多干预。高校也拥有较大的自主权，地方政府只对高校给予适度的监督和指导，不直接参与管理。在地方高校产学研合作这一问题上，联邦政府的主要职能是建立和制定完善的法律体系，在宏观层面上向全国各地的高校和研究单位投入研究资金，以改善高校教学和科研环境；加强高校与企业、其他科研机构的合作，分担创新风险和成本，促进科研成果的转化等。

3. 产学研合作各方的深度合作

在德国，高校和企业的合作关系是长期的和稳定的。在合作过程中，高校、政府和企业各司其职，共同发挥作用，缺一不可。正是基于这种长期稳定的合作关系，德国高校的人才培养才得以在高校和企业之间交替进行。学生通过在高校进行基础知识与创新领域的学习，并在企业中获得社会实践知识，充分利用各方资源以成为未来技术与创新的人力资本。除了联合进行人才培养，企业还会根据市场需求向合作高校提出一些合作项目，由高校展开研究开发，企业也会派出相关科技人员会同高校共同完成项目的试制，最后双方共同将产品推向市场，使产品获得普遍性与盈利性。项目的全部合作资金由企业提供，高校在企业协管下全权使用这些资金。这对合作双方来说都是有利的，高校获得了资源，释放了知识的生产力价值，并更好地获得了市场信息，可以据此进行学科专业的调整与设置；另外，企业收获了商业市场和丰厚的利润。

## 五　英国地方高校产学研合作模式与特点

英国是工业革命的发源地，18 世纪的工业革命使英国成为世界工业强国和殖民帝国，不过，后来英国的科学中心地位逐渐被其他国家取代；但这并不能影响其成为世界最重要的发达国家之一，它最早实现了从农业文明向工业文明的转移。1975 年，为了重点加强地方高校与企业之间的联系，增强地方高校面向市场开展科学研究和教学的积极性，英国政府开始采取措施加强科学和经济发展的协调问题，先后实施了多个鼓励科技界与产业部门合作的计划。

（一）英国地方高校产学研合作模式

与日本的产学研合作相似，英国的产学研合作也具有浓厚的官方色彩。20 世纪 90 年代，英国工业和贸易部发表了《英国的国家创新系统》报告，有力地推动了产学研合作过程中的知识储存、转移和流动。为了促进科研成果的有效转化、协调科技研究与经济发展的相互联系，英国政府先后实施了"教学公司计划"（Teaching Company Scheme）、"联系计划"（Link Collaborative Research Scheme）、"法拉第合作伙伴计划"（Faraday Partner-ships Scheme）等一系列产学研科技计划。下面就来分析一下英国独特的产学研合作模式。

1. 剑桥模式

1960 年，剑桥大学的毕业生创立了剑桥咨询公司，之后该公司衍生出一系列的"技术提供者"；从 1985 年开始，剑桥周边地区涌现出大量的高技术公司，形成高技术产业集群，这些高新技术企业通过税收每年对英国经济的贡献超过 55 亿英镑, 这就是所谓的"剑桥现象"(The Cambridge Phenomenon)。剑桥地区产业集群的发展带动了整个英格兰东部地区的发展, 并使之成为英国经济增长最快的地区之一。剑桥大学作为催生剑桥地区高技术产业集群的源头, 已经成为剑桥地区科技成果、人才、风险投资和房地产的主要来源, 形成了企业研发机构、高校研究机构和技术咨询机构为三大创新主体的独特产学研合作网络。剑桥大学以自身在物理学、计算机技术以及生物科学等方面的科学优势, 为高技术公司提供赖以生存和发展的专门技术; 同时, 剑桥大学拥有一批学术造诣精深的学者和举世闻名的学科带头人, 吸引并培养了一大批优秀的人才, 这些进入高技术公司的人才具有较高的综合素质, 成为公司的中坚力量; 而且剑桥大学也制定了一些对剑桥地区高技术公司的发展起到积极影响的具体政策, 如剑桥大学规定专门技术的知识产权归教师个人所有, 这项政策大大提高了教师将其专门技术商业化的积极性。此外, 剑桥大学实行学院自治, 许多实力强大的学院自身构成了一个能直接进行社会接触和学术交流的特殊环境, 各个学院利用这种环境与企业建立了许多正式和非正式的合作关系, 这对于教师创业和其科技成果的转化也是非常有利的。

2. 教学公司模式

教学公司项目是英国贸易与工业部于 1975 年设立的, 旨在使企业界能够充分利用知识库单位的专业知识和技能, 以及使研究生能够获得良好的训练和开发机会。对于企业来说, 他们迫切需要从高校获得先进技术和先进工艺来提升产品的水准, 促进产品的更新换代; 他们也希望能够从高校获得一些新思路新方法来改善企业的经营管理状况。对于高校来说, 通过产学研合作能够获得较多的科研经费, 这些经费可以用来改善实验室的设备, 对科研工作的深入开展有着重要的意义。而且与企业进行合作(如开设校外合作基地), 能够使实验室的研究成果直接与生产实际相结合, 并对企业的生产实际情况有了更深入的了解, 有利于科研工作和科学工作的持续有效开展。教学公司项目兼顾了企业和地方高校的利益需要, 对两者的合作起到了催化作用。

教学公司的主要任务是出面组织地方高校和企业界共同参加科技协作项目，使地方高校和企业界之间建立起比较稳固的协作渠道，每个教学公司项目通常由三方组成，即地方高校、企业和项目经理；项目经理由负责该项目的地方高校选聘，在项目工作期间，他们的人事关系既不隶属于地方高校也不隶属于企业，工资由教学公司支付。教学公司项目的立项必须由地方高校和企业共同申请，而且这些项目必须来源于生产实际中确实需要解决的问题；申请一旦批准就可以得到教学公司基金的资助，资助额度一般为项目所需经费的50%—70%[①]。在项目实施过程中，项目协调员会定期召开工作例会对项目进度进行跟踪检查，从而不断促进合作项目的顺利进展。通过教学公司项目，地方高校可以从政府的科学和工程研究委员会争取到研究经费，并与企业结成紧密的合作关系；地方高校还可以在政府的协调支持下，充分发挥其在科学研究和人才培养等方面的优势，直接参与企业的技术改造和管理改革，更直接地为区域经济发展贡献力量。教学公司模式为地方高校进行应用型人才培养开辟了新途径，教学公司项目选择优秀大学毕业生作为项目助理，通过项目的工作实践来提高运用理论知识解决实际问题的能力，从而达到培养应用型人才的目标[②]。

（二）英国地方高校产学研合作的特点

1. 鼓励企业在高新技术领域的投资

从某种意义上讲，英国政府的政策对推动地方高校与企业界的联系起到了重要的作用，政府不仅鼓励地方高校从外界开拓资源，而且在财政税收方面对地方高校创收给予优惠政策。在2000年《卓越与机遇——面向21世纪的科学与创新政策》科技白皮书中，英国政府明确提出希望能够吸引世界范围内有实力的科技研发机构到英国投资，使英国成为全球经济的知识中心，为此政府会加大科技投资力

①　刘力：《产学研合作的沃里克模式和教学公司模式——英国的经验》，《外国教育研究》2005年第10期。

②　徐浩贻：《发达国家产学研合作教育的发展与启示》，《湖南工程学院学报》2005年第3期。

度，努力提供最好的科技基础设施；2003 年，英国政府将"教学公司计划"与"院校与企业界的合作伙伴计划"合并成为新的"知识转移合作伙伴计划"（Knowledge Transfer Partnerships Scheme）①。

## 2. 推动产学研合作教育的开展

英国教学公司能够形成一个"动"起来的实施体系，取决于该体系设计的结构及其合理的运行制度机制，是教学公司组织结构能够正常发挥功能的前提。在尊重市场的前提之下，政府的适度参与会帮助产学研合作各方建立起比较稳定的长期合作关系，从而促进产学研合作的深入开展。英国教学公司最初是通过学生实际参与产学研合作来培养大学生的实践能力，后来逐渐发展成为校企联合培养研究生，成为一种全新的研究生培养方式。研究生一边接受地方高校的理论知识教育，一边用所学理论知识来解决企业发展中遇到的技术问题。这种模式能让学生接触到企业发展过程中遇到的技术问题，促使学生带着问题去寻找答案，激发学生探索和研究新技术的兴趣，主动去查找相关的科学知识。②

## 3. 重视大学科技园区的创设

英国大学科技园是以附近大学的科研发明为基础的，依托地方高校的人才和资源优势而建立研发和孵化生产园区。据不完全统计，截至 2008 年，英国有 100 多个科技园，其中大学科技园约占 25%，各具特色，模式也不尽相同。例如，剑桥大学在物理、计算机和生物科学等方面极具优势，剑桥大学的科学优势是剑桥科技园区发展的动力；牛津大学科技园始终围绕促进专利成果转化这一重要发展战略和指导思想，采取了一系列的有力措施，强化其孵化器功能。牛津科技园的成功运作有力地促进了牛津大学产学研结合与科研水平的提升，为地方高校的科技产业和区域经济发展做出了贡献，同时，园区自身也得到了长足发展，实现了多个方面的互动和共赢。

---

① 张子龙：《从外资企业参与英国"知识转移合作伙伴计划"看我国产学研合作》，《科技管理研究》2013 年第 23 期。

② 李炳安：《产学研合作的英国教学公司模式及其借鉴》，《高等工程教育研究》2012 年第 1 期。

## 六　加拿大地方高校产学研合作的模式与特点

长期以来，加拿大地方高校的科研经费相对比较充裕，但是重基础研究轻应用研究、重论文发表轻科研成果转让的现象比较严重。20世纪 90 年代后，随着政府不断紧缩科研经费，高校的引导方针开始发生转变，许多教授、学者陆续走出校园，主动与企业结成合作关系，建立长期稳定的发展伙伴关系，取得了比较理想的效果。

（一）加拿大地方高校产学研合作模式

加拿大地方高校产学研合作模式特别重视合作过程中"学"的位置，使地方高校的人才培养职能在合作中能够得到真正的体现，这是显著不同于其他国家的地方。

1. 地方高校、学生、企业三方合作模式

地方高校与企业联合进行人才培养是加拿大模式的一大特点，也是产学研合作的一种重要方式。这种模式的基本做法是：将学生的专业学习与实际工作相结合，学生在完成一定的专业学习后，被安排到与所学专业相关的合作企业进行实际工作，学生从事实际工作的时间长度一般是专业学习时间的 1/4。在合作过程中，地方高校负责联系实习单位，跟踪检查学生的实习业绩；合作企业负责对学生的工作情况进行指导和鉴定，并按照规定付给学生一定的工资。加拿大地方高校认为，参与合作教育的三方都可以从这种合作模式中得到好处。学生可以在与所学专业相关的企业工作，得到一定的工作报酬，获得实际的工作经验，并且这些工作经验有利于其在毕业后找到合适的工作；企业可以通过在实际工作中进行绩效考核的方式发现优秀的学生，录用未来的员工，从而减少为在职员工支付的培训费用；地方高校可以通过加强与企业的联系，了解到产业界对于高校毕业生的需求情况，不断改进自身的教育教学方法，吸引优秀生源，提高学校的知名度，扩大办学规模和效益。①

---

①　徐浩贻：《发达国家产学研合作教育的发展与启示》，《湖南工程学院学报》2005年第 3 期。

2. 教师社会化模式

教师社会化模式的具体做法是吸纳合作企业的员工到高校担任一定的教学工作。如加拿大安大略省阿尔冈昆社区学院的 1800 名教师均来自于企业。为了保障这些企业来的教师与高校的培养目标保持一致，阿尔冈昆社区学院设有院务委员会（委员会的 17 名委员中大部分来自地方企业和商业部门），委员会的主要任务就是代表企业与高校做出重要决策，并对学校的教学工作予以指导。院务委员会为强化企业与地方高校之间的联系提供了纽带，并加强了产学研合作的紧密性。又如，不列颠哥伦比亚大学通过与企业开展产学研合作，创立了71 家公司，吸引了 6.34 亿美元的外来投资，为不列颠哥伦比亚省创造了近千个就业机会；而且该校在合作过程中还培养了一批熟悉企业情况、具有一定解决实际问题能力的优秀教师。[1]

（二）加拿大地方高校产学研合作的特点

1. 以合作教育为主要形式

加拿大的产学研合作非常重视地方高校在合作中的地位，其合作也往往围绕人才培养而展开。对于参与产学研合作的各方来说，地方高校不仅实现了对学生实习实践教育环节的安排，而且使学生在毕业之前就能接触企业，并积累到一定的实际工作经验，这对学生毕业后走上工作岗位，找到一份适合自己的工作是非常有利的；这也有利于学生个人素质的全面完善。此外，通过教师社会化这一模式，地方高校大大拓展了其师资途径来源，使高校教师队伍来源多样化，能够为高校注入来自产业界的鲜活血液，这些来自产业界的教师能够把自己的工作经验带进大学课堂，这对于地方高校和学生都是一笔难得的财富。

2. 地方高校积极参与优秀中心网络计划

优秀中心网络（Networks of Centers of Excellence）计划诞生于1989 年，由加拿大联邦政府拨款，国家自然科学与工程研究理事会、医学研究理事会、社会科学和人文研究理事会共同发起实施，这三个

---

① 谢开勇：《国外高校产学研合作模式分析》，《中国科技论坛》2004 年第 1 期。

研究理事会负责对所申请的或者已经获准运行的中心网络进行评审和评估。优秀中心网络项目主要承担政府和企业界优先支持的、对促进经济持续增长、创造就业机会和改善人们生活质量具有深远意义的科研项目，项目组成员由地方高校、企业和政府科研机构组成。① 通过积极参与优秀中心网络项目，地方高校可以开展传统方式下难以进行的大规模科学研究，并掌握新技术的发展需求和开发条件，减少一般技术转让所造成的时间差，从而赢得其以往难以想象的经济效益。

　　总之，上述各个国家的产学研合作模式都是根据其所处国家的环境而形成发展起来的，是行之有效的。从产学研合作的内容来看，美国、日本两国产学研合作的内容是比较接近的，主要是从事基础理论及边缘学科的合作项目研究，重点是高新技术领域。从产学研合作所处的地位来看，美国历来重视基础研究，企业除了依靠自身的科研力量外，主要与高校开展合作以提高其工业竞争力和生产力，产学研合作在科研工作中的比重较大；日本的产学研合作在整个科研工作中所占的比重较低，一方面与日本的科技体制和科技政策有关，另一方面也与日本近年来政府所属的科研机构与企业合作较多有关。从中介机构在产学研合作中的作用来看，美国的产学研合作中非官方的直接交往较多，尤其是中、低层次技术合作常常是企业和高校之间本着优势互补、共同发展的原则自愿结伴而成，中介机构的组织较少；日本产学研合作中中介机构的作用比较明显，政府和民间都有一些促进产学研合作的机构，通过牵线搭桥帮助企业与高校建立合作关系。从产学研合作的政策措施来看，美国政府比较重视从政策上促进产学研合作，运用法律手段鼓励企业向高校提供各种物质支持和经费资助；日本高校与企业界的合作制度也是由政府的具体政策作为指导而形成的。从产学研合作的具体形式来看，美国和日本的产学研合作主要是针对科学研究和技术开发所进行的合作。

---

　　① 杨希文：《加拿大高等教育产学研结合探微》，《西北大学学报》（哲学社会科学版）1999 年第 4 期。

# 第二节　国外地方高校产学研合作
# 经验给我国的启示

以美国、日本、德国为代表的发达国家产学研合作体系各有特色，美国产学研合作模式较为多样化，注重企业的参与和工程实用型人才的培养；日本强调政府的干预，侧重于实行政府调控下的制度化合作；德国的产学研合作以参与各方共同培养高质量的职业技术应用型人才为中心。日本模式积极强调政府的引导作用，实行产学研合作的制度化与规范化；英国模式首推独特的剑桥现象，以高校为中心辐射周边经济发展；加拿大模式更注重产学研合作中高校所处的地位，产学研合作往往围绕合作教育而展开。虽然各国在产学研合作模式上有所不同，但是比较之后会发现：他们在产学研合作过程中存在着很多相似的经验，这些经验对于推动我国地方高校产学研合作的持续稳定发展有着重要的意义。

## 一　政府支持是促进产学研合作持续发展的基础保障

美国政府积极地为产学研合作提供制度平台，同时依托其强大的市场力量、企业孵化器等中介机构为合作提供较为充分的发展空间；在德国政府相关政策的支持下，德国高校和企业的活力较大，学生既可以在高校学习又可以在企业进行实践，同时高校和企业合作双方可以实现互惠互利。综观美国、日本和德国的产学研合作环境，无一不是在组织完善的市场经济体制条件下蓬勃发展和健康运行的。产学研合作的资源范围广泛，风险投资机制健全，项目选题具有广泛的发展前景，而且很容易进行科研成果的技术转化，形成产业化发展。在产学研合作的发展过程中，政府是产学研合作的推动引导者、规范监督者和组织协调者，也是其直接的服务者和重要的投资主体。政府允许高校科研人员与企业科研技术人员相互流动，这种人员间的相互流动会促使产学研合作的创新模式与运行机制更加灵活多样，促使产学研合作的创新模式与运行机制进行有机结合，从而使产学研合作发挥其应有的社会经济效益。

我国由于社会主义市场经济体制还不够完善,产学研合作的长效机制还没有成形。目前,我国政府主要是通过在原来国家项目支持的基础上,通过颁布法令、出台政策和制度等方式来支持产学研合作。例如:1992 年由国家经贸委、国家教委和中国科学院共同组织实施的"产学研联合开发工程";1994 年由国家教委、国家科委和国家体改委联合发布的《关于高等学校发展科技产业的若干意见》;1999 年由中共中央、国务院出台的《加强技术创新,发展高科技,实现产业化的决定》及由科技部、教育部联合下发的《关于开展大学科技园建设试点的通知》;2009 年科技部颁布的《关于做好支持科技人员服务企业工作的通知》等。一些地方政府已经开始积极探索,如:广东省一些地区纷纷创办高新技术产业化基地;珠海创办了高科技成果产业化示范基地;深圳市政府与军事医学院合作创建了生物工程科技成果产业化基地。① 但是,我们国家还没有形成专门的针对产学研合作的系统的基本法律。为了促进产学研合作的持续健康发展,我国政府还应积极地为产学研合作提供有利的制度平台,在合作组织内部建立健全规章制度,保证合作各方的利益所得与责任所在。

## 二 合作教育是促进产学研合作持续发展的有效途径

教育是产学研合作迅速发展的基础和源泉,完善的教育政策也是促进产学研合作的有利条件;针对产学研合作,教育政策应积极关注高新技术领域和基础研究领域高层次人才的培养;同时,市场导向的人才培养模式也应成为教育政策关注的重点。我国正处在社会主义现代化建设的初级阶段,对应用型人才的需求是多种多样的,在这种情况下可以通过产学研合作的方式促进高校应用型人才的培养。政府应帮助地方高校与企业建立良好的合作关系,形成持续有效的协调机制,为双方的长期有效合作创造良好的环境与条件。不过要注意的

---

① 林卉、赵长胜、苏艳芳:《几种典型的产学研合作教育模式及理性思考》,《重庆职业技术学院学报》2005 年第 3 期。

是，产学研结合培养应用型人才的形式应多样化，可以采取不同合作形式，因材施教、因地制宜，校企联合培养能够理论与实践结合运用的综合型人才。

### 三　地方高校的孵化器功能应得到充分发挥

孵化器理论起源于美国，指的是在中小企业刚刚起步阶段，为其提供的一个集中的空间。在这个空间里会提供资金、管理等相关服务以帮助企业成长，降低企业创业风险和技术转移成本，最终使企业走上成熟。企业孵化器在孵化和培育中小型科技型企业、创业型企业、振兴区域经济等方面发挥了巨大作用，引起世界各国政府和产学研合作各方的高度关注。孵化器的类型主要有：有墙孵化器，有固定的场所为技术创新提供服务；服务孵化器，提供信息情报及企业管理相关服务；无墙孵化器，为企业提供技术转移和产业生产中相关技术支持的孵化器。一个新产品从最初诞生到占领市场是一个非常漫长的复杂过程，因此新小企业的发展初期非常需要外界为其提供各种支持和服务，孵化器的作用就体现在这里。

我国当前企业孵化器的重要载体形式是科技园区，科技园区企业化管理和运营的能力是其能否实现孵化高科技企业功能的关键因素。由于科技园区与地方高校往往保持着良好的交流往来，科技园区能够依托地方高校的高科技研究成果与高科技人才，使科技园区拥有独特的科技优势。当前，整合高校和科技园区之间的资源，加速科技园区高科技企业的快速孵化和成长，实现其高科技技术转移已经成为科技园区产业化发展的持久动力。

### 四　中介机构的桥梁作用不容忽视

产学研合作的中介机构主要是为地方高校及企业搭建各类信息平台，使合作各方能够依托该平台进行更加顺畅的沟通。国外的中介机构成长较早，有政府组织的，也有民间自发的，各种中介组织为产学研合作提供了非常高效的技术信息，有效提高了沟通的效率，有力促进了产学研合作的顺利开展。例如，北欧国家的创新中继中心有力促进了欧洲国家之间的研发交流和技术转让；瑞典的技术转让网络中心密切了地方高校和中小企业之间的交流；英国政府也非常重视中介机构的作用，不仅积极借助科技中介机构推进产学研创新，还制订了必须有中介组织参加的法拉第合作伙伴计划[①]。中介机构具有信息渠道广泛、信息资源丰富、专业性强等特点，能够积极引导产学研合作项目，集中合作各方的创新资源，有效地解决产学研合作中的脱节问题，为产学研合作搭建起有效沟通的桥梁。

信息平台也是产学研中介的一种形式，是向社会各界推广高校科研力量、科研方向和科研成果的重要信息发布窗口，是了解技术市场和企业需求的有效渠道，也是加强地方高校与企业互动的必要途径。建立完善的科技中介机构服务体系，发挥中介机构在产学研联盟中的媒介作用，是保障产学研合作开展的重要条件。与国外发达国家相比，我国中介机构还处于发展初期，还不能提供产学研合作所需要的各项服务。因此，我国政府应充分认识到中介机构在地方高校产学研合作中的重要作用，大力发展多类型多层次的中介机构，建立起区域性的技术市场信息服务网络或区域技术交流平台，实现技术咨询、科技项目和人才信息的网络化，广泛普及国家及地方政府出台的产学研合作相关政策，并增进产学研合作各方之间的沟通与需求。

## 五　地方高校要做好自身的内部管理工作

地方高校要做好自身的内部管理工作，处理好学校内部科研与教学的平衡关系。目前大多数地方高校对教师的科研工作有一定的数量要求（包括论文、著作、研究课题等），教师心理压力较大，担心职称、待遇、考核等方面会受到影响，如果参与产学研合作不能带给教师一定的实际好处，则势必会影响教师参与产学研合作的积极性与主动性。因此，对于如何平衡科研工作与教学工作之间的关系，如何使产学研合作与教师的待遇、考核等挂钩，就需要相关主管部门进行更为详细具体的规定。换句话说，就是地方高校要在政策上为产学研合

---

① 宁璟：《产学研联盟模式比较研究》，北京交通大学学位论文，2008年。

作创作良好的校内环境，要制定一套产学研合作收益的综合分配办法，要在职称评聘、利益分配、评奖评优等方面制定一系列的倾斜政策，使参加产学研合作的教职员工能够潜心研究。①

---

　　① 郭文兵、魏建平、周英：《国内外产学研合作教育的发展与启示》，《淮南工业学院学报》2002 年第 2 期。

# 第七章

# 产学研合作的公共治理策略

产学研究合作是一个复杂的社会过程，这一过程是需要治理的。所谓治理，在这里主要是指这一过程中一系列问题的应对措施与解决方式。很显然，这是一个多主体参与的过程。建设创新型国家和增强自主创新能力是当下的国家发展战略，在这一语境之下，作为一种技术创新活动的产学研合作事实上也就成了一个公共事件。从这种意义上说，这种治理具有公共治理的色彩和意味。以下结合现实情况来分析几种可能的治理策略。

## 第一节　政策引导

产学研合作被认为是国家整体创新体系的基本运作模式，因此政府在产学研合作治理过程中将扮演着重要角色，是最关键的治理主体。但是，政府在这一过程中，作为治理主体的功能则是相对特殊的。"在产学研结合中政府的作用是提供政策环境和执行环境，所以政府不可能成为合作结合的主要执行者，因为政府只能是社会所有活动的'守夜者'，尽管政府提供了政策性的导向，舆论性的协助，但政府不能成为社会活动的'游戏者'，这是与政府职能相联系的。"① 这种理解与解释是合理的。据此可以提出产学研合作治理的政策引导策略。

为了使科技研发活动能够有效运转，需要营造一个良好的研发环

---

① 李志强、李凌已：《国家产学研结合发展的新趋势》，《清华大学教育研究》2005年第8期。

境，包括物质意义上的硬环境和文化、政策意义上的软环境。国外学者明确指出妨碍发展中国家的科学共同体采取集体行动的困难在于："第一，在大型集体规划中，他们所投入的力量、资源和项目经常受到限制，需要看财政部门的脸色行事；第二，大学、研究中心和企业协会等部门的利益经常压倒共同体的整体利益，例如合作研究经常因这些部门的利益冲突而受挫；第三，他们争取政策支持、资金支持的动员和游说能力很低，甚至共同体的存在受到预算削减的威胁时也是如此。"① 这些问题在某种程度上是一个政策环境与政策水平的问题。针对此类问题，特别是科技政策制定与完善问题，以下这些措施也许是有效的：（1）增加对科学家培养的投资，特别是对国家的博士培养计划的投资，同时促进科研与生产部门相结合，目的在于与当地的独特的地理和社会环境相结合；（2）帮助形成地方研究群体，以克服研究者单枪匹马的状态；（3）促进地方科技群体与国际同行之间的联系，以形成研究网络；（4）在社会各个阶层中普及应用科学知识和技术的一般能力；（5）实行广招贤才的政策，以吸引外国科学家和本国科学家回流；（6）大力促进工业和农业的技术革新、促进大学和独立研究中心的科学家、技术开发者与生产部门建立经常性的联系。② 当然，这类咨询性的建议也许并不会受到别的重视。

当今时代，技术在某种程度上已经蜕变成一个政治问题。当然应用伦理学的研究表明，技术也是一个突出的当代伦理问题。激进的科学知识社会学认为，科学只不过是一种伪装的政治学，权力精英的意识形态议程深刻地影响着科学研究的结果。"告诫科学家与政策制定者在科学实践中努力摆脱意识形态的偏见，将是徒劳的。相反我们需要做的是谨慎地在科学中引入'正确的偏见'和'进步的政治价值。'"③ 正因为科学与政治以及意识形态难分难解地纠缠在一起，使

① 克莱门特·弗雷罗－皮内达、赫尔南·贾拉米罗－萨拉赞尔：《发展中国家研究者通向国际科学技术的途径》，《国际社会科学杂志》（中文版）2003 年第 1 期。

② 同上。

③ Noratta Koretge. *A House Built on Sand*. New York Oxford，Oxford University Press，1998，p. 8.

科学技术开始执行意识形态的功能。按德国哲学家哈贝马斯的说法，现代技术与科学已经取代了传统的神话和宗教而成为现代社会赖以合法化的基础。事实上，科学技术正在成为一种控制手段。美国哲学家马尔库塞也特别指出，技术取代了传统的政治恐怖手段而成为一种新的控制形式。事实确实如此，现代技术作为第一位的生产力已经纳入到经济与政治系统之中，对技术活动的控制与导向已经成为各个政府的重要权责。科技政策的制定与实施则是政府控制和引导科学技术的基本手段，从而也使科技政策成为整个公共政策领域的核心议题。

　　回到中国的现实语境中来。作为一个后发的现代化国家，中国一直以来都把"科教兴国"作为一种国家战略，把发展科学技术作为一种国家行为。20世纪90年代，基于国外的启示和国家发展的现实诉求，中国开始着手建立了国家创新体系。国家创新体系是以技术创新为核心，知识的生产、传播、应用一体化的体制和建制，是一个多元交织的组织与制度网络。大学从一开始就是国家创新体系的重要组成部分。大学、企业、研究机构被认为是国家创新体系的三大支柱。据权威人士当时的解释，国家创新体系的基本结构是这样的："以企业为主体的技术创新系统、以国立科研机构和教学研究型大学为主体的知识创新体系、以地方高校和职业教育培训机构为主体的知识传播系统、以社会和企业为主体的知识应用系统。骨干企业、科研机构和地方高校是国家创新体系的三大支柱，政府、企业和社会组成国家创新系统的运行基础和知识应用平台。"[①] 在国家创新体系建立的过程中，一系列相关政策开始出台。其中不少政策是直接关涉到产学研合作的。

　　在产学研迅速发展并且产生巨大社会效益的情况下，针对产学研合作的公共政策的制定就成了一项十分迫切的任务。有研究者指出："科技发展规划是国家经济与社会总体规划的重要组成部分，自20世纪50年代以来，中国先后8次制定国家科技发展规划。国家层面的

---

科技发展规划一般是比较宏观，具有一定的全局性、战略性和长期性。但是随着科学技术时代的到来，现代社会正在成为一个瞬息万变的知识社会，国家对科技发展规划的制定与修改更加频繁，并且规划越来越微观化，显得更加周密而详细。20 世纪 90 年代以来，中国先后于 1991 年、1994 年、2001 年、2006 年四次制定国家级的科技发展规划。"① 20 世纪 90 年代末，在《中共中央、国务院关于加强技术创新，发展高科技，实现产业化的决定》的文件中，政府明确提出，高等学校要充分发挥自身人才、技术、信息等方面的优势，鼓励教师和科研人员进入高新技术产业开发区从事科技成果商品化、产业化工作。支持发展高等学校科技园区，培育一批知识和智力密集、具有市场竞争优势的高新技术企业和企业集团，使产学研更加紧密地结合。到 2006 年，中国的发展到了一个新的历史时期。这一年《国家中长期科学和技术发展纲要》和《中共中央　国务院关于实施科技规划纲要增强自主创新能力的决定》两个重要的政策文本颁布实施。于是中国科技创新的语境得到了进一步强化。科技创新成为中国现代化进程中最关切的话题之一。在科技发达时代，中国的自主创新能力却相对低下，并且长期徘徊不前，这使得国家的发展，包括国家安全受到空前的挑战。

《中共中央　国务院关于实施科技规划纲要增强自主创新能力的决定》指出为了确保《规划纲要》顺利实施，必须从财税、金融、政府采购、知识产权保护、人才队伍建设等方面制定一系列政策措施，加强经济政策和科技政策的相互协调，形成激励自主创新的政策体系。这一政策体系包括：（1）加大财政科技投入力度，确保财政科技投入增幅明显高于财政经常性收入增幅。形成多元化、多渠道、高效率的科技投入体系，使全社会研究开发投入占国内生产总值的比例逐年提高。（2）推进增值税转型改革，统一各类企业税收制度，加大对企业研究开发投入的税收激励。（3）改善对高新技术企业的

---

① 李尚群：《创新团队论——大学科研主体问题的当代阐释》，中国海洋大学出版社 2010 年版，第 71 页。

信贷服务和融资环境，加大对高新技术产业化的金融支持，发展支持高新技术产业的创业投资和资本市场。（4）实施扶持自主创新的政府采购政策，建立财政性资金采购自主创新产品制度，制定将国家重大建设项目纳入政府采购主体范围的办法，对具有自主知识产权的重要高新技术装备与产品实施政府收购政策和订购制度。（5）在继续引进先进技术的同时，高度重视和切实加强对引进技术的消化、吸收与再创新。建立统筹协调机制，对引进技术的消化、吸收与再创新给予政策支持。依托国家和地方重点工程建设项目，积极推进重大装备的自主研究开发与制造。定期发布禁止和限制引进的重大技术装备和重大产业技术目录，防止盲目重复引进。（6）建设严格保护知识产权的法治环境。健全法律制度，依法严厉打击各种侵犯知识产权的行为，为知识产权的产生与转移提供切实有效的法律保障。重视自主知识产权的应用和保护，支持以我为主形成重大技术标准。（7）健全人才激励机制，结合国家重大科技工程和重点任务的实施，大胆启用青年人才，培养高水平的创新人才。积极引进海外高层次人才。（8）深化教育改革，加快教育发展，推进素质教育和创新教育，为建设创新型国家培养结构合理、素质优良的各级各类人才。（9）加强科技创新基地与平台建设，建立科技资源的共享机制。（10）充分利用对外开放的有利条件，在更宽领域、更深层次上开展国际科技合作与交流，在高起点上推进自主创新。① 这是一套相对完整的政策措施，正是这一系列政策在随后的若干年中，对国家科技事业的发展产生了持久而深刻的影响。这无疑也是当前产学研合作的重要政策导向和基本政策语境。

科技发展规划是国家整体的科技政策的重要方面，例如2006年的《规划纲要》就把整个科学领域分割为11个重点领域68个优先主题，16个重大专项，8个技术领域的27项前沿技术，以及18个基础科学问题，4个重大科学研究计划等。这一详细的框架像一个宏大的

---

① 《中共中央国务院关于实施科技规划纲要增强自主创新能力的决定》，http：//www.gov.cn/jrzg/2006－02/09/content_ 183929.htm。

科技发展蓝图。最近中国科学院也提出了影响中国国际竞争力的 6 个战略性科技问题：（1）"后 IP"网络的新原理新技术研究和试验网建设；（2）高品质基础原材料的绿色制备；（3）资源高效清洁循环利用的过程工程；（4）泛在感知信息化制造系统；（5）艾级（1018）超级计算技术；（6）农业动植物品种的分子设计。影响中国可持续发展能力的 7 个战略性科技问题：（1）中国地下 4000 米透明计划；（2）新型可再生能源电力系统；（3）深层地热发电技术；（4）新型核能系统；（5）海洋能力拓展计划；（6）干细胞与再生医学；（7）重大慢性病的早期诊断与系统干预。① 诸如此类的科技路线图为中国的产学研合作提供了基本的行动指南。

## 第二节　风险规避

以研发为核心的产学研合作是一项高风险的活动。所谓研发（R&D）是研究与开发的整合。世界经济合作与发展组织将其定义为：为了增加人类、文化和社会的知识总量，以及利用这些知识总量创造新的应用而进行的系统的创造性工作。《美国科学指南》把研发划分为几类科学与工程活动：（1）极大地增加人类对自然和社会现象全面认识的前沿性知识活动，即基础研究；（2）能促进技术进步的创造性活动，即应用研究与开发；（3）将科学知识和发明结合起来，产生能满足社会需求，并被社会所接受的产品和工艺的活动，即创新。从过程上看，研发表现为从基础研究到设计、生产和市场开发的链式结构。研发活动的主体是研发组织，通常表现为一个研发团队。研发团队实际上就是一个为了完成共同的研发任务而相互合作的科技人员群体，它有自己的内部结构和运行方式，也是一种有效的科技人力资源组织模式。组织管理学认为成员、思想、资金和文化是研发组织的四个基本要素。

---

① 中国科学院：《科技革命与中国现代化——关于现向 2050 年科技发展战略的思考》，科学出版社 2009 年版，第 89 页。

目前对大学研发组织问题的研究，主要是从组织管理理论的视角来进行的，研究的视点主要聚集在组织的结构、愿景、领导、绩效、沟通、激励、精神等方面。这类研究往往把研发组织问题予以简化，也忽视了这种组织的特殊性。另外，还有部分研究是从科学社会学的视角来进行的，指出研发组织具有社会建构性，试图分析各种社会因素对研发活动的影响。也把研发组织的内部治理看作是一个微观的社会过程，常常使用角色、利益、权利、信用、冲突等社会学概念来进行分析。社会学视角的引入在一定程度上拓宽了研发组织问题研究的空间。鉴于研发组织所面临的诸多问题中，运行风险问题是一个极其重要的问题，于是风险管理的理论与实践开始被用来分析研发活动。

风险的基本含义是未来遇到伤害和造成损失的可能性。风险规避是现代管理学的重要议题。规避的基本含义是设法避免。风险规避即避免风险，其目的是使事物免除损害，摆脱危机。随着产学研合作成为当代科技创新的基本行动框架，大学有大量的研发人员或组织开始进入这一框架。一些大型的跨学科研发机构也开始依托大学而建立，如依托华中科技大学而建立的国家光电实验室就是一个典型。这一机构事实上也是一个产学研合作的平台，通过高效和高端的合作，其在激光、信息、电子、探测技术、生物医学、材料等领域开展尖端研究和综合创新。研发活动具有与生俱来的不确定性，这意味着研发活动本身必然存在风险。另外研发活动在具体的运行过程中，在一些内外部因素的综合影响下，也可能会导致风险的萌发。结构失调、运行失范、资源匮乏、利益冲突、行为不端等都是风险发生的原因，而风险一旦发生，其结果会导致研发活动绩效低下，甚至使研发活动和研发组织终结，还可能会造成一些消极的影响和经济上的损失。正是在这种意义上说，产学研合作治理的一个迫切问题的就是要进行有效的风险识别与风险规避。

风险管理是由风险识别、风险评估和风险防控等组成的一个链条，并且各环节都有很强的技术性要求。在风险识别中主要是要对风险因素进行分析。通常人们所说的风险事故就是由风险因素引发的。而风险评估则是以风险分析为基础的，其主要目的就是得出风险事件发生的概率，以及对风险事件可能造成的损失进行定量的解释与说明。风险控制即风险处置的一系列措施与方法，如风险转移、风险保留、风险规避等就是典型的做法。鉴于风险因素的分析是风险管理的起点和前提条件，这里可以尝试分析一下产学研合作中一种典型的风险因素——科学信用。

　　科学信用及其循环理论是当代科学的社会建构论者提出的一种颇具解释力的理论，并且这一理论源于科学社会学家对真实的实验室生活的实地考察。法国社会学家拉图尔、英国社会学家伍尔夫等人是这一理论的建构者。科学信用及其循环理论所持的是一种经济学的立场，使用的也是一套经济学的话语。他们写道："意味深长的是，我们的谈话者经常谈到投入、可赚钱的研究、有利可图的机遇。他们经常把精力放在他们称之为市场的起伏变化上，并且画出曲线表示这一变化是如何影响他们的态度。这些利用经济的和商业的隐喻完成的自画像的复杂性与规范的简单性形成了鲜明的对照。"① 这一理论的核心概念是 credit，这词即信用和信誉之意。科学信用循环理论将科学看作是一个市场，这个市场中，从事科学研究的人会投资自己的信用，以实现信用的累积与提升。在市场科学时代，科学信用的提升是至关重要的。这一领域的人对一点十分清楚。当一个科技人员的科学信用水平提高之后，一个现实的结果就是，这会反过来促进其科学事业的发展。接下来，更为理想的局面可能出现，就是科学事业的发展又会进一步提升其信用水平，从而实现信用的累积与循环。每一人都在试图加速自己的信用循环，从而维持个人科学事业的良性运转。事实也确实如此，人们经常看到这样的现象，科学家在努力争取最有可能得到信用回报的研究项目或课题，为此不断寻求新的研究领域，探寻更有效的研究方法，寻找更有实力的合作者等。如此信用如同雪球一样，会越来越大，这样会导致一些高信用度的科学家出现，并且处于垄断与支配地位。中国语境中的院士，长江学者、首席科学家、博

---

　　① ［法］布鲁诺·拉图尔、［英］史蒂夫·伍尔加：《实验室生活：科学事实的建构过程》，张伯霖、刁小英译，东方出版社 2004 年版，第 178 页。

士生导师等就是此类人物。

根据科学信用循环理论，科学信用就是科技研发人员在努力追逐的东西，也正因为如此，在这一过程中，风险极易爆发。信用本身成为一种风险因素。例如一些严重的学术不端行为被揭露后，往往会导致当事人苦心经营的信用大厦瞬间倒塌。这就是一条自我毁灭之路。例如2006年上海交通大学微电子学院院长陈进的"汉芯"造假事件就是一个典型案例。这一事件具有典型的当代特征。第一，在全球化时代，国内的一些著名大学开始从国外引进高水平的科学家，陈进作为一位微电子技术的专家而被上海交通大学从美国引进，并委以院长重任。在这种求贤若渴中，对被引进人的履历及品德等问题却缺乏细致的考察。于是，陈进在不知不觉中完成了信用的第一轮积累。第二，从国外进入中国科技界的人，尽管信用度并没有得到很好的确证，但很容易在国内获得重大的研究项目和大量的研究经费。"汉芯"造假事件被揭露后，科技部终止了陈进负责的所有科研项目的执行，相关经费被追缴，取消其未来承担科研项目的资格；教育部撤销了他长江学者和享受政府特殊津贴的资格；国家发展改革委员会终止了他负责的高技术产业化项目的执行等。第三，在科技市场化时代，科学家很容易聚集个人财富。上海交通大学于2000年引进陈进，组建芯片与系统研究中心，并开始国家"863"项目"汉芯DSP芯片"的研发。陈进于2003年初围绕这一项目成立了一家公司，在短短的一年半的时间内从投资7.5万元占15%的股份蜕变为一个注册资金超过5000万元的公司中10.5%的自然人股东，这也意味着一个财富神话的诞生。陈进走向身败名裂的过程也代表了一种科学家的毁灭模式。

信用崩塌的深层原因其实就是科学家动机的变异，这种变异还表现是套取研究经费。科研经费的流失和科研绩效的低下也是一种常见的风险，这种风险如何规避是科研管理中一个特别突出的问题。一方面大量的科研经费被套取，而与此同时，大量的低水平的重复研究则泛滥成灾。目前政府对科学研究的资助主要是通过直接拨款的方式来进行的。表面上是一群科学家在攻克某个科研项目，实际上这一过程是靠金钱来维持的。项目的申报人为了得到研究经费，就必须谋划某个项目。一些常用的手段有虚构项目的研究价值，夸大研究团队的研究实力，拼凑前期研究成果，使用公关技巧、寻求熟人关照等，甚至通过"拉郎配"的方式在一夜之间组建一支貌似强大的研究队伍。那些特别擅长于申报科学项目的人被称为"项目专业户"。由于科学研究的结果是允许失败的，另外也很难对研究过程进行有效的监控，也无法规定项目的承担者一定要达到一个什么样的结果，因此，项目申报成功后，项目的承担者并没有什么后顾之忧；但另一方面，项目的承担者达到了套取研究经费的目的。

## 第三节　产业对接

　　产业对接是产学研合作的显著特征，据此，如何保证这种对接则是产学研合作治理的重要方面。产业是一个经济学术语，其基本内涵是指某类产品的生产综合体，其内部往往包括多个相互关联的行业。产业具有相对独立性，甚至也带有比较明显的区域性。随着科学技术的迅速发展，以及其强大的经济功能的凸显，使科学技术与经济生活的传统界限变得日益模糊。科学技术与市场经济之间逐渐形成了一种相互渗透、相互调适的关系。在这样一种语境下，技术与产品的研发活动与产业之间的关系需要重要描述，而对接就是这一描述中的一个关键词。

　　学术商业化与科技工商主义是当今时代的重要特征，在这样一种整体氛围之下，科学活动的本质发生某种改变，产业科学与市场科学开始登上历史的舞台，尽管人类仍然怀着纯科学的理想。在古典科学时代，科学家是很少关注社会生活的，科学研究是一种被好奇心所驱使的纯理智的探险，正如有人描述的："那些获得科学知识的人是有福的，他们既不追求平民的烦恼，也不急急忙忙参与不公正的事业，而是沉思那不朽的自然界的永恒秩序，沉思它是怎么形成的，以及什么时候、为什么形成的……"[①] 在谈到科学家的形象时，爱因斯坦有

---

　　① 转引自乔治·萨顿《科学史与新人文主义》，陈恒六、刘兵等译，华夏出版社1989年版，第37页。

一段经典的话语："科学的神殿里有许多的楼阁，住在里面的人真是各式各样，而引导他们到那里去的动机也各不相同。有许多人爱好科学是因为科学给他们超乎常人的智力上的快感，科学是他们自己的特殊娱乐，他们在这种娱乐中寻求生动活泼的经验和对他们自己雄心壮志的满足；在这座神殿里，另外还有许多人是为了纯功利的目的而把他们的脑力产物奉献到祭坛上的。"[①] 随着科学的理想主义精神和象牙塔意识的跌落，科学活动开始融入社会生活的滚滚洪流之中。今天针对科学活动与产业的关系已经形成一套庞大的社会建制。对接产业、融入产业成了产学研合作的重要主题。以下结合湖南省的产业优势与产业特色，对地方高校在人才培养与科学研究等方面如何与产业对接进行简要分析。

湖南省是一个区域经济特征较为明显的省份，这又主要表现在其具有自己鲜明的产业特色。近年来，湖南省开始着手培育和发展战略性新兴产业，并试图以此来提升区域经济的发展水平。所谓战略性新兴产业是高新技术和新兴产业的深度融合，本身了代表科技创新和产业发展的方向。湖南省基于比较优势和发展潜力确立了先进装备制造、新材料、文化创意、生物、新能源、信息、节能环保七大战略性新兴产业作为培育与发展的对象。这一决策有一个相对明晰的目标："到 2015 年，战略性新兴产业形成健康发展、协调推进的基本格局，对产业升级的推动作用显著增强，增加值年均增长 20% 以上，总量达到 5000 亿元，占全省 GDP 的比重超过 20%。到 2020 年，战略性新兴产业成为经济社会发展的重要推动力量，增加值年均增长 15% 以上，总量达到 10000 亿元，占全省 GDP 的比重达到 25% 左右。先进装备制造、新材料、文化创意三大产业成为全省经济的支柱产业，生物、新能源、信息和节能环保四大产业成为全省经济的先导产业。创新能力大幅提升，掌握一批关键的核心技术；形成一批在全国有影响的大企业和一批创新活力强的中小企业；建成一批产业链完善、创

① 爱因斯坦：《探索的动机——在普朗克 60 岁生日庆祝会上的讲话》，《宇宙简史》，线装书局 2003 年版，第 41—42 页。

新能力强、特色鲜明的战略性新兴产业集聚区。新兴产业成为湖南的标志性经济成分，湖南成为全国重要的战略性新兴产业创新基地和生产制造基地。"① 为了实现这一目标，作为决策者的省级政府制定了一个相对周密的行动框架下和具有现实可行性的策略体系。其中产学研合作就是作为一条策略而被提出的。除了设立产学研专项资金之外，还强调要以产学研合作的形式进行试验研究与开发研究，提出要"重点培育发展的战略性新兴产业领域，支持重点企业和科研院所建设一批以前瞻性应用基础研究为主的工程实验室、重点实验室，以重大产业关键共性技术开发和工程化验证为主的工程（技术）研究中心，以新产品新工艺研发为主的企业技术中心。加强技术产权和成果交易平台建设，发展各类技术中介机构，为促进科技成果转化提供便捷高效服务"。② 如果对这一区域性的政策做更为深入的分析，就会发现里面交织着更多信息。

　　新材料作为湖南省的战略性新兴产业是有强大的技术支撑的，而这种技术支撑正来源于地处湖南省的中南大学的材料科学。这也是大学及其技术实力引领产业发展的一个典型案例。大学通常也是以创立高科技公司的形式介入产业的。湖南博云新材料股份有限公司就是于2001年7月由中南大学粉末冶金研究所改制而成，而中南大学著名的材料科学家黄伯云教授就是公司的创建人，2009年博云新材A股在深交所发行上市。公司位于湖南省长沙市国家高新技术产业开发区，汇聚国内顶尖的粉末冶金复合材料专家。目前公司旗下有多家子公司，如湖南博云汽车制动材料有限公司、湖南博云东方粉末冶金有限公司、长沙鑫航机轮刹车有限公司。公司采取研究、开发、生产和销售的链式运作模式，其主要产品有航空炭/炭复合材料刹车副、航天及民用炭/炭复合材料产品、环保型高性能汽车刹车片、高性能模具材料、军民用飞机机轮及刹车系统、粉末冶金专业设备等，涉及航

---

　　① 《湖南省委省政府关于加快培育发展战略性新兴产业的决定》，http://www.cshtz. gov.cn/art/2011/7/1/art_ 967_ 6834. html。

　　② 同上。

空、航天、铁路、汽车、冶金、化工等领域。这一个具有完全自主知识产权的产品系列，并且出口多个国家与地区。自主研发的多种型号炭/炭复合材料喷管，已成功应用于航天飞行器上。这一案例告诉人们，技术的创新是推动产业发展的最活跃的因素。技术进化与产业转型升级之间的关系将来有可能变得更为紧密而复杂。

在区域经济发生转型升级的过程中，大学人才培养的类型和层次等势必要发生变化，这实际也是大学对接产业的一条重要的路径。致力于培养应用型人才的地方性高校更是如此。例如在上述培育和发展战略性新兴产业的背景下，湖南对职业院校专业结构进行了战略性调整，近三年（2009—2012 年）共新增中职专业 50 个、高职专业 74 个，调减中职专业 32 个、高职专业 17 个。目前，全省中、高职院校分别设置专业 177 个和 414 个。这一专业规模与结构基本上覆盖了湖南省优势产业、基础产业、地方特色产业和战略性新兴产业的主要工作岗位。① 当下一个热点教育问题就是国家提出加快发展现代职业教育。所谓现代职业教育是指职业教育的现代转型。众所周知，职业教育具有实用性、大众性和区域性等特征。从目前的趋势来看，职业教育将形成一个完整的层次结构，根据国家的设想，"专科高等职业院校要密切产学研合作，培养服务区域发展的技术技能人才，重点服务企业特别是中小微企业的技术研发和产品升级，加强社区教育和终身学习服务。探索发展本科层次职业教育。建立以职业需求为导向、以实践能力培养为重点、以产学结合为途径的专业学位研究生培养模式。研究建立符合职业教育特点的学位制度"。② 职业院校无疑是地方院校的重要力量，在产学研合作过程中将发挥不可替代的作用。鉴于人才培养是教育的本体功能和大学最基本的职能，因此以人才培养为纽带的产学研合作显得更为现实可行，也更为持久。

区域经济与地方性的科技政策实际也有着微妙的关系。科技资源

---

① 湖南省教育厅：《湖南省政府常务会议职业教育工作汇报材料》，2013 年 1 月 15 日。

② 《国务院关于加快发展现代职业教育的决定》（国发［2014］19 号）。

是一种主要由政府支配的社会性资源。尽管各类项目相互交织形成了一个庞大的项目市场，但实际上政府仍然是科研项目的提供方。地方政府在设计和提供科研项目时，服务和促进区域经济发展仍然是其考虑的核心问题。以湖南省自然科学基金项目为例，其在申报指南中明确提出了这样一种指导思想是，"积极贯彻国家'科教兴国'和'人才强国'战略，紧密围绕湖南'十一五'科技发展规划纲要，围绕推进新型工业化进程，建设创新型湖南的战略目标，坚持有所为，有所不为，保障基础研究持续、稳定发展。强调以人为本，突出技术创新，加强应用基础研究，不断提高我省的科学研究水平，增加技术储备，增强科技与经济发展的后劲儿，加速中、青年科技人员的培养"。这段话语清楚地表明，地方性的科研项目要满足地方经济与社会发展的现实诉求。

## 第四节　资源拓展

产学研合作的过程在某种程度上是一种资源的共享与整合的过程，这一过程本身对资源有很高的依赖性。科学社会学喜欢把科学放在一个社会网络中去考察，而其资源及其运作问题总是其关注的焦点。"通过资源关系而非职业成员团体——诸如科学共同体——贯穿和维持的可变的超科学领域构成了科学关系之网，科学家使他们的实验活动处于这种关系网中。"① 正是基于这样的事实，在产学研合作的治理过程中，资源的拓展与优化就成了一条关键的治理策略。

随着社会的发展和科技发达时代的到来，科学资源已经得到了极大的拓展。也许正是基于这一事实，美国社会学家普赖斯曾经用"大科学"这一措辞来描述科学的当代图景，"由于当今的科学大大超过了以往的水平，我们显然已经进入了一个新的时代，那是清除了一切陈腐却保留着基本传统的时代。不仅现代科学的硬件如此光辉不朽，

---

① ［奥］卡林·诺尔－塞蒂纳：《制造知识：建构主义与科学的与境性》，王善博等译，东方出版社2001年版，第273页。

堪与埃及金字塔和欧洲中世纪的教堂相媲美。且用于科学事业人力物力的国家支出也骤然使科学成为国民经济的主要环节。现代科学的大规模性，面貌一新且强而有力使人们以'大科学'一词来美誉之。"①科学资源是一种社会性的资源。在实际运作与管理过程中，科学资源通常是以项目的形式存在的，因此科研项目的获取也就意味着科学资源的获取。于是，如何获取更多更高级别的科研项目就成了科技人员普遍关心的问题，这也使大量的科技人员卷入复杂的项目事务之中。但是项目的获取则具有很大的偶然性和不确定性，正如科学社会学者所形容的："我将考察从对国家科学基金是如何审查通过课题的研究中得来的那些数据。这些数据表明，对于一项课题，在同样具有资格的审查者之间有着那么大的分歧，一项课题能否得到资助，在很大程度上是运气的结果，要看项目审查负责人挑选哪些人做审查。"② 在项目化的时代，大学也正在寻找有效的对策。科学资源的项目化，以及科研项目与团队的联结，正是当今时代奇特的科研图景。

科研项目涉及科研投入的问题，但是科研投入还有一个重要方向就是科研平台的建设，2006 年颁发的《国家中长期科学和技术发展规划纲要》就特别强调了这一问题："科技投入和科技基础条件平台，是科技创新的物质基础，是科技持续发展的重要前提和根本保障。今天的科技投入，就是对未来国家竞争力的投资。改革开放以来，我国科技投入不断增长，但与我国科技事业的大发展和全面建设小康社会的重大需求相比，与发达国家和新兴工业化国家相比，我国科技投入的总量和强度仍显不足，投入结构不尽合理，科技基础条件薄弱。当今发达国家和新兴工业化国家，都把增加科技投入作为提高国家竞争力的战略举措。我国必须审时度势，从增强国家自主创新能力和核心竞争力出发，大幅度增加科技投入，加强科技基础条件平台

① ［美］D. 普赖斯：《小科学，大科学》，宋剑耕、戴振飞译，《世界科学社会》1982年。

② ［美］史蒂芬·科尔：《科学的制造——在自然与社会之间》，林建成、王毅译，上海人民出版社 2001 年版，第 105—106 页。

建设，为完成本纲要提出的各项重大任务提供必要的保障。"① 纲要
也提出了加强科研平台建设的一些具体措施，如加强科技基础条件平
台建设，建立科技基础条件平台的共享机制等。

在当今时代，科学研究需要充足的经费来维持，而在产业科学的
整体氛围下，科技研发本身又能够创造一定的经济效益，于是形成一
种相互加强的良性循环，换句话说这是一种钱生钱的游戏。科学社会
学也在试图揭示科学是一种财富产品和权力产品，"那些为了举证而
优化人体性能的仪器要求额外的消耗。因此，如果没有金钱，就没有
证据，没有对陈述的检验，没有真理。科学语言游戏将变成富人的游
戏。最富的人最有可能有理。财富、效能和真理之间出现了一个方程
式。"② 这无疑是一种值得关注和反思的现象。

在谈到科学资源的分配问题时，一个话题是不可回避的，就是资
源分配的公平性问题。这个问题曾经被科学社会学家默顿表述为科学
界的马太效应，并且成了一个经典的科学社会学议题。默顿对这一问
题有一个重要的结论，即马太效应在科学资源的分配过程中起着一种
制度作用，"这种作用表现在积累优势原理上，在诸多社会分层系统
中发挥作用的这一原理导致了相同的结果：富有者以一定的速率越来
越富，而穷者变得相结穷"。③ 马太效应可能源于科学本身是一个极
度不平等、高度分层的世界。在当下中国的科学界也可以清楚地看到
科学家的差异，这种差异体现在学术声望、产出率、研究资源、职称
高低、学术权力、社会资本、供职机构等许多方面。居于这一分层体
系顶端的科学界的精英是社会精英的杰出代表。科学精英在科学界享
有极高的声望，且在科学资源的分配过程中起着支配作用。据此，在
产学研合作过程中，马太效应肯定是不可避免的。这将是产学研合作

①　《国家中长期科学与技术发展规划纲要》，http：//www. most. gov. cn/mostinfo/xinx-
ifenlei/gjkjgh/200811/t20081129_ 65774. htm.

②　[法] 让—弗朗索瓦·利奥塔：《后现代状况》，车槿山译，三联书店1997年版，
第94页。

③　[美] R. K. 默顿：《科学社会学》，鲁旭东、林聚任译，商务印书馆2004年版，第
630页。

治理中长期存在的一个敏感问题。

在科学资源中还有一种特殊的，而且也是至关重要的资源，那就是科技人力资源。如何开发和扩充科技人力资源是制约国家科学事件发展的一个核心问题。《国家中长期科学与技术发展规划纲要》就这一问题专门进行了设计，明确提出了科技创新人才为本的理念。人才资源是稀缺性的战略性资源。在具体的措施上，提出要加快培养造就一批具有世界前沿水平的高级专家；充分发挥教育在创新人才培养中的重要作用；支持企业培养和吸引科技人才；加大吸引留学和海外高层次人才工作力度；构建有利于创新人才成长的文化环境等。例如就如何造就一流科专家的问题，就特别强调："要依托重大科研和建设项目、重点学科和科研基地以及国际学术交流与合作项目，加大学科带头人的培养力度，积极推进创新团队建设。注重发现和培养一批战略科学家、科技管理专家。对核心技术领域的高级专家要实行特殊政策。进一步破除科学研究中的论资排辈和急功近利现象，抓紧培养造就一批中青年高级专家。改进和完善职称制度、院士制度、政府特殊津贴制度、博士后制度等高层次人才制度，进一步形成培养选拔高级专家的制度体系，使大批优秀拔尖人才得以脱颖而出。"① 事实上，中国正在面临优秀科技人力资源外流的不利局面，科学人力资源的开发与管理需要寻求新的理念与路径。

鉴于科技人力资源的重要性，各个地方政府也特别关心这一问题。为地方科技与经济发展招纳和留住人才成为地方政府的重要权责，并且也是一个公共政策议题。例如在《湖南省委省政府关于加快培育发展战略性新兴产业的决定》这一政策文本中，就把"强化人才支撑"提到了一个特别重要的位置："把战略性新兴产业领域的人才培养和引进作为全省人才培养和引进工作的重点。大力实施人力资源开发工程，制订实施全省战略性新兴产业人才培养和引进计划。充分发挥本土领军人才作用，实施引进创新和科研团队计划、留学人员

---

① 《国家中长期科学与技术发展规划纲要》，http：//www. most. gov. cn/mostinfo/xinx-ifenlei/gjkjgh/200811/t20081129_ 65774. htm。

来湘创业计划、战略性新兴产业人才集聚计划，引进和培养一批学科带头人、科技领军人才和高级管理人才。鼓励科技人才自主创业，支持智力成果参与分配，支持中国科学院院士、中国工程院院士、长江学者以及列入‘国家千人计划’和‘湖南省百人计划’的高端人才等带项目、带技术来湘发展战略性新兴产业，对上述科技人才来湘创办并控股的企业，给予一定项目资金补助。促进科技创新人才与现代经营管理专家高端嫁接，探索建立我省职业经理人的培养评价体系，支持企业对高级管理人才实行股权奖励、优惠购股和期权激励。地方高校要调整和优化相关学科和专业设置，加强职业技术教育培训，培养和储备一批优秀青年人才。省、市、县级党校和行政学院要优化教学内容，帮助领导干部掌握运用高科技知识，提高谋划战略性新兴产业发展的水平。鼓励社会科学研究人员开展软科学学术研讨，为培育发展战略性新兴产业提供多角度、多层次的智力支持。"① 这段话语的用意和目的十分清楚。在科技事业的发展过程中，科技人力资源扩充问题是一项基础性的增值性的工程，将其作为一个治理策略具有鲜明的现实意义。

## 第五节　创业教育

在产学研合作的背景下，高校创业教育开始再次成为一个热点教育课题。基于国外大学创业教育，特别是美国大学创业教育的启示，中国在 20 世纪 90 年代末开始探索大学创业教育，在教育部的部署下，选择了多所大学进行创业教育试点。联合国教科文组织于 1999 年发表的《21 世纪的高等教育：展望与行动世界宣言》中，特别提出必须将创业技能与企业精神的培养作为高等教育的基本目标。但是长期以来，中国大学创业教育的发展十分迟缓。直到高等教育大众化进程的加速和市场经济的快速发展，大学创业教育才开始迅速升温。

---

① 《湖南省委省政府关于加快培育发展战略性新兴产业的决定》，http://www.cshtz. gov.cn/art/2011/7/1/art_ 967_ 6834. html。

一方面与传统就业方式有着本质区别的创业型就业被认为是解决大学毕业生就业难问题的有效途径，另一方面创业也被认为是市场经济的活力源泉。于是创业教育开始成为一个新增的大学教育项目。在这一背景下，教育行政管理部门、财政部门、劳动与社会保障部门，以及一些社会团体等，都开始关注或介入大学创业教育，并对其进行鼓励、引导和扶持，如各级财政部门常常会出台一些针对大学生创业的金融扶持政策。党的十八大报告也特别指出："要引导劳动者转变就业观念，鼓励多渠道多形式就业，促进创业带动就业。"与此同时，大学自身开始对创业教育进行设计，试图建立一个有效的内部创业教育体系。于是创业教育开始成为一个关乎产学研合作的公共治理策略，创业教育与产学研合作有着直接的或间接的关系。产学研合作能为大学创业教育提供诸多现实的资源和有利的条件，反过来，创业教育同时也是促进产学研合作的有效手段。

人力资源是产学研合作的联结点，而创业教育作为一种高水平的素质教育能够提升和保证教育质量，从而为产学研合作提供重要的人才保障和智力支持。事实上，大量的个案印证了这一点。例如美国斯坦福大学被公认为拥有世界一流的创业教育，而以斯坦福大学为中心的美国硅谷则极大地受益于这种创业教育。美国硅谷60%—70%的公司是斯坦福大学的学生和教师创办的。斯坦福大学较完善的创业教育措施，造就了斯坦福师生在硅谷中活跃的创业力量，1986—1996年硅谷总收入中至少有一半是由斯坦福大学师生创办的企业创造的。[①]斯坦福大学能够迅速崛起而成为世界顶尖大学，主要原因之一是它抓住了硅谷发展过程中的许多创业机会。另外也有研究者对美国大学的创业活动进行了这样的描述："在美国的创业热潮中，大学生的创业活动引人注目，当代许多著名的美国高科技公司，几乎都是大学生创业者们利用风险投资创造出来的，如 Intel 的摩尔、葛鲁夫，Microsoft 的盖茨、艾伦，Netscape 的安德森，Dell 的戴尔，Yahoo 的杨致远，

---

① 房国忠、刘宏妍：《美国大学创业教育模式及启示》，《外国教育研究》2006 年第12 期。

惠普的休利特、帕卡德等，无不是创业者们的典范。据麻省理工学院（MIT）的一项统计，自 1990 年以来，MIT 毕业生和教师平均每年创建 150 多个公司，截至 1999 年该校毕业生已经创办了 4000 家公司，雇用了 110 万人，创造出 2320 亿美元的销售额，对美国，特别是麻省的经济发展做出了卓越的贡献。"[①] 美国高校本身的创业活动不仅是推动美国经济发展的重要因素，也对大学创业教育有很大的推动作用。正因为创业活动非常丰富和频繁，使美国成立了大量的创业中心、创业资质评定机构、创业培训机构、创业者协会、风险投资机构等机构。这些机构与创业教育也有着十分密切的联系。

　　创业教育需要开发和设置一个完整的课程体系。事实上，中国大学的创业教育一直以来都受制于创业教育课程的匮乏与落后。作为创业教育颇具特色的斯坦福大学商学院就开发了 21 门创业学科课程，其核心课程有：《创业管理》《创业机会评价》《创业和创业投资》《投资管理和创业财富》《管理成长型创业》《高科技企业的战略管理》等，并且每年还开发许多新的教学案例。斯坦福大学的创业课程的特点也非常鲜明，就是理论与实践紧密结合，学院与业界良性互动。这些课程主要面向 MBA 学生，同时也有一部分课程对其他院系开放。斯坦福大学商学院 MBA 学生的培养目标包括四个方面：领导力（Leadership）、创业精神（Entrepreneurship）、全球视野（Global awareness）、社会责任心（Social accountability）。[②] 而美国另一所以创业教育闻名于世，并在这一领域独领风骚的美国百森商学院则把其创业教育课程体系分为五部分：战略与商业机会、企业者、资源需求与商业计划、创业企业融资与快速成长。

　　对创业教育最为直接的理解就是教人去开创一种事业，是一种企业家精神与能力的培养。真实的大学情境中的创业教育有许多的形式和途径，各高校也在基于自身的条件进行多样化的探索。大学创业教

---

① 常建坤、李时椿：《美国创业教育及其启示》，《光明日报》2005 年 12 月 28 日。

② 张帏、高建：《斯坦福大学创业教育体系和特点研究》，《科学学与科学技术管理》2006 年第 9 期。

育主要包括创业意识、创业心理品质、创业能力、创业知识四个方面
的培养。这是创业教育四个方面的目标，根据这一目标体系可以建构
和选择创业教育内容。从另一个角度来说，创业教育的目标可以理解
为培养什么样的创业者。创业者指的是自主创业者群体，是社会经济
生活中的一个特殊的群体。一方面他们在努力实现个人的经济利益和
个人价值，另一方面也通过创造财富和提供就业岗位等方式为社会做
出积极贡献。创业者具有特殊的能力与素质构成。对创业者的研究是
蒂蒙斯的《创业学》中的精彩内容，这也是美国创业教育的经典教
材，并且风靡全球。蒂蒙斯把创业者应当具有的能力与素质概括为六
个主题，即责任感与决策力；领导力；执着于商机；对风险、模糊和
不确定性的容纳度；创造、自我依赖和适应能力；超越别人的动机。
每个主题都对应着相应的态度和行为特征。

责任感与决策力体现在：顽强、具有决断力，能够迅速地承担/
交付责任；为达到目的的高度竞争性；解决问题的恒心；遵守纪律；
愿意承担个人牺牲；投入。

领导力体现在：具有主动精神的人；高水准但不求完美；团队的
建设者和英雄的创造者；鼓舞他人，待人如待己；与所有帮助企业的
人分享财富；诚实、可靠的；建立信任感；公平行事；不做一匹独
狼；出色的学习者和老师。

执着于商机体现在：耐心、具有紧迫感；对客户的需求与需要有
敏锐的认识；市场驱动的；执着于创造价值与提升价值。

对风险、模糊和不确定性的容纳度表现在：承担预计过的风险；
风险最小化；风险分摊者；管理悖论与矛盾；容忍不确定性与组织结
构的缺陷；容纳压力与冲突；能够不断解决问题并对解决方案进行
整合。

创造、自我依赖和适应能力表现在：不受旧习束缚，思维开放，
水平思考；摆脱现状；能够调整和变化；主动解决问题者；快速的学
习者；不害怕失败者；能够归纳总结形成概念以及"提取细节"。

超越别人的动机表现在：目标—结构导向；高的但现实的目标；
有达成目标与成长的驱动；对地位与权力的需求低；人与人之间的相

互支持（与竞争相对应）；意识到劣势与优势；有主见和幽默感。①

蒂蒙斯等人认为，这些行为与态度是可以通过某种途径来获得的，他写道："虽然不是所有的态度和行为都可以被每个人以相同速度和相同程度获得，但企业家们可以通过集中发展那些起作用的态度和行为，并对它们进行培养和实践，以及对其余不起作用的态度和行为的剔除，或至少减少它们的不利影响，来获得更大的成功几率。"②另外，蒂蒙斯也指出成功企业家具有一些共同的态度和行为，并且这也是企业家取得成功的重要原因，他通过个案分析得出成功企业家的三种重要品质：对挑战做出正面的反应以及从错误中学习的能力；个人创造；极大的恒心和决心。③ 创业者研究为创业教育要培养学生什么样的能力、素质和品质提供了可靠的研究依据，这对中国大学创业教育有十分重要的启示作用。

创业教育的现实意义，以及创业者培养和成长的环境与过程，在产学研合作的整体氛围中将得到更好的认识和理解。如何通过创业教育来提高学生创业能力，促进创业行为，进而提高教育的功效，仍然是当前中国一个未决的教育问题。在这一问题上可以借鉴发达国家的一条重要经验，也就是要努力提高创业和创业教育的制度化水平。

美国创业教育之所以发达得益于它发达的组织机构。在所有的这些机构中，创业中心扮演着一个十分重要的角色。美国的许多大学都成立了自己的创业中心。除了创业中心之外，社会还存在大量与创业及创业教育相关的机构，如各种孵化器和科技园、风险投资机构、创业培训机构、家庭经济研究协会、创业资质评价机构、各个院校的学生创业组织、家族企业委员会、小企业开发中心、青年学生创业基金、创业者校友联合会、创业者俱乐部等，它们又是相互关联的。有研究者对此进行了描述："除了各类政府、企业或社会设立的创业基

---

① ［美］杰弗里·蒂蒙斯、小斯蒂芬斯·皮内利：《创业学》，人民邮电出版社2005年版，第159页。

② 同上书，第158页。

③ 同上。

金和各高校普遍建立的创业（教育）中心、创业教育研究会之外，美国创业教育民间组织也极为活跃，这些组织包括教师组织和学生组织，分为不同层次，如国家、州级、地方级等；他们支持或进行创业教育学科建设、教材开发、教学研讨、信息交流等多项工作，这些组织吸引了大量的教师和学生参与，促进了创业教育的学科建设和学术交流，对于推动美国创业教育的发展起着不可替代的重要作用。"[①]创业中心作为许多大学的一个十分常见的机构，它的一个重要任务是创业资金运作。一个能成功运作且资金充裕的创业中心主要有四个资金来源：著名企业以及成功企业家的捐款；青年创业基金等各类政府、企业或社会基金；各种培训合同服务回报；外部拓展活动等。另外，学校还会成立创业委员会帮助创业中心获得创业研究基金，并支持教师完成创业研究计划。多渠道资金来源保证了创业中心的正常运作。[②]这些做法同样对中国的创业和创业教育的运作与管理具有一定的借鉴意义。

以上重点分析了产学研合作治理的五个方面，当然这并不代表产学研合作治理的全部。科技发达时代的产学研合作治理是一项复杂的系统工程，也是一种多样化的探索，更是一个面向未来、面向社会的动态开放过程。

---

[①] 李时椿、常建坤：《创业教育：国际模式的比较、借鉴与启示》，见张玉利、李政《创新时代的创业教育研究与实践》，现代教育出版社 2006 年版，第 178 页。

[②] 任荣伟、申旭斌、张武保：《欧美创业教育新趋势及对中国的启示》，《管理世界》2005 年第 9 期。

# 附录

# "产学研合作"项目调查问卷（农户）

_____省_____市（地区）_____县_____乡_____村

您好！此问卷不记姓名，本次调查的数据仅用于统计分析，我们对您提供的信息给予严格保密，请放心填答。感谢您在百忙之中抽出宝贵的时间进行问卷调查！

## 一 农户基本情况

1. 性别：_____年龄：_____
2. 家庭人口数：（　　　）

A. 3 个及以下　　　　　　B. 4 个

C. 5 个　　　　　　　　　D. 6 个

E. 7 个及以上

3. 家庭从事农业生产的成年劳动力人数：（　　　）

A. 1 个　　　　　　　　　B. 2 个

C. 3 个　　　　　　　　　D. 4 个

E. 5 个及以上

4. 您的文化水平是：（　　　）

A. 小学及以下　　　　　　B. 初中

C. 高中　　　　　　　　　D. 大专

E. 本科及以上

5. 您的健康状态：（　　　）

A. 有病在身　　　　　　　B. 较弱

C. 无病一般　　　　　　　D. 很好

6. 您是否是纯农户：（　　　）

A. 不是　　　　　　　　　　B. 是

7. 家庭拥有多少亩地（包括田）：（　　　）

A. 0—5 亩　　　　　　　　　B. 6—10 亩

C. 11—15 亩　　　　　　　　D. 16—20 亩

E. 20 亩以上

8. 家庭的年收入：（　　　）

A. 3 万元以下　　　　　　　B. 3 万—6 万元

C. 6 万—9 万元　　　　　　　D. 9 万—12 万元以上

E. 12 万元以上

9. 务农收入在您家庭收入中的比重：（　　　）

A. 20% 以下　　　　　　　　B. 21%—40%

C. 41%—60%　　　　　　　　D. 61%—80%

E. 80% 以上

## 二　产学研合作意愿及满意度调查

1. 您愿意参加"双百"科技富民工程吗？（　　　）

A. 不愿意　　　　　　　　　B. 愿意

2. 您对我们开展的"双百"科技富民工程的工作满意吗？
（　　　）

A. 不满意　　　　　　　　　B. 一般

C. 满意

3. 您了解"双百"科技富民工程吗？（　　　）

A. 不了解　　　　　　　　　B. 了解

4. 您对技术指导员的服务态度满意吗？（　　　）

A. 不满意　　　　　　　　　B. 一般

C. 满意

5. 您认为技术指导员在技术指导的及时性与准确性方面做得怎
么样？（　　　）

A. 不好　　　　　　　　　　B. 一般

C. 很好

6. 您认为技术指导员的整体素质如何？（　　）

A. 不好　　　　　　　　B. 一般

C. 很好

7. 您认为"双百"科技富民工程为您的生活带来了什么改变吗？
（　　）

A. 没有改变，生活依旧如此

B. 有一定改变，农民收入小幅度提高

C. 有较大改变，农民收入明显提高

8. 您认为"双百"工程的工作效能如何，是否能够满足您发展
农业的要求？（　　）

A. 不能满足　　　　　　B. 不太满足

C. 基本满足　　　　　　D. 能满足

9. 本工程项目的新品种是否符合您发展农业的实际？（　　）

A. 不符合　　　　　　　B. 不太符合

C. 基本符合　　　　　　D. 符合

10. 本工程项目的新技术推广对您的帮助有多大？

A. 无帮助　　　　　　　B. 有一定帮助

C. 有很大帮助

11. 在我们工程的支持下，您在发展农业上，增产、增收效果是
否显著？（　　）

A. 不显著　　　　　　　B. 不太显著

C. 较显著　　　　　　　D. 显著

# 参考文献

1. 约翰·S. 布鲁贝克：《高等教育哲学》，王承绪、郑继伟等译，浙江教育出版社 1987 年版。

2. ［美］希拉·斯劳特、拉里·莱斯特：《学术资本主义——政治、政策和创业型大学》，梁骁、黎丽译，北京大学出版社 2008 年版。

3. 伯顿·克拉克：《建立创业型大学：组织上转型的途径》，王承绪译，人民教育出版社 2003 年版。

4. R. K. 默顿：《科学社会学》，鲁旭东、林聚任译，商务印书馆 2004 年版。

5. 约翰·齐曼：《真科学——它是什么，它指什么》，上海科学教育出版社 2002 年版。

6. ［美］巴伯：《科学与社会秩序》，生活·读书·新知三联书店 1991 年版。

7. ［美］普赖斯：《大科学，小科学》，宋剑耕、戴振飞译，世界科学社 1982 年版。

8. 李尚群：《创新团队论——大学科研主体问题的当代阐释》，中国海洋大学出版社 2010 年版。

9. ［法］让—弗朗索瓦·利奥塔：《后现代状况》，车槿山译，生活·读书·新知三联书店 1997 年版。

10. ［法］鲁诺·拉图尔、［英］史蒂夫·伍尔加：《实验室生活：科学事实的建构过程》，张伯霖、刁小英译，东方出版社 2004 年版。

11. ［奥］卡林·诺尔-塞蒂纳：《制造知识：建构主义与科学的

与境性》，王善博等译，东方出版社 2001 年版。

12. ［美］史蒂芬·科尔：《科学的制造——在自然与社会之间》，林建成、王毅译，上海人民出版社 2001 年版。

13. 郭丽君、吴庆华：《中外大学比较》，经济管理出版社 2012 年版。

14. ［美］德里克·博克：《走出象牙塔——现代大学的社会责任》，徐小洲、陈军译，浙江教育出版社 2001 年版。

15. 蔡仲：《后现代相对主义与反科学思潮——科学、修饰与权力》，南京大学出版社 2004 年版。

16. 李尚群、刘强：《创业教育——一个大学教育主题的确立与阐扬》，新华出版社 2010 年版。

17. 彭绪梅：《创业型大学的兴起与发展研究》，博士学位论文，大连理工大学，2008 年。

18. 李梅芳：《产学研合作成效研究》，博士学位论文，武汉理工大学，2011 年。

19. 刘济亮：《拉图尔的行动者网络理论研究》，硕士学位论文，哈尔滨工业大学，2006 年。

20. 蔡嘉伟：《改革开放以来我国产学研合作政策的演变研究》，硕士学位论文，华南理工大学，2013 年。

21. 刘丽：《珠江三角洲产学研合作的政策研究》，硕士学位论文，华南理工大学，2013 年。

22. 付俊超：《产学研合作运行机制与绩效评价研究》，博士学位论文，中国地质大学，2013 年。

23. 辛爱芳：《我国产学研合作模式与政策设计研究》，硕士学位论文，南京工业大学，2004 年。

24. 周笑：《产学研合作中的政策需求与政府作用研究》，硕士学位论文，南京航空航天大学，2008 年。

25. 刘力：《产学研合作的历史考察及比较研究》，博士学位论文，浙江大学，2001 年。

26. 冯庆斌：《基于群落生态学的产学研合作创新研究》，博士学位论文，哈尔滨工程大学，2006年。

27. 陈琳菲：《技术本科院校产学研合作的问题与对策研究》，硕士学位论文，华东师范大学，2012年。

28. 陈超：《武汉城市圈产学研合作策略研究》，硕士学位论文，武汉工程大学，2012年。

29. 许红梅：《产学研合作中的地方政府职能研究》，硕士学位论文，上海交通大学，2011年。

30. 崔家岳：《基于生态群落理论的产学研合作模式的实证研究》，硕士学位论文，河北工业大学，2012年。

31. 于响生：《地方高校产学研合作模式及运行机制研究——以绍兴文理学院为例》，硕士学位论文，浙江工业大学，2011年。

32. 刘文宇：《湖南科技特派员制度研究》，硕士学位论文，湖南农业大学，2011年。

33. 曾敏：《湖南实施科技特派员制度的现状及对策研究》，硕士学位论文，中南大学，2010年。

34. 周婧：《高等农林院校推进产学研结合问题研究》，硕士学位论文，湖南农业大学，2012年。

35. 高秀君：《我国高等农业院校农业科技推广模式研究——以湖南农业大学"双百"工程为例》，硕士学位论文，湖南农业大学，2013年。

36. 肖海云：《以高校为主体的产学研合作模式研究》，硕士学位论文，湖南农业大学，2013年。

37. 张倩：《高校产学研协同绩效创新评价——以燕山大学为例》，硕士学位论文，北京燕山大学，2012年。

38. 韩艳玲：《湖南农业大学葡萄种植技术推广服务研究》，硕士学位论文，湖南农业大学，2012年。

39. 邵鹏：《中外高校产学研合作模式比较研究》，硕士学位论文，东北大学，2013年。

40. 吴宛蒙：《中美日高校产学研合作发展比较研究》，硕士学位论文，吉林大学，2012年。

41. 杨同玲：《山东高校产学研合作持续发展对策研究》，硕士学位论文，山东师范大学，2012 年。

42. 王晓玲：《广东省高校产学研合作探析》，硕士学位论文，华南理工大学，2010 年。

43. 张锐：《广西高校产学研合作人才培养模式研究》，硕士学位论文，广西师范学院，2011 年。

44. 彭雯：《广西高校产学研合作研究生培养模式创新研究》，硕士学位论文，广西师范大学，2012 年。

45. 宁璟：《产学研联盟模式比较研究》，硕士学位论文，北京交通大学，2008 年。

46. 刘海林：《产学研合作的博弈分析》，硕士学位论文，武汉理工大学，2006 年。

47. 阙妙丽：《地方政府在产学研合作中的作用研究——以广东省云浮市为例》，硕士学位论文，华南理工大学，2006 年。

48. 马廷奇：《冲突与整合：西方两种高等教育哲学观的演变》，《江苏高教》2002 年第 3 期。

49. 李尚群：《后学院科学时代的大学科研图景》，《高等教育研究》2007 年第 10 期。

50. 王雁、孔寒冰、王沛民：《创业型大学：研究型大学的挑战和机遇》，《高等教育研究》2003 年第 3 期。

51. 易高峰、赵文华：《创业型大学：研究型大学模式的变革与创新》，《复旦教育论坛》2009 年第 1 期。

52. 刘献君：《建设教学服务型大学——兼论高等学校的分类》，《教育研究》2007 年第 7 期。

53. 郭丽君：《地方高校发展的困境与战略选择》，《现代大学教育》2009 年第 5 期。

54. 郭丽君、刘强：《中外大学生创业教育政策的比较研究》，《高教探索》2008 年第 1 期。

55. 王一鸣、曾国屏：《行动者网络理论下的技术预见模型演进与展望》，《科技进步与对策》2013 年第 9 期。

56. 李志强、李凌已：《国家产学研结合发展的新趋势》，《清华大学教育研究》2005 年第 4 期。

57. 克莱门特·弗雷罗-皮内达、赫尔南·贾拉米罗-萨拉赞尔：《发展中国家研究者通向国际科学技术的途径》，《国际社会科学杂志》（中文版）2003 年第 1 期。

58. 房国忠、刘宏妍：《美国大学创业教育模式及启示》，《外国教育研究》2006 年第 12 期。

59. 常建坤、李时椿：《美国创业教育及其启示》，《光明日报》2005 年 12 月 28 日。

60. 张帏、高建：《斯坦福大学创业教育体系和特点研究》，《科学学与科学技术管理》2006 年第 9 期。

61. 任荣伟、申旭斌、张武保：《欧美创业教育新趋势及对中国的启示》，《管理世界》2005 年第 9 期。

62. 秦军：《我国产学研合作的动因、现状及制度研究》，《技术经济与管理研究》2011 年第 11 期。

63. 李新男：《创新"产学研结合"组织模式构建产业技术创新战略联盟》，《中国软科学》2007 年第 5 期。

64. 李道先、罗昆：《地方高校产学研合作问题的制度分析》，《高等农业教育》2012 年第 6 期。

65. 李世超、蔺楠：《我国产学研合作政策的变迁分析与思考》，《科学学与科学技术管理》2011 年第 1 期。

66. 李洁、朱佩枫等：《江苏省产学研合作政策体系现状及政策创新研究》，《科技管理研究》2011 年第 9 期。

67. 陈萍：《国外发达国家产学研合作政策法规经验及启示》，《湖北成人教育学院学报》2007 年第 9 期。

68. 胡仁杰、张光宇等：《广东省产学研合作政策支撑体系创新研究》，《南昌航空大学学报》（社会科学版）2013 年第 12 期。

69. 刘媛：《江苏产学研合作政策体系研究》，《江苏科技信息》2012 年第 6 期。

70. 申剑、白庆华：《促进上海市产学研合作的政策与立法研究》,《教育理论与实践》2007 年第 1 期。

71. 吴宏元、郑晓齐:《大学产学研合作支持体系的构建》,《高等工程教育研究》2006 年第 11 期。

72. 程肇基:《地方高校与区域经济共生发展的理论探索》,《教师教育研究》2013 年第 9 期。

73. 初冰:《地方高校产学研模式比较与路向选择——以吉林省属高校为例》,《长春工程学院学报》(社会科学版)2014 年第 1 期。

74. 赵荣侠:《政产学研结合推动一般地方高校学科建设的基本模式》,《科技管理研究》2012 年第 11 期。

75. 史小娟、孔斌:《西部地区地方高校与企业产学研合作模式初步研究——以宁夏大学为例》,《科技管理研究》2013 年第 15 期。

76. 原长弘:《国内产学研合作学术研究的主要脉络:一个文献述评》,《研究与发展管理》2005 年第 4 期。

77. 王娟茹、潘杰义:《产学研合作模式探讨》,《科学管理研究》2002 年第 1 期。

78. 谢科范、陈云、董芹芹:《我国产学研结合传统模式与现代模式分析》,《科学管理研究》2008 年第 1 期。

79. 李梅芳、刘国新、刘璐:《企业与高校对产学研合作模式选择的比较研究》,《科研管理》2012 年第 9 期。

80. 崔旭、刑莉:《我国产学研合作模式与制约因素研究》,《科技管理研究》2010 年第 3 期。

81. 李焱焱、叶冰、杜鹃等:《产学研合作模式分类及其选择思路》,《科技进步与对策》2004 年第 10 期。

82. 冯学华:《国内外产学研合作动力机制面面观》,《科技导报》1997 年第 2 期。

83. 申亚南:《地方高校校地合作中的问题及对策研究》,《山东省农业管理干部学院学报》2013 年第 1 期。

84. 张伟:《利益机制——高校产学研结合赖以形成的基本动力》,《科技与管理》2005 年第 2 期。

85. 张洋、苗德华、段磊等:《产学研合作利益分配机制研究——以天津市为例》，《中国高校科技》2012 年第 10 期。

86. 王燕、黄韬、林华庆：《产学研合作利益分配机制探讨》，《中国高校科技》2012 年第 12 期。

87. 谢静波：《推进产学研合作创新机制研究》，《人民论坛》2009 年第 11 期。

88.《探索校地合作对接新途径》，《湖北日报》2009 年 5 月 22 日。

89. 徐崴：《关于构建校企合作信息平台的思考》，《科技信息》2012 年第 19 期。

90. 肖鹏、刘莉、杜鹏程：《校企联合研发模式推动科技成果转化的问题及对策研究》，《科技进步与对策》2012 年第 13 期。

91. 于忠军：《区域高校科技资源共享的系统设计及机制研究》，《科技进步与对策》2010 年第 7 期。

92. 孔凡成：《校企合作教育资源的共享途径、方式探讨》，《宁波职业技术学院学报》2007 年第 4 期。

93. 吴慧萍：《紧密型深层次校企合作长效机制建设研究》，《职教通讯》2011 年第 8 期。

94. 谭伟平：《新建地方本科院校构建校地、校企合作长效机制的实践与思考》，《怀化学院学报》2013 年第 4 期。

95. 祖智波、莫鸣、张黔珍：《地方高校农业科技推广模式的创新——湖南农工业大学"双百"工程的实践》，《高等农业教育》2008 年第 5 期。

96. 刘纯阳等：《农业高校为新农村建设服务的一种模式——来自湖南农业大学"双百"工程的启示》，《中国农村科技》2006 年第 9 期。

97. 吴玉堂：《浅谈农民科技文化素质的现状及解决对策》，《现代企业文化》2008 年第 15 期。

98. 龚政军：《校区合作创共赢》，《中国农垦》2011 年第 7 期。

99. 钱敏、芮振：《高校产学研合作现状与发展对策——以江苏省为例》，《中国高校科技》2013 年第 8 期。

100. 季庆庆:《高校产学研合作平台建设现状、问题与对策分析》,《常州大学学报》(社会科学版) 2013 年第 5 期。

101. 蒋华林、张新平:《重庆市高校产学研合作的现状与问题研究》,《重庆教育学院学报》2011 年第 2 期。

102. 马卫华、许治:《我国高校产学研合作现状与特点》,《科技管理研究》2010 年第 23 期。

103. 张经强:《我国高校产学研合作现状及对策》,《中国乡镇企业技术市场》2005 年第 8 期。

104. 王歆雅、张艳荣:《甘肃农业大学产学研合作模式研究》,《农村经济与科技》2011 年第 10 期。

105. 杨胜良:《基于 Malmquist 指数的农林院校产学研结合绩效研究——以西北农林科技大学为例》,《西安电子科技大学》(社科版) 2012 年第 3 期。

106. 李保会、任士福、郑洁:《河北农业大学:产学研合作的实践与探索》,《中国高校科技与产业化》2009 年第 6 期。

107. 刘力:《美国产学研合作模式及成功经验》,《教育发展研究》2006 年第 4 期。

108. 刘克勤:《高校产学研合作的几个重要问题》,《教育研究》2012 年第 7 期。

109. 陈昭锋:《国外高校官产学研合作创新的社会化模式分析》,《中国科技论坛》2008 年第 2 期。

110. 赵学文、朱桂龙、张英兰:《一种值得借鉴的科研管理模式》,《自然辩证法研究》1998 年第 4 期。

111. Frasquet, M., Calderon, H, & Cervera, A. University-industry collaboration from a relationship marketing perspective; an empirical analysis in a Spanish University [J]. Higher Education, 2012, 64 (1).

112. Mario Luis Chew Hernandez, Veronica Velazquez Romero, Leopoldo Viveros Rosas, Rebeca Diaz Tellez. A decision analy-value-based methodology for analyzing university-industry collaborations [J]. International journal of applied decision sciences, 2014, 7 (1).

113. Wanb Yu-dong Reasearch on appling the interests distribution method of enterprise-university-research institute cooperation based on nash model [J]. Journal of Harbin Institute of Technology, 2007, 14 (3).

114. Yanben Wang, Jurong Bai. A Training Model of Out-standing Engineers: Exploration of School-Enterprise Cooperation Based on Technology Competition [J]. The international journal of engineering education, 2013, 29 (6).

115. X. M. Xiong, Study the Cooperative Education Model Under the value sight, Key engineering materials, 2010, 426 – 427.

116. Geuna A, Nesta L. University patenting and its effects on academic research: the emerging European evidence [J]. Research Policy, 2006, 35 (6).

117. Gertner D., Roberts J., Charles D., University-Industry Collaboration: A COPS Approach to KTPS [J]. Journal of Knowledge Management, 2011, 15 (40).

118. Malfroy J., The Impact of University-Industry Research on Doctoral Programs and Practices [J]. Studies in Higher Education, 2011, 36 (5).

119. Ramos-Vielba, I., Fernández-Esquinas, M., Espinosa-de-los-Monteros, E. Measuring university industry collaboration in a regional innovation system [J]. Scientometrics: An International Journal for All Quantitative Aspects of the Science of Science Policy, 2010, 84 (3).

120. Abramo, G., D'Angelo, C. A., Solazzi, M., A bibliometric tool to assess the regional dimension of university-industry research collaborations [J]. Scientometrics: An International Journal for All Quantitative Aspects of the Science of Science Policy, 2012, 91 (3).

121. Neely A., Defining Performance Measurement: Adding to the Debate [J]. Perspective on Performance, 2005, 4 (2).

122. Kruger N., Defining Performance Measurement: Broadening the Debate [J]. Perspective on Performance, 2005, 4 (3).

123. Holsapple C. W. , Singh M. The Knowledge Chain Model: Activities for Competi-tiveness ［ J ］. Expert System with Applications, 2001, 20.

124. Giovanni Abramo, Ciriaco Andrea D'Angelo, Flavia Di Costa, Marco Solazzi, University-industry collaboration in Italy: A bibliometric examination ［J］. 2009, 29 （6 – 7）.

125. Toke Bjerregaard, Industry and academia in convergence: Micro-institutional dimensions of R&D collaboration ［J］. Technovation: The International Journal of Technological Innovation, Entrepreneurship and Technology Management, 2010, 30 （2）.

126. Muhammad Fiaz, An empirical study of university-industry R&D collaboration in China: Implications for technology in society ［J］. Technology in society, 2013, 35 （3）.

127. Bodas Freitas, I. M. , Marques, R. A.., Silva, E. M. D. P. E. ,University-industry collaboration and innovation in emergent and mature industries in new industrialized countries ［J］. Research Policy: A Journal Devoted to Research Policy, Research Management and Planning, 2013, 42 （2）.

128. Jiancheng Guan, Qingjun Zhao. The impact of university-industry collaboration networks on innovation in nanobiopharmaceuticals ［J］. Technological forecasting and social change, 2013, 80 （7）.

129. Kazuyuki Motohashi, Shingo Muramatsu, Examining the university industry collaboration policy in Japan: Patent analysis ［J］. Technology in society, 2012, 34 （2）.

130. Johnson WHA. , Johnston DA. , Organisational knowledge creating processes and the performance ofuniversity-industry collaborative R& D projects ［J］. International Journal of Technology Management: The Journal of the Technology Management of Technology, Engineering Management, Technology Policy and Strategy, 2004, 27 （1）.

131. Wen-Bo Wang; Ying-Cheng Hung; Chu-Ching Wang. University-

Industry Research Collaboration in Taiwan [J]. Journal of information and optimization sciences, 2012, 33(6).

132. Lundberg J. , Tomson G. , Lundkvist I. , Skar J. , Brommels M. Collaboration uncovered: Exploring the adequacy of measuringuniversity-industry collaboration through co-authorship and funding [J]. Scientometrics: An International Journal for All Quantitative Aspects of the Science of Science Policy, 2006, 69 (3).

133. Bruneel, J. , D'Este, P. , Salter, A. Investingating the factor that diminish the barriers to university-industry collaboration [J]. Research Policy: A Journal Devoted to Research Policy, Research Management and Planning, 2010, 39 (7).

134. Li, J. J. Global R& 00026; D Alliances in China: Collaborations with Universities and Research Institutes [J]. IEEE Transactions on Engineering Management, 2010, 57 (1).

135. Manjarres-Henriquez, L. , Gutierrez-Gracia, A. , Vega-Jurado, J. , Coexistence of university-industry relations and academic research: Barrier to or incentive for scientific productivity [J]. Scientometrics: An International Journal for All Quantitative Aspects of the Science of Science Policy, 2008, 76 (3).

136. Yasuyuki Motoyama, Long-term collaboration between university and industry: A case study of nanotechnology development in Japan [J]. Technology in society, 2014, 36 (Feb.).

137. De Puentes, C. , & Dutrenit, G. Best channels of academia-industry interaction for long-term benefit [J]. Research Policy, 2012, 41 (9).

138. Freitas, I. , Marques, R. A, & Silva, E. University-industry collaboration and innovation in emergent and mature industries in new industrialized countries [J]. Research Policy, 2013, 42 (2).

139. Guo, Z. D. , Evolutionary Game Analysis of the Trust Relationship among the Partners in the Inter-enterprise Collaboration Resource Net-

work. Proceedings of the International Conference on Information Management [J]. Innovation Management and Industrial Engineering, 2008.

140. Hong, W. 5 & Su, Y. S. , The effect of institutional proximity in non-local university-industry collaborations: An analysis based on Chinese patent data [J]. Research Policy, 2013, 42 (2).

141. Abramo, G. , D'Angelo, C. A. , & Solazzi, M. A. , bibliometric tool to assess the regional dimension of university-industry research collaborations [J]. Scientometrics, 2012, 91 (3).

142. Ankrah, S. N. , Burgess, T. R, Grimshaw, P. , & Shaw, N. E. , Asking both university and industry actors about their engagement in knowledge transfer: what single-group studies of motives omit [J]. Technovation, 2013, 33 (2-3).

143. Baber, Z. , Globalization and Scientific Research: The Emerging Triple Helix of State-Industry-University Relations in Japan and Singapore. Bulletin of Science [J]. Technology and Society, 2001, (21).

144. Carayannis, E. G. , Alexander, J. , & loannidis, A. , Leveraging knowledge, learning, and Innovation in Forming Strategic Government-University-Industry (GUI) R&D Partnerships in the US, Germany, and France [J]. Technovation, 2000, (20).

145. Chen, S. H. , Huang, M. H. , & Chen, D. Z. Driving factors of external funding and funding effects on academic innovation performance in university-industry-government linkages [J]. Scientometrics, 2013, 94 (3).

146. Teixeira, A. , & Mota, L. , A bibliometric portrait of the evolution, scientific roots and influence of the literature on university-industry links [J]. Scientometrics, 2012, 93 (3).

147. Thune, T. , Doctoral students on the university-industry interface: a review of the literature [J]. High Educ, 2009, 58 (5).

148. Van Home, C. , Poulin, D. , & Frayret, J. M. , Innovation and value creation in university-industry research centres in the Canadian

forest products industry [J]. Canadian Journal of Forest Research, 2012, 42 (11).

149. Perkmann, M. , & Walsh, K. , University-industry Relationships and Open Innovation: Towards a Research Agenda [J]. International Journal of Management Reviews, 2007, 9 (4).

150. Muscio, A. , Quaglione, D. , & Scarpinato, M. , The effects of universities' proximity to industrial districts on university-industry collaboration [J]. China Economic Review, 2012. 23 (3).

151. Chemistry &, Industry Group. University-industry collaboration benefits all [J]. Chemistry & Industry, 2005, 0 (14).

152. P. Craig Boardman, Government centrality to university-industry interactions: university research centers and industry involvement of academic researchers [J]. Research Policy: A Journal Devoted to Research Policy, Research Management and Planning, 2009, 38 (10).

153. Santoro M. D, Bierly P. E. III. , Facilitators of Knowledge Transfer in university-industry collaborations: A Knowledge-Based Perspective [J]. IEEE Transactions on Engineering Management. 2006, 53 (4).

154. Muscio, A, Nardone, G. , The determinants of university-industry collaboration in food science in Italy. [J]. Food Policy, 2012, 37 (6).

155. Balconi, M. , Laboranti, A. , University-industry interactions in applied research: The case of microelectronics [J]. Research Policy, 2006, 35 (10).

156. Donald S. Siegel, David A. Waldman, Leanne E. Atwater, Albert N. Link, Commercial konwledge transfers from universities to firms: improving the effectiveness of university-industry collaboration [J]. Journal of high technology management research, 2003, 14 (1).

157. Frida Lind, Alexander Styhre, Lise Aaboen, Exploring university-industry collaboration in research centres [J]. European Journal of Innovation Management, 2013, 16 (1).

158. From collaboration to cross-over-changing university-industry relation in Japan [J]. International journal of technology transfer and commercialization, 2010, 9 (1 - 2).

159. Alessandro MUSCIO, Davide QUAGLIONE, Michele SCARPINATO. The effects of universities' proximity to industial districts on university-industry collaboration [J]. China Economic Review, 2012, 23 (3).

160. Johanna Julia Vauterin, Lassi Linnanen, Esa Marttila. Value creation in international higher education The role of boundary spanning in university-industry collaboration [J]. International journal of quality and service sciences, 2012, 4 (3).

161. Oscar Lucia, Jose M. Burdio, Jesus Acero, Luis Aa. Barragan, Jose R. Garcia, Educational opportunities based on the university-industry synergies in an open innovation framework [J]. European journal of engineering education, 2012, 37 (1).

# 后　记

　　经过一年多的撰写，书稿终于付梓成书出版。书稿写作过程中得到各方人力、物力等资源的支持，也经过多次集体研讨和反复修改，凝聚着大家的共识和心血。

　　感谢湖南农业大学校长符少辉研究员。符校长长期统筹规划学校产学研战略发展和各项改革的具体实施，对产学研合作中面临的各种困境、矛盾和难题既有研究者的深邃与敏锐，也有实践者的胆识和魄力。书稿的选题和写作得益于符校长的关心和支持。他亲自参与书稿框架体系的拟定，提供实地调研的机会和第一手的研究素材，对书稿中提出的观点给出自己的建议，也多次参与书稿的研讨并帮助解决研究中面临的具体问题。他为书稿做了大量的工作，倾入了很多的精力和时间，却甘居幕后，作为一块坚实的基石尽可能为老师提供更多的机会和成长的空间。这既蕴含着一位大学校长的办学理念也充分展现了他个人的人格魅力。

　　感谢湖南农业大学科技处的支持。主管社科科研管理工作的侯胜鹏副处长亲自参与书稿的调研，提供相关的文件和支撑材料，为研究设计路径提供有益的建议。科研处的其他领导和工作人员也为本研究提供了较多的便利和帮助。

　　感谢湖南农业大学新农村发展研究院提供的帮助。新农村发展研究院的肖调义院长带领研究人员到学校产学研合作基地深入调研，他的真知灼见深化了我们对新形势下产学研合作的认识。新农村发展研究院也为本书的出版提供了经费的支持。

　　本研究在成书的过程中吸收了部分专家学者的研究成果，在此表示感谢。此外，湖南农业大学教育学院的部分老师、博士生、硕士生参与了本书的资料收集、整理和文字校正工作，一并表示感谢。

作者

2015 年 12 月于长沙